BASTEI
LÜBBE

BASTEI-LÜBBE-TASCHENBUCH
Band 65044

1. Auflage 1982
2. Auflage 1984
3. Auflage 1990
4. Auflage 1993
5. Auflage 1997

Printed in Germany
Einbandgestaltung: Egon Möller/Friedrich Förder
Titel- und Inhaltsfotos: Janusz Piekalkiewicz
Gesamtherstellung: Ebner Ulm
ISBN 3-404-65044-1

Der Preis dieses Bandes versteht sich einschließlich
der gesetzlichen Mehrwertsteuer

JANUSZ PIEKALKIEWICZ

Die Schlacht von Monte Cassino

BASTEI LÜBBE

Janusz Piekalkiewicz

Die Schlacht von Monte

Cassino

Zwanzig Völker ringen um einen Berg

Inhalt

Vorwort

Anfang des Jahres 1944 wurde das verträumte Liri-Tal in den Abruzzen, südlich von Rom, Schauplatz der erbittertsten Kämpfe, die fast fünf Monate andauerten. Das ehrwürdige Benediktiner-Kloster Monte Cassino, das die wertvollsten Kunstschätze der abendländischen Kultur beherbergte, wurde zum Fanal für beide Gegner. Beinahe im letzten Augenblick gelang es dem mutigen Wiener, Oberstleutnant Julius Schlegel, durch persönliche Initiative, eine außergewöhnliche Rettungsaktion in die Wege zu leiten und so die unschätzbaren Kulturwerte vor der Vernichtung zu bewahren.

Operativ und taktisch artete dieser Teil des Italien-Feldzuges in eine Materialschlacht aus, die an die Kämpfe im Ersten Weltkrieg bei Verdun oder an der Somme erinnert. Auf kaum einem anderen Schlachtfeld standen sich je so viele Soldaten verschiedener Nationen gegenüber wie bei Cassino.

Nach der völlig sinnlosen Zerstörung des Klosters Monte Cassino durch den Angriff schwerer US-Bomber am 15. Februar 1944 wurde die Abtei nun das, was die alliierten Befehlshaber bis dahin behaupteten: ein starker deutscher Stützpunkt. Die deutschen Fallschirmjäger, von den amerikanischen Soldaten achtungsvoll als »Grüne Teufel« bezeichnet, besetzten die Trümmer der Abtei. ». . . Es waren verwegene, wackere und selbstbewußte Kämpfer, meistens Freiwillige, alle unter 24 Jahre. Sie waren vorzüglich ausgebildet, hatten viele Schlachten durchkämpft und standen schon oft in schwierigen Situationen. Solche Soldaten ergaben sich nicht leicht und führten den Feuerwechsel auch dann noch weiter, nachdem sie von den angreifenden Wellen überrollt wurden, wobei sie nach allen Seiten und mit allen ihnen zur Verfügung stehenden Waffen, deren sie habhaft werden konnten, kämpften . . .« Dieser Einschätzung der »Grünen Teufel«, die monatelang der alliierten Übermacht trotzten, braucht man nichts hinzuzufügen, sie stammt übrigens von dem polnischen Offizier im Generalstab, Major A. Zajac.

Die NS-Propaganda wollte beim deutschen Volk den Eindruck erwecken, als würde – wie hier an der Cassino-Front – in Zukunft auch der Atlantik-Wall dem Ansturm der Alliierten standhalten. Selbst die schweren Niederlagen an der Ostfront versuchte man durch die Abwehrerfolge am Monte Cassino propagandistisch auszugleichen.

Als nach schweren Kämpfen in der Frühe des 18. Mai 1944 die Soldaten des polnischen Podolski-Regiments 12 die Trümmer der Abtei Monte Cassino stürmten, fanden sie keine kampffähigen Fallschirmjäger mehr vor. Sie stießen lediglich auf eine Gruppe von deutschen Verwundeten. Generalleutnant v. Senger und Etterlin: ». . . Man schmälert den Ruhm der Truppen, die zuerst in Cassino eindrangen, nicht, wenn man feststellt, daß bei der Entwicklung an anderen Teilen der Front zu diesem Zeitpunkt der Einsatz erheblicher Kräfte sich bei Cassino nicht mehr lohnte, vielmehr den klaren Regeln der Kriegskunst widersprochen hätte . . .«

Am Monte Cassino – in die Landschaft gebettet, die der Klosterberg überragt – liegen heute die Gräber der vielen tausend Soldaten aus fast 20 Nationen und beinahe allen Religionen. Den Sinn des Todes der ungezählten jungen Menschen, die hier im Ringen um Monte Cassino ihr Leben opferten, geben am deutlichsten die Worte von Papst Johannes Paul II. wieder:

Monte Cassino,
18. Mai 1944 - 18. Mai 1979

"... Ich bin hierher gekommen, um mich als Mensch, Christ, Priester, Bischof und Papst in inbrünstigem Gebet mit dem noch lebendigen Schmerz jener, die hier ihre Nächsten verloren haben, zu verbinden.

Ich kam auch hierher, um eine Botschaft im Namen derer zu bringen, die hier sowohl auf dem polnischen als auch auf dem englischen, deutschen, italienischen oder französischen Friedhof liegen. Sie alle ermahnen uns, daß wir durch ihr vergossenes Blut besser, aufrichtiger und solidarischer untereinander werden sollen. Ich rufe alle zum Gebet für die Gefallenen auf.

Noch einmal möchte ich im Namen Gottes und der Menschen wiederholen: Ihr sollt nicht töten, Ihr sollt den Mitmenschen kein Leid zufügen, Ihr sollt an Eure Brüder denken, die Hunger und Not leiden. Ehret die Würde und Freiheit eines jeden Menschen..."

Jan Paweł II
papież

Schauplatz

Sommer 1943: Monte Cassino (519 m) mit der berühmten Benediktiner-Abtei

Im Sommer 1943 nähert sich der Krieg langsam Italien, dem sonnigen Land mit den meisten Kulturstätten der Welt, einer der Quellen unserer Zivilisation.

Die stiefelförmige Halbinsel ist etwa 1600 km lang und bis zu 160 km breit; beinahe über die ganze Länge dehnt sich der Gebirgsrükken der Abruzzen aus, dessen Höhenzüge maximal 2000 m erreichen. An der östlichen Seite ziehen sich die einzelnen Gebirgskämme wie Rippen bis zur adriatischen Küste, an der westlichen Seite, zum Tyrrhenischen Meer hin, liegen die Höhen zuerst beinahe parallel zu den Abruzzen, dann verlaufen sie in südlicher Richtung.

Die Operationen der Alliierten verteilen sich auf die beiden Küstenabschnitte: die Adria-Front mit einer Breite von etwa 8–24 km, die westliche Front am Tyrrhenischen Meer mit 32–40 km. Getrennt durch das unwegsame Bergmassiv, bilden sie praktisch zwei separate Kriegsschauplätze. Das größte Problem für eine Streitmacht ist das Verkehrsnetz: Die wenigen Straßen im Landesinneren sind kurvenreich, schmal und im Winter kaum passierbar.

Rom und Neapel sind durch zwei Straßen miteinander verbunden, die berühmte antike *Via Appia*, auch Fernstraße Nr. 7 genannt, die von der Ostküste über die Pontinischen Sümpfe zur Ewigen Stadt führt, und die Fernstraße Nr. 6, die alte *Via Casilina*. Hier sammelte einst Fabius seine römischen Legionen, um sich Hannibal entgegenzustellen. Im 6. Jahrhundert wurde die *Via Casilina* vom byzantinischen Feldherrn Bellisarius benutzt, um den Goten die Ewige Stadt zu entreißen. Auch die Langobarden zogen um 570 über diese Straße.

Zwischen Neapel und Rom erstrecken sich schwer zu besteigende Gebirgskämme, die gerade an der südlichen und südöstlichen Seite überwiegend aus Steilhängen bestehen. Die Landschaft hat hier ausgesprochenen Hochgebirgscharakter. Sowohl an der Adria als auch am Tyrrhenischen Meer ermöglichen nur schmale Landstreifen – dazu noch teilweise versumpft – die Umgehung des Gebirges.

Im Landesinnern ist das 10 km breite Liri-Tal der einzige geeignete Weg für motorisierte Verbände in Richtung Rom, das Vorgebirge mit dem Monte Cassino versperrt jedoch den Zugang zum Liri-Tal. Die niedrigste Erhebung ist hier kaum 300 m hoch, und die höchste, das Bergmassiv des Monte Cairo, dessen Kuppe fast das ganze Jahr über mit Schnee bedeckt ist, etwa 1700 m. Die Höhenzüge, die später immer wieder in den Kriegsberichten genannt werden und damit traurige Berühmtheit erlangen, bieten die Möglichkeit, von einem Gipfel aus alle anderen zu überblicken und sich gegenseitig Feuerunterstützung zu geben.

Südlich von Cassino, nahe dem Monte Trocchio, tritt die *Via Casilina* aus den Bergen in das Rapido-Tal; sie macht nach einer

5 km langen, schnurgeraden Strecke eine scharfe Wende nach Süden und umgeht den Monte Cassino in Richtung Liri-Tal. Dem Monte Cassino zu Füßen liegt am Nordrand der Stadt die Rocca Janula, ein 90 m hoher Felsen mit einer alten Burgruine. Ein Felssattel verbindet den Monte Cassino mit der Rocca Janula, über den der kürzeste, wenn auch beschwerlichste Pfad zur Abtei führt.

Auf dem 516 m hohen Monte Cassino stand einst ein Apollo-Tempel. Er gehörte zur Akropolis, der Stadtburg des antiken *Casinum*, von dessen Wohlstand noch Reste eines Amphitheaters Zeugnis ablegen.

An der Stelle des in Trümmer gesunkenen Apollo-Tempels errichtete St. Benedikt im Jahre 529 das erste nach festen Regeln organisierte Kloster Italiens, eine Kirche mit einem Refugium für die kleine Mönchsgemeinde. Benedikt von Nursia war um 480 als Sohn eines wohlhabenden Grundbesitzers in der Provinz Perugia geboren worden. Er war ein stiller, die Öffentlichkeit scheuender Mann und hatte sich nach kurzem Studium in Rom schon früh von der Welt zurückgezogen, um so »Gott näher zu sein«. Benedikt lebte lange Zeit in einer Höhle bei Subiaco nahe Rom. Hier sammelte er Schüler um sich, und hier entstand die Urform einer monastischen Gemeinschaft.

In den später berühmt gewordenen »Benediktischen Regeln« gab er seiner Mönchsgruppe feststehende, von großer Lebenskenntnis zeugende, bestechend klar formulierte Ordensregeln. 547 starb St. Benedikt etwa 65jährig auf dem Monte Cassino. Die von ihm begründete Abtei wurde zur Geburtsstätte des Mönchtums und über viele Jahrhunderte hinweg ein geistiges Zentrum des Abendlandes. Die Regeln der klösterlichen Gemeinschaft schrieben einen strengen Wechsel von Gebets- und Arbeitszeiten vor. Die Benediktiner wirkten als Missionare, Wissenschaftler und Erzieher, die den Geist des hohen Mittelalters weitgehend bestimmten.

Im Jahre 569 drangen die Langobarden in Italien ein. Ihrem Ansturm fiel auch Monte Cassino zum Opfer. Die Mönche entkamen nach Rom und retteten die Urschrift der »Benediktischen Regeln«. Erst 717 wurde das Kloster auf dem Monte Cassino von Papst Gregor II. wiederaufgebaut. Von diesem Augenblick an trat der Benediktiner-Orden aus seiner Weltabgeschiedenheit, gründete Erziehungsanstalten und Hospitäler. 778 besuchte Karl der Große das Kloster und erhob die Benediktiner zum maßgebenden Orden im Frankenreich. Der Abt von Monte Cassino wurde Erzkanzler des Reiches und dem Kaiser unterstellt.

883 plünderten die Sarazenen das Kloster und steckten es in Brand. Nach 20 Jahren stand das zerstörte Kloster wieder in voller Pracht, um 1030 – diesmal von den Normannen – erneut gebrandschatzt zu werden.

Dem geschätzten Abt Desiderius, dem späteren Papst Victor III., war es zu verdanken, daß Monte Cassino im 11. Jahrhundert eine Blütezeit erlebte. Er gründete in der wieder aufgebauten Abtei eine Schule für Miniaturmalerei, die in ganz Europa berühmt war, und errichtete eine Klosterkirche, reich geschmückt mit Mosaiken und Fresken, die als architektonisches Wunder ihrer Zeit galt. Da die Benediktiner den weltlichen Genüssen nicht abgeneigt waren, unterstellte Papst Zölestin V. im Jahre 1294 die Abtei dem Zölestiner-Orden – wegen »fortdauernder Unordnung im Leben der Mönche«. Papst Bonifazius VIII. hob übrigens diese Anordnung wieder auf, und unter Papst Johannes XXII. wurde die Abtei um 1316 zum Bistum erklärt.

Am 9. September 1349 zerstörte ein gewaltiges Erdbeben das Kloster fast vollständig. Man begann sofort mit dem Wiederaufbau. Besonders Papst Urban V., der sich 1367 selbst zum Abt des Klosters ernannte, förderte die Bauarbeiten. Er bestimmte auch, daß alle Benediktiner-Abteien eine Abgabe für den Wiederaufbau des Stammklosters leisten mußten.

So entstand ein mächtiger Gebäudekomplex in Trapezform mit einer Längsseite von 220 m. Als Stein wurde der gelbliche *Travertin* gewählt. Das vierstöckige, kompakte Bauwerk glich mit seinen Zinnen und den langen Reihen von Zellenfenstern, den fünf Innenhöfen und den düsteren Kreuzgängen einer gewaltigen Festung. Die von Papst Urban V. geschaffene Klosteranlage blieb in ihren Grundzügen bis zum 14. Februar 1944 erhalten.

Im Jahre 1504 wurde Monte Cassino mit 95 Abteien und 100 Klöstern zu einem Güterkomplex vereinigt. Seitdem trägt der Abt den Titel »Haupt aller Äbte des Benediktiner-Ordens, Kanzler und Großkaplan des Römischen Reiches, Fürst des Friedens«.

In der Renaissance wurde das Kloster eine beliebte Pilgerstätte und ein Zentrum der schönen Künste. »Im Jahre 1600 weilten täglich 100 und mehr Pilger in Monte Cassino, denen die Benediktiner, ihren Regeln getreu, die Füße wuschen und die sie bei Tisch bedienten« – notieren die Chronisten. Auch Torquato Tasso, einer der größten italienischen Dichter, fand hier ein Refugium. Im Jahre 1625 erreichte die Besucherzahl eine für die damalige Zeit imposante Höhe von 80000 Menschen.

Ständig waren die Benediktiner bemüht, ihrer Abtei eine noch stärkere Anziehungskraft zu verleihen. So baute 1613 Orazio Torrianis aus Mendrisio eine prächtige Kuppel für die Klosterkirche; für die Sakristei schuf Simonetti, ein anderer Tessiner Meister aus Astano, reiche Stukkaturen.

Im 18. Jahrhundert arbeiteten mehrere Generationen der besten Künstler Italiens an der Gestaltung der prunkvollen Kirche, die zu einem Glanzstück des Barocks wurde.

Im Mai 1799 plünderten die Franzosen unter General Olivier das Kloster. Nach Napoleon bekam es seinen früheren Status wieder zurück. Im Jahre 1868 verlor die Abtei aufgrund eines neuen Gesetzes des italienischen Königreiches – wie alle anderen Klöster Italiens – ihre Besitzungen. Die Abtei selbst wurde Staatseigentum und zum *Monumento Nazionale* erklärt; den Benediktiner-Padres stand nur das Nutzungsrecht zu.

Die Bibliothek der Abtei mit ihren 2000 miniaturengeschmückten Kodizes, 40000 Handschriften, 250 Inkunabeln – darunter Varros *»De Lingua Latina«*, die älteste erhaltene Grammatik – und ein großer Teil der Schriften des Tacitus, Cicero, Horaz, Ovid, Virgil, Seneca und vieler anderer zählt zu den wichtigsten der Welt.

Das auf halbem Wege zwischen Neapel und Rom gelegene Cassino, das bis 1871 den Namen St. Germano trug, ist eine typische Abruzzenstadt mit vier Kirchen, vier Hotels, einem Gefängnis und einem kleinen Bahnhof. Sie hat zusammen mit den angrenzenden kleinen Ortschaften etwa 22000 Einwohner und eine bebaute Fläche von ca. 64 Hektar. Die Gebäude sind – wie fast überall in Italien – aus Massivstein.

Cassino ist bereits seit dem 4. Jahrhundert v. Chr. unter dem

Namen *Casinum* bekannt. Außer einer Villa von Marcus Antonius, den obligatorischen Aquädukten, Tempeln und dem großen Amphitheater befanden sich hier Thermalbäder der Römer, die bis zum Zweiten Weltkrieg benutzt wurden.

Im Tal wechseln fruchtbare Obstgärten mit Feldern, und an den dicht mit Eichen, Fichten und Akazien bewachsenen Hängen ziehen sich Olivenhaine und Weinberge hin. Der Rapido, der im nördlichsten Teil der Abruzzen entspringt, windet sich durch die Vororte Cassinos und trägt nach dem Zusammenfluß mit dem Cesa Martino den Namen Gari. Weiter im Süden vereinigt sich der Gari mit dem von Westen her strömenden Liri zum Garigliano. Die umliegenden Berge sind mit dornigem Gestrüpp bewachsen, das Wind und Sonne standhält.

Das Land eignet sich vorzüglich zur Verteidigung: Kaum ist eine Berg- oder Flußbarriere überwunden, versperrt schon die nächste den Weg. Die wenigen Ebenen wiederum sind zu klein, um Panzerkräfte entscheidend einzusetzen.

Für die Deutschen ist das im Abwehrkampf gegen die Alliierten das ideale Gebiet. Sie beherrschen meisterhaft die taktischen Regeln des hinhaltenden Widerstandes: In einer aufzugebenden Stellung bleibt eine Kampfgruppe als Nachhut einige Stunden zurück. Eine andere Gruppe weicht frühzeitig aus und besetzt eine in der Nähe gelegene Auffangstellung. Eine dritte Gruppe wird als Vorposten für diese neue Stellung abkommandiert. So erhält der Rückzug Elastizität, Tiefe und Festigkeit. Dabei kann sich eine Gruppe mit einem einzigen MG in einer günstig gelegenen Stellung oft stundenlang halten und verschafft dadurch wichtigen Zeitgewinn.

Auf Anraten von Generalfeldmarschall Kesselring, dem Oberbefehlshaber der Heeresgruppe Südwest, ändert Hitler seine Strategie in Italien: Bisher hat er – dem Vorschlag von Generalfeldmarschall Rommel folgend – die Streitkräfte hinter Rom zurückziehen und erst in Norditalien eine feste Frontlinie bilden wollen. Nun erteilt er Befehl, schon im südlichsten Teil der Halbinsel stärksten Widerstand zu leisten.

So wird der Entschluß, Cassino zu verteidigen, bereits gefaßt, als die 5. US-Armee (Lt. Gen. Clark) noch fast 100 km davon entfernt ist. Die »Taille« Italiens, jene schmalste Stelle der Halbinsel zwischen dem Golf von Gaeta im Westen und der Mündung des Sangro im Osten, bietet den günstigsten Abschnitt für Abwehrkämpfe. Dabei ist von entscheidender Bedeutung, genügend Zeit für den geplanten Ausbau der Verteidigungsstellungen zu gewinnen. Das heißt: Hier wird die hinhaltende Kampfführung aufgegeben und zur Verteidigung übergegangen.

Man beschließt, in Abständen von 12–18 km quer durch die Halbinsel drei parallel liegende Stellungen zu bauen: Die »Bernhard-Stellung«, von den Alliierten auch »Winterstellung« genannt, verläuft von der Garigliano-Mündung im Westen über die Abruzzen den Sangro entlang bis zur adriatischen Küste. Diese nur feldmäßig ausgebaute Linie wird eine Art vorgeschobene Stellung, die deutsche, aus dem Süden Italiens zurückströmende Truppen beziehen sollen. Dahinter wird in Anlehnung an die Flußläufe des Rapido, des Gari und des Garigliano die nächste Stellung, die »Gustav-Linie«, ausgebaut. Diese Stellung, gebildet durch feste, zum Teil betonierte Stützpunkte in der Talsohle hinter den Flußläufen und auf den Gratstellungen im Hochgebirge, eignet sich bestens zur Verteidigung. Dank der Beschaffenheit des Geländes ist der mehrere Kilometer tiefe Sperrgürtel enorm stark. In dieser Verteidigungsstellung liegt auch das unbesetzte Kloster Monte Cassino.

Die Einwohner der Stadt Cassino werden evakuiert und zahlreiche Häuser durch den Bau von befestigten Unterständen oder Bunkern weiter verstärkt. In einigen größeren Gebäuden, die über ein gutes Schußfeld verfügen, bringt man Panzer unter. Im nördlichen Stadtteil wird über den Rapido ein Staudamm gelegt, so daß man das Liri-Tal bei starken Regenfällen in ein Überschwemmungsgebiet verwandeln kann. Ein bedeutender Faktor in der Verteidigung des Cassino-Abschnittes ist die hervorragende Einsicht in das Gelände, so daß Truppen und Material optimal eingesetzt werden können.

Die dritte und letzte Befestigungslinie zwischen Cassino und Rom ist die »Hitler-Linie«, auch »Senger-Riegel« nach Generalleutnant von Senger und Etterlin genannt. Dieser Sperriegel soll im Falle eines Durchbruchs eine Verbindung von Terracina zum

Nordflügel der »Gustav-Linie« bilden und als Auffangstellung dienen. Der »Senger-Riegel« ist mit betonierten Unterständen und 10 m breiten Panzerhindernissen bestückt.

Durch die Schwierigkeit des Geländes sind die starken alliierten Panzerkräfte fast ausschließlich an Straßen gebunden, was der deutschen Panzerabwehr sehr zustatten kommt. Die Natur bewirkt letztlich auch, daß die Initiative auf diesem Kriegsschauplatz stets bei dem Verteidiger liegen wird. Für den nahenden Winter erwartet er, daß die Natur ihm noch mehr zu Hilfe kommt: durch Schlamm in der Ebene und starke Schneefälle in den Bergen.

Die Deutschen hatten genügend Zeit, die Verteidigung von Cassino vorzubereiten, und sie haben sie gut genutzt: Vier blutige Offensiven und sechs Monate werden nötig sein, um den Riegel von 12 km Tiefe bei Cassino zu durchbrechen und ein Stück des Weges nach Rom freizukämpfen.

Personen

Albert Kesselring

Generalfeldmarschall der Luftwaffe, der Hitler davon überzeugen kann, daß Italien – entgegen allen anderen Ansichten – südlich von Rom verteidigt werden muß, ist ein Mann von schlichter Lebensweise, dabei ein fachlich hoch qualifizierter Soldat.

Am 20. 11. 1885 in Marktsteft/Unterfranken geboren, tritt Kesselring, der aus einer Brauerfamilie stammt, 1904 als Fahnenjunker in das 3. Bayerische Fuß-Artillerieregiment (Metz) ein. 1907 Leutnant. Nach Ausbildung an der Artillerie- und Ingenieurschule in München Spezialist für Vermessungs- und Lichtmeßwesen. Im Ersten Weltkrieg anfangs Oberleutnant bei der Truppe, dann in verschiedenen Stabsstellungen, zuletzt im Generalstab. 1919 bei der Reichswehr im stellvertretenden Generalkommando des III. Bayerischen Korps (Nürnberg). Nach Truppenkommandos in Amberg, Erlangen und Nürnberg zum Major befördert.

Am 1. 10. 1922 in die Heeresleitung nach Berlin versetzt. 1930 Oberst, Artillerieregiment 4 (Dresden).

Ab. 1. 10. 1933 Verwaltungschef des neuen Luftfahrtkommissariats. Am 1. 3. 1935 zum Generalmajor, am 1. 4. 1936 zum Generalleutnant befördert. Ab Juni 1936 Chef des Generalstabes der Luftwaffe. Es untersteht ihm das gesamte Fliegerausbildungswesen. Kesselring organisiert auch die Flak- und Flugnachrichtentruppen. Am 1. 6. 1937 General der Flieger und Kommandierender General des Luftkreises III (Dresden). Ab Oktober 1938 Chef der Luftwaffengruppe (Luftflotte 1) in Berlin. Im September 1939 wird die Luftflotte 1 der Heeresgruppe Nord zugeteilt und maßgeblich an den Kämpfen gegen die polnische Armee und polnische Städte beteiligt.

Im Januar 1940 übernimmt Kesselring die Führung der Luftflot-

Generalfeldmarschall Kesselring

Generalleutnant v. Senger und Etterlin

te 2 (Westfront). Am 19. 7. 1940 direkt zum Generalfeldmarschall befördert. In der Schlacht um England (Sommer 1940–Mai 1941) erlebt seine Luftflotte 2 eine empfindliche Niederlage. Beim Überfall auf die Sowjetunion (22. 6. 1941) Einsatz der Luftflotte 2 bei der Heeresgruppe Mitte. Ab 5. Dezember 1941 Oberbefehlshaber Süd der deutschen Luftwaffe für den Mittelmeerraum und Nordafrika. 1943 Wehrmachtsbefehlshaber auf dem südlichen Kriegsschauplatz.

Fridolin von Senger und Etterlin

Der kunstbeflissene und feinfühlige Kommandierende General des XIV. Panzerkorps, dem die Verteidigung der »Gustav-Linie« im Cassino-Abschnitt obliegt, ist am 4. 9. 1891 in Waldshut geboren. Mit 19 Jahren geht er als Freiwilliger zum 5. Badischen Feldartillerie-Regiment 76. Danach Stipendiat der C.-Rhodes-Stiftung und Studium an der Universität Oxford. 1914 Leutnant der Reserve, am

27. 6. 1917 aktiviert. Nach Ende des Ersten Weltkrieges Eintritt in die Reichswehr und Adjutant bzw. Eskadronschef im Reiter-Regiment 18 (Bad Cannstatt). 1. 1. 1927 Rittmeister, 1. 8. 1936 Oberstleutnant, am 10. 11. 1938 Kommandeur des Kavallerieregiments 3 und am 1. 3. 1939 Beförderung zum Oberst. Ab November 1939 Kommandeur des Reiterregiments 22, ab 2. 2. 1940 Kommandeur der 2. Reiterbrigade.

Im Westfeldzug führt v. Senger die »Schnelle Brigade von Senger«, ab Juli 1940 bis Juli 1942 Chef der deutschen Delegation der italienisch-französischen Waffenstillstandskommission (Turin). Am 1. 9. 1941 Generalmajor. An der Ostfront ab 10. 10. 1942 Kommandeur der 17. Panzerdivision, ab 1. 5. 1943 Generalleutnant. Ab Juni 1943 Wehrmachtsbefehlshaber auf Sizilien, ab August 1943 Wehrmachtsbefehlshaber auf Sardinien und Korsika. Er leitet mit großem Erfolg die Räumung dieser drei Inseln. Ab 8. 10. 1943 übernimmt v. Senger das XIV. Panzerkorps. Am 1. 1. 1944 zum General der Panzertruppen befördert.

Die bekannten anti-nationalsozialistischen Gefühle dieses anglophilen Generals – er ist übrigens auch Laienmitglied des Benediktiner-Ordens – sind die wahren Ursachen, warum sein Beitrag zur Verteidigung von Cassino von der NS-Propaganda kaum erwähnt und als denkbar belanglos hingestellt wird.

Heinrich-Gottfried von Vietinghoff-Scheel

Oberbefehlshaber der deutschen 10. Armee, ein formvollendeter, gewandter und anpassungsfähiger Mittler zwischen der Truppe und der höheren Führung, jedoch ohne besondere Beliebtheit bei dem einfachen Soldaten.

Am 6. 12. 1887 in Mainz geboren, 1898 Kadett. Mit 19 Jahren Fähnrich in der preußischen Armee. Ein Jahr später, am 27. 11. 1907, wird v. Vietinghoff Leutnant im Garde-Grenadierregiment 2. Nach Ausbruch des Ersten Weltkrieges Truppenoffizier und 1915 Hauptmann im Generalstab der Obersten Heeresleitung. 1919 tritt er in die Reichswehr ein und wird 1921 Kompaniechef im Infanterieregiment 9. Ab 1. 3. 1926 Major im Stab des Infanterieführers II der 2.

Generaloberst v. Vietinghoff-Scheel

General Alexander

Infanteriedivision (Stettin). Im Jahre 1929 zum Wehramt versetzt, ab 1. 2. 1931 Oberstleutnant und Kommandeur des 1. Bataillons im Infanterieregiment 14.

Am 1. 4. 1933 zum Oberst befördert, wird v. Vietinghoff ab Februar 1934 Chef der Abteilung Landesverteidigung, am 1. 4. 1936 Generalmajor und zwei Jahre später, ab 1. 3. 1938, Generalleutnant. Am 24. 11. 1938 übernimmt er die Führung der neuaufgestellten 5. Panzerdivision, mit der er im September 1939 am Polen-Feldzug teilnimmt. Ab 21. 10. 1939 Kommandierender General des XIII. Armeekorps. Am 1. 6. 1940 General der Panzertruppen. Vom 1. 11. 1940 bis zum 10. 6. 1942 befehligt er das XXXXVI. Panzerkorps und führt in Vertretung für Generaloberst Model die 9. Armee, danach ab 1. 12. 1942 Oberbefehlshaber der 15. Armee und ab 15. 8. 1943 der 10. Armee auf Sizilien.

Harold Alexander

Oberbefehlshaber der alliierten Truppen in Italien, Soldat durch und durch, ein Mann von hoher Kultur, mit großem Einfühlungsvermögen und diplomatischem Geschick, der wohl die internationalste Streitmacht des Zweiten Weltkrieges befehligt: Amerikaner, Engländer, Franzosen, Italiener, Neuseeländer, Kanadier, Südafrikaner, Inder, Brasilianer, Juden und Polen.

Harold Alexander ist am 10. 12. 1891 in London geboren. Nach seiner militärischen Ausbildung in Harrow und Sandhurst tritt er 1911 in die *Irish Guards* ein. Im Ersten Weltkrieg führt er in Frankreich ein Bataillon, wird dreimal verwundet und erhält eine Reihe von Auszeichnungen. Im März 1919 mit der alliierten Militärmission in Warschau. Im gleichen Jahr kommandiert er die baltische Landwehr in Nordrußland im Kampf gegen die Rote Armee. Während der Zwischenkriegszeit erhält Alexander mehrere Kommandos, u. a. an der indischen Nordgrenze.

Nach Ausbruch des Zweiten Weltkrieges Kommandeur der 1. Division der *British Expeditionary Force* (Gen. Lord Gort) in Frankreich. Als Kommandierender General des I. Korps am 31. 5. 1940 nach England zurückgekehrt, ist Major General Alexander maßgeblich an der erfolgreichen Evakuierung britischer Truppen aus Dünkirchen beteiligt. Ab Juni 1940 in England Kommandierender General im *»Southern Command«*, dem wichtigsten Verband zur Abwehr der bevorstehenden deutschen Invasion. Sein Verdienst zu dieser Zeit: Einführung unorthodoxer Trainings- und Kampfmethoden bei der britischen Armee. Nachdem die Gefahr einer deutschen Landung gebannt ist, wird Alexander im Frühjahr 1942 nach Burma entsandt, um das Oberkommando auf dem von Japanern bedrohten Territorium zu übernehmen. Hier organisiert er eine erfolgreiche Rückzugsoperation, trotz japanischer Überlegenheit.

Am 15. 8. 1942 vertraut ihm Churchill das Oberkommando im Mittleren Osten an. Damit untersteht ihm auch General Montgomery, der neue Befehlshaber der britischen 8. Armee, der den Vormarsch Rommels bei El Alamein stoppt. Montgomery über Alexander: ». . . der einzige Mann, dem jeder General in unterstellter Position gern dienen würde« *(the only man under whom any General would gladly serve in a subordinate position).*

Nachdem die alliierten Streitkräfte der »*Torch*«-Operation und der *Western Desert Forces* sich in Tunesien im Februar 1943 vereinigt haben, wird Alexander Stellvertreter von General Eisenhower und Oberbefehlshaber der 18. Armeegruppe, der anglo-amerikanischen Landstreitkräfte in Tunesien. Als solcher befehligt Alexander auch die alliierten Landstreitkräfte (15. Armeegruppe) der Operation »*Husky*«, der Landung auf Sizilien am 10. 7. 1943. Nachdem General Eisenhower als alliierter Oberbefehlshaber für die Invasion in Frankreich nach London abkommandiert wird, bekommt General Alexander den Oberbefehl über die alliierten Streitkräfte in Italien.

Wladyslaw Anders

Der von seinen Soldaten verehrte Befehlshaber des polnischen II. Korps ist am 11. 8. 1892 in Blonie bei Warschau geboren. 1911–14 Studium am Politechnikum in Riga. Bei Ausbruch des Ersten Weltkrieges Fähnrich der Reserve im russischen 3. Dragoner-Regiment. Für seine Tapferkeit mit dem St.-Georgs-Kreuz ausgezeichnet, beendet er im Februar 1917 sein Studium an der Akademie des Generalstabs in Petersburg. Danach Chef des Stabes der russischen 7. Infanteriedivision.

Nach Ausbruch der Revolution und Umformierung der polnischen Verbände kommandiert er das 1. Ulanen-Regiment. Dann Chef des Stabes der 1. Schützendivision. Nach Auflösung der polnischen Verbände im Frühjahr 1918 dient er in der vom deutschen Oberkommando in Warschau aufgestellten polnischen Wehrmacht. Während des Aufstandes gegen die deutsche Besetzung (1919) Chef des Stabes der Posener Armee. Im Kampf gegen die Rote Armee befehligt Anders während des polnisch-sowjetischen Krieges von 1919–21 das 15. Ulanen-Regiment und wird mit den höchsten polnischen Tapferkeitsauszeichnungen dekoriert. 1921–23 auf der Ecole de Guerre in Paris, 1924 Chef des Stabes des Generalinspekteurs der Kavallerie. 1926 Kommandeur der Selb-

Lieutenant General Anders

Lieutenant General Clark

ständigen Kavallerie-Brigade, beteiligt an zahlreichen internationalen Reitturnieren. 1934 Brigadegeneral.

Im September 1939 kämpft er als Kommandeur der *Nowogrodzka Brygada Kawalerji* gegen Hitlers Truppen – von Lidzbark an der ostpreußischen Grenze bis Sambor in Südpolen. Nach dem Überfall der Sowjets auf Polen (17. 9. 1939) kämpft er gegen die Rote Armee, die seiner Brigade den Weg nach Ungarn abschneidet. Dreimal verwundet und auf Krücken wird er am 29. 9. 1939 von den Sowjets gefangengenommen und nach Moskau gebracht. Dort 20 Monate in den berüchtigten Gefängnissen von Lubljanka und Butyrki, davon 7 Monate in Einzelhaft. Nach Unterzeichnung des Abkommens zwischen der polnischen Exilregierung in London und Stalin am 4. 8. 1941 aus der Haft entlassen – ohne Socken, nur in Hemd und Unterhose. Ab 10. 8. 1941 Divisions-General.

Als Befehlshaber der polnischen Streitkräfte in der UdSSR stellt Anders unter den schwierigsten Bedingungen eine polnische Armee aus den nach Rußland verschleppten polnischen Staatsbürgern zusammen. General Anders, Kenner der sowjetischen Wirklichkeit, setzt sich konsequent für die Evakuierung seiner Truppen und deren Familien nach dem Iran ein. Ab September 1942 Befehlshaber der polnischen Armee im Mittleren Osten. Als solcher führt er ab Juli 1943 das polnische II. Korps und übernimmt am 23. 3. 1944 den Auftrag, Monte Cassino zu erobern, was ihm und seinen Soldaten den bedeutendsten polnischen Sieg des Zweiten Weltkrieges bringt.

Mark Wayne Clark

Oberbefehlshaber der 5. US-Armee, einer der umstrittensten Generäle des italienischen Feldzuges. Gut aussehend, forsch und mit Star-Allüren, versteht er es einmalig, sich durch einen Troß mitgeführter Kriegsberichterstatter persönliche Publicity zu verschaffen.

Mark W. Clark ist am 1. 5. 1896 als Sohn eines Colonels der US-Armee in Madison Barracks, New York, geboren. Ausbildung in West Point, die er im April 1917 beendet. Als Captain *(temporary)* im Infanterieregiment 11 nimmt er ab Juni 1918 an den Kämpfen in Frankreich im Vogesen-Abschnitt teil. Mehrfach verwundet. Nach seiner Rekonvaleszenz bei den Versorgungsdiensten der 3. US-Armee in Antwerpen und Koblenz.

Im August 1933 zum Major befördert, danach *General Staff School,* Fort Leavenworth. Erst im August 1940 Aufstieg zum Lieutenant Colonel, im April 1942 zum Major General, einen Monat später Chef des Stabes der *Army Ground Forces.* Ab Juli 1942 kommandiert Clark von England aus alle US-Truppen in Europa. Im November 1942 landet er nach abenteuerlicher Fahrt in einem Dingi an der algerischen Küste, vom britischen U-Boot »*Seraph*« (Capt. Jewell) ausgesetzt – um mit den »Freien Franzosen« die Operation »*Torch*« vorzubereiten.

Sein erstes Armee-Kommando bekommt Clark im Januar 1943 über die 5. US-Armee. Mit diesem Verband landet er am 10. 7. 1943 auf Sizilien (Operation »*Husky*«) und am 9. 9. 1943 bei Salerno (Operation »*Avalanche*«).

Lieutenant
General Freyberg

Bernard Freyberg

Kommandierender General des neuseeländischen II. Korps, auf dessen Drängen hin die altehrwürdige Abtei Monte Cassino zerstört wird. Bekannt für seine ungewöhnliche Tapferkeit.

Am 21. 3. 1889 in Richmond (Surrey) geboren, kämpft er im Ersten Weltkrieg in Frankreich und steigt zwischen 1914–1918 bis zum Brigadier auf. Durch sein energisches Eingreifen während der deutschen Sommeroffensive 1918 und durch persönlichen Einsatz gelingt es Freyberg im letzten Augenblick, eine äußerst gefährliche Lücke in der britischen Front zu schließen. Das bringt ihm die höchste Kriegsauszeichnung Großbritanniens, das Victoria-Kreuz, ein.

Anfang des Zweiten Weltkrieges, im November 1939, befehligt Freyberg die neuseeländischen Streitkräfte und nimmt mit ihnen an den Kämpfen in Griechenland teil. Nach dem deutschen Angriff auf Griechenland führt er den Rückzug seiner Truppen durch und wird von Churchill zum Befehlshaber der alliierten Streitkräfte auf

Kreta ernannt. Auch hier kann Freyberg nach dem bravourösen deutschen Luftlandeunternehmen die Hälfte seiner 30000 Soldaten von der Insel retten. Danach wird er gegen Rommel in Nordafrika eingesetzt.

Bei Marsa-Matruh von den Deutschen eingekesselt, bricht Freyberg trotz schwerer Verwundung mit seinen Truppen durch. Sofort nach der Genesung kehrt er zu seiner Division zurück und kämpft bei El Alamein. Von April bis August 1943 Kommandierender General des britischen X. Korps in Italien. Der insgesamt 36mal verwundete Freyberg ist der einzige höhere Feldkommandeur des Ersten Weltkrieges, der auch den ganzen Zweiten Weltkrieg über ein aktives Feldkommando innehat.

Da er nicht Churchill, sondern ausschließlich der neuseeländischen Regierung gegenüber verantwortlich ist, sichert ihm dies ein Maß an Unabhängigkeit, wie es kein anderer Kommandierender General in Europa besitzt. Die Verantwortung jedoch, die er für seine Männer trägt, ist besonders groß, denn die Truppe setzt sich aus der gesamten neuseeländischen männlichen Bevölkerung im militärdienstpflichtigen Alter zusammen. Freyberg sorgt für seine Soldaten wie »ein Vater«.

Alphonse Juin

Befehlshaber des *Corps Expéditionnaire Français* (CEF), das er mit Verve und Erfolg führt. Er kennt wie kein anderer der alliierten Befehlshaber die Regeln des Gebirgskrieges und trägt wesentlich zur Wiederherstellung des militärischen Prestiges der »Grand Nation« bei. Am 16. 12. 1888 im ostalgerischen Bône geboren, wetteiferte Juin auf der Kriegsschule von St-Cyr als robuster Sohn eines Gendarmen mit den adligen Offiziersanwärtern um die Auszeichnung, der Beste zu sein, was er auch neben de Gaulle und de Lattre de Tassigny 1912 erreicht. Während des Ersten Weltkrieges kämpft er in Flandern und in der Champagne, wo ihm 1915 die rechte Hand zerschossen wird. Dann Verbindungsoffizier bei der US-Armee in Frankreich. 1920–22 an der *École de Guerre*, danach Stabschef des legendären Eroberers von Marokko, Marschall Lyau-

General Juin

General Wilson

tey, dem Juin hilft, die Rifkabylen zu unterwerfen. 1931 Chef des *Cabinet Militaire*, des *Résident-Général* in Rabat. 1935 Kommandeur des 3. Zuaven-Regiments, im Jahre 1937 im Generalstab und Beförderung zum General.

Während des deutschen Angriffs im Mai 1940 kämpft Juin in Belgien und bei Lille, wo er in deutsche Kriegsgefangenschaft gerät. 1941 auf speziellen Wunsch von Marschall Pétain wieder entlassen, wird Juin einige Monate später anstelle von General Weygand Oberbefehlshaber der Vichy-Streitkräfte in Nordafrika. Nach Landung der Alliierten in Marokko und Algerien stellt sich Juin auf die Seite von General de Gaulle und wird am 27. 12. 1942 Oberbefehlshaber der französischen Streitkräfte in Nordafrika. Dann übernimmt er das *Corps Expéditionnaire Français* (CEF), mit dem er Ende November 1943 bei Neapel an Land geht.

Seine Kolonialtruppen – vor allem die Krieger aus dem Atlas-Gebirge – holen in den Abruzzen im Mai 1944 den für Frankreich bedeutendsten Sieg des Zweiten Weltkrieges.

Henry Maitland Wilson

Während der Kämpfe um den Monte Cassino Oberbefehlshaber im Mittelmeerraum, gutmütig und wegen seiner Gestalt »Jumbo« genannt. Wilson hat von allen alliierten Befehlshabern die meisten Erfahrungen auf dem Mittelmeer-Kriegsschauplatz.

1889 geboren, kommt er 1939 in der ersten Phase des Krieges als *General Officer Commanding* nach Ägypten, um den Plan für eine Operation gegen das italienische Nordafrika (Libyen) auszuarbeiten. Dann wird er Befehlshaber des britischen Expeditionskorps in Griechenland. Am 6. 6. 1941 greifen die *Commonwealth*-Truppen unter General Wilson die Vichy-treuen französischen Streitkräfte in Syrien an, die am 3. 7. 1941 kapitulieren. Am 15. 9. 1942 übernimmt Wilson das *Persia- and Iraq-Command* (PAIC). Ab 16. 2. 1943 wird er anstelle von General Alexander Oberbefehlshaber der britischen *Middle East Forces* und am 24. 12. 1943 Oberbefehlshaber für den Mittelmeerraum.

Wilson unterstützt den Plan zur Einnahme der Ägäischen Inseln nach dem Zusammenbruch Italiens und ist Befürworter einer Landung bei Anzio-Nettuno.

3. September 1943 bei Reggio di Calabria: In früher Morgenstunde kriechen – vorsintflutlichen Geschöpfen ähnlich – an der Straße von Messina die amphibischen Fahrzeuge Ducks mit britischen Soldaten auf das italienische Festland ▶

Prolog

W. Churchill an General Ismay für das Komitee der Stabschefs
Dienstag, 13. Juli 1943:

Es ist an der Zeit, die polnischen Truppen aus Persien nach dem Mittelmeer zu schaffen. Politisch ist das sehr wünschenswert, denn die Leute wollen sich schlagen, und wenn sie erst in Aktion stehen, werden sie sich wegen ihrer eigenen – sehr tragischen – Angelegenheiten weniger Sorgen machen. Das ganze Korps muß von Persien nach Port Said und Alexandrien gebracht werden. Beabsichtigt ist ihr Einsatz in Italien . . .

Feindliche Operationen an der Küste von Kalabrien
Freitag, 3. September 1943, Rom. Das Comando Supremo meldet:

In der vergangenen Nacht begann der Feind, der an den Vortagen vereinzelte, sofort zurückgeschlagene Landungsversuche unternommen hatte, die Operationen in größerem Ausmaß gegen die Küste von Kalabrien in der Meerenge von Messina. Feindliche Geleitzüge und in den Häfen von Catania und Augusta vor Anker liegende Schiffe wurden von deutschen Flugzeugen wirksam angegriffen. Verbände feindlicher Flugzeuge warfen Bomben auf Bozen, Trient, Bologna und auf die Umgebung von Neapel . . .

Landung in Süditalien
3. September 1943. Aus dem *alliierten Hauptquartier Nordafrika:*

Alliierte Streitkräfte haben unter dem Kommando General Eisenhowers ihren Vormarsch fortgesetzt. Britische und kanadische Truppen der 8. Armee, unterstützt von alliierten See- und Luftstreitkräften, sind heute morgen durch die Straße von Messina zum Angriff übergegangen und auf dem italienischen Festland gelandet. Die Küstenbatterien der Italiener sind bereits auf 10 km breiter Front außer Gefecht gesetzt. In den letzten Tagen hatten mehrfach kleinere Stoßtrupps die Straße von Messina überquert und die genauen Punkte, an denen am Freitag morgen die Landung erfolgte, erkundet. Um sechs Uhr morgens stand bereits britische Artillerie auf dem italienischen Festland.

4. September 1943, Kalabrien: britischer Nachrichtentrupp der 5. Armee durch deutsches Geschützfeuer gestoppt

Die Durchführung der Landungsoperationen

3. September 1943, in einem Invasionshafen. Der Korrespondent von United Press berichtet:

Die Invasion Italiens begann in mondloser Nacht. Viele Hunderte von Fahrzeugen und Landungsleichtern nahmen Kurs auf die italienische Küste. Sie mußten sich auf das schwache Licht der Sterne verlassen, um den Weg nach den Landeplätzen zu finden. Die Landungsoperation vollzog sich unter einem dichten Luftschirm alliierter Jäger.

Bis zu dem Augenblick, da die erste Welle der britischen Infanterie italienischen Boden erreichte, war ich Zeuge einer Reihe außergewöhnlicher Szenen. Seit zehn Tagen wurden große Mengen von Truppen und Fahrzeugen nach den Invasionshäfen geleitet; nur wer sich eine hundertfache Vergrößerung des Londoner Straßenverkehrs der Vorkriegszeit vorzustellen vermag, kann sich ein Bild davon machen, wie es auf den sizilianischen Straßen zuging.

Geschwader von Invasionsschiffen liefen unter dem Schutz der Dunkelheit die Küste an, um die Truppen aufzunehmen. Der Feind schien bemerkt zu haben, daß etwas im Gange war; morgens und abends erschienen schnelle Aufklärungsflugzeuge, die immer von neuem vertrieben werden mußten. Auch Bomber kamen aus Italien herüber. An den Einschiffungsstellen, die ich besuchte, herrschte strenge Ordnung. In der Dunkelheit konnte man Tausende von menschlichen Stimmen hören; es war ein dumpfes Gemurmel, übertönt von den hellen Kommandos der Offiziere. Alles vollzog sich wie am Schnürchen, denn jeder einzelne Mann hatte bereits wenigstens eine Landungsoperation mitgemacht. Obwohl den Truppen nicht mitgeteilt worden war, wohin die Reise ging, wußten sie wohl, daß ein hochwichtiges Unternehmen bevorstand, und ihre Spannung war deutlich zu fühlen.

Kapitulation der italienischen Armee

Mittwoch, 8. September 1943, New York. Aus dem Hauptquartier von General Eisenhower:

General Eisenhower hat soeben die bedingungslose Kapitulation der italienischen Streitkräfte bekanntgegeben. Von den Alliierten ist Italien ein Waffenstillstand gewährt worden. Die Kampfhandlungen sind heute nachmittag eingestellt worden.

September 1943: alliiertes Flugblatt, eines der Mittel, mit dem man die Kampfbereitschaft der deutschen Truppen brechen will

▶

TUNESIEN WIEDERHOLT SICH

DEUTSCHE OFFIZIERE!

Ihr wisst, was die letzten Ereignisse in Italien bedeuten. Ihr tragt hohe Verantwortung. Tunesien wiederholt sich in Sizilien.

Das OKW hat bis zur letzten Minute verantwortungslos Truppen nach Tunis geworfen. Als die Falle zuklappte, standen 300.000 Soldaten der Achse auf tunesischem Boden. 50 000 sind gefallen oder verwundet worden. 250 000 haben sich ergeben. Mehr als die Haelfte davon waren Deutsche.

DEUTSCHE OFFIZIERE! Ihr habt die Verantwortung fuer Euere Truppen. In Tunesien haben die deutschen Offiziere es vorgezogen, lieber den Befehl zur Niederlegung der Waffen zu geben als ihre Truppen sinnlos zu opfern. Dieselben alliierten Truppen, die die Deutschen in Tunesien besiegten, schliessen wieder den eisernen Ring um Euch. Die Falle klappt zu.

In Italien ist fuer Deutschland nichts mehr zu verteidigen. Deutschlands naechste Verteidigungslinie ist jetzt der Brenner. 1200 km hinter Euch.

Der erfahrene Soldat weiss, was er zu tun hat, wenn der Kampf entschieden ist.

Geht die notwendigen Befehle, damit sinnloses Blutvergiessen vermieden wird.

> Alle Einheiten der Armeen der Vereinigten Nationen in Sizilien haben den ausdruecklichen Befehl, alle deutschen Soldaten, die dieses Flugblatt vorzeigen, oder sonst ein klares Zeichen geben und die ohne Waffen zu uns herueber kommen, in Sicherheit zu bringen.

G. C.

Besetzung der italienischen Flugplätze

8. September 1943, im Hauptquartier General Eisenhowers. Exchange meldet:

Britisch-amerikanische Generalstabskommissionen befinden sich bereits auf dem Wege nach Rom, Neapel, Genua und anderen wichtigen Zentren Italiens. Obwohl die Kapitulation bedingungslos vollzogen wurde, werden jetzt die weiteren Einzelheiten festgelegt. Dazu wird in erster Linie die unverzügliche Besetzung der italienischen Hauptflugplätze durch die Luftstreitkräfte der Alliierten gehören.

Entwaffnung der italienischen Truppen

Freitag, 10. September 1943. Das Oberkommando der Wehrmacht gibt bekannt:

Die verräterische Regierung Badoglio hatte in den letzten Wochen zur Vorbereitung ihres Abfalls starke Kräfte um Rom versammelt und die Stadt selbst gegen die außerhalb Roms liegenden deutschen Truppen in Verteidigungszustand versetzt. Als Begründung wurde die Gefahr einer feindlichen Landung westlich Roms angegeben. Seit der Kapitulation Italiens am 8. September hatten sich um Rom Kämpfe zwischen deutschen und italienischen Truppen entwickelt. Der deutsche Oberbefehlshaber Süd, Generalfeldmarschall Kesselring, zog Verstärkungen heran, leitete den Angriff auf Rom ein und stellte dem Kommandanten ein Ultimatum. Unter diesem Druck hat der italienische Oberbefehlshaber in Rom in einem Umkreis von 50 km kapituliert. Die Entwaffnung der italienischen Truppen ist im Gang. Die Verbindung mit der deutschen Armee im Raume von Neapel und Salerno ist hergestellt. Den Schutz der Vatikanstadt wird die deutsche Wehrmacht übernehmen. In Oberitalien hat Generalfeldmarschall Rommel mit den Divisionen seiner Heeresgruppe nach einem kurzen, aber von unseren Truppen mit tiefster Erbitterung geführten Kampf die italienischen Verbände zur Kapitulation gezwungen.

10. September 1943, Catanzaro (Kalabrien): Ein deutsches Zwillings-Fla-Maschinengewehr schützt den Divisionsstab vor feindlichen Tieffliegerangriffen

Sender Beromünster (Schweiz)
10. September 1943:

Der 8. September 1943 wird als ein schwarzer Tag für Deutschland in die Geschichte des gegenwärtigen Weltkrieges eingehen. Denn am 8. September hat die russische Armee das Donezbecken und seine Hauptstadt Stalino zurückerobert und trat der Waffenstillstand zwischen den alliierten Mächten und Italien in Kraft. Während in Moskau die Volksmenge mit Jubel die Wiedergewinnung des größten russischen Industrie- und Bergwerksgebietes begrüßte, löste in den Straßen Londons und New Yorks die Nachricht von der Kapitulation Italiens gewaltige Freudenkundgebungen aus. Mit entsprechender Erbitterung nahm das deutsche Volk die Nachricht vom Abfall des Achsenpartners auf, und über den Ernst des gleichzeitig an der Süd- und an der Ostfront erfolgten tiefen Einbruchs der feindlichen Streitkräfte gibt sich die deutsche Öffentlichkeit keinen Illusionen hin . . .

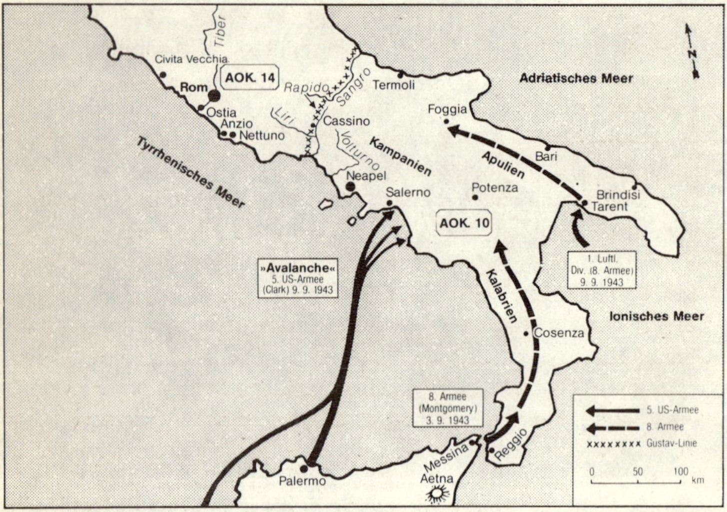

September 1943: Landung der Aliierten in Italien

Die sich seit 48 Stunden überstürzenden Ereignisse wurden durch die Mitteilung aus dem Hauptquartier Eisenhowers ausgelöst, dieser habe Italien einen militärischen Waffenstillstand gewährt, der von der britischen, amerikanischen und Sowjetregierung genehmigt worden sei; die italienische Regierung habe sich bereit erklärt, sich diesen Bedingungen zu unterwerfen; der Waffenstillstand trete sofort in Kraft und die Feindseligkeiten würden unverzüglich eingestellt.

Geheimer Bericht des Sicherheitsdienstes der SS zur innenpolitischen Lage
Montag, 13. September 1943 (grüne Serie).
Meldungen zur Führerrede und den Ereignissen in Italien:

Die Meldungen aus allen Teilen des Reiches bestätigen den ersten Eindruck, den die Führerrede und die deutsche Aktion in Italien hervorgerufen hatten: Das Vertrauen des Volkes in seine eigene Kraft, das vorübergehend erschüttert war, ist wiedergekehrt. Das Vertrauen zum Führer ist erneut gestärkt worden.

Die Ausführungen des Führers darüber, daß in Deutschland Vorkommnisse wie in Italien unmöglich seien, da er sich auf seine Marschälle, Admirale und Generale verlassen könne, wurden mit Stolz aufgenommen, wie überhaupt die Rede den nationalen Stolz des deutschen Volkes gestärkt hat.

Die bisher bekanntgegebenen deutschen Erfolge lassen es der Bevölkerung wahrscheinlich erscheinen, daß keine unangenehmen militärischen Überraschungen mehr aus dem Verrat Italiens zu erwarten sein werden.

Sorgen bestehen allerdings, insbesondere bei den Frauen, über das Schicksal der deutschen Truppen in Süditalien. Außerdem mache man sich Sorgen darüber, daß die Kämpfe in Italien Truppen beanspruchen, die an der Ostfront fehlen werden. Als recht problematisch erweist sich die Stellungnahme der Bevölkerung zu der erwarteten Behandlung des Vatikans. Von weltanschaulich einwandfreien Nationalsozialisten wurde mit Befriedigung von der Übernahme des Schutzes des Vatikans durch deutsche Truppen Kenntnis genommen und erklärt, daß der Vatikan im Schutze der Leibstandarte »Adolf Hitler« bestimmt als Spionagezentrum ausfallen werde. Ein Offizier erklärte zusammenfassend: »Nun ist der Papst dem Himmler näher als dem Himmel.«

Zusammenfassend läßt sich den Meldungen entnehmen, daß die Stimmung durch die Erfolge in Italien und die Führerrede ruckartig gehoben wurde.

14. September 1943, Uferstraße Salerno–Vietri: Soldaten der britischen 46. Infanteriedivision gehen im Schutz der beiden zerstörten deutschen Panzer IV vor

16. September 1943, in einer kleinen Ortschaft bei Crotone (Kalabrien): Soldaten der britischen 8. Armee beim Stadtbummel

Andauernde Kämpfe bei Salerno
Dienstag, 14. September 1943. Aus dem Hauptquartier von General Eisenhower:

Im Gebiet von Salerno hat die 5. US-Armee zusammen mit britischen Streitkräften eine mehr als 40 km lange feste Front gebildet. Der ständige Zustrom von Verstärkungen, der auf beiden Seiten anhält, hat zur Folge, daß die Kämpfe besonders an den entscheidenden Stellen im Norden und Westen von Salerno immer größeres Ausmaß annehmen.

Sender Beromünster (Schweiz)
Freitag, 17. September 1943:

Die Schnelligkeit, mit der die deutsche Wehrmacht in die durch das Ausscheiden Italiens aus dem Kriege entstandene Lücke trat, deutete darauf hin, daß das Oberkommando die sechs Wochen, die zwischen dem Sturz des Faschismus und dem Abschluß des

Italien, September 1943: ein Stoßtrupp deutscher Fallschirmjäger, unterstützt durch eine Selbstfahrlafette Marder III mit 7,5 cm Pak 40, in einem Städtchen in Süditalien

Waffenstillstandes zwischen Italien und den Alliierten verstrichen waren, in der Erwartung des italienischen Abfalls und Frontwechsels genützt hatte . . .

Die Woche, die seit dem Inkrafttreten des Waffenstillstandes vergangen ist, hat bewiesen, daß die in Süditalien gelandeten und vordringenden alliierten Streitkräfte mit einem entschlossenen und harten Widerstand des deutschen Gegners zu rechnen haben. Es ist dort eine »zweite Front« im wahrsten Sinne entstanden, und zum erstenmal auf dem europäischen Festland stehen sich Angelsachsen und Deutsche auf einer bedeutenden Landfront gegenüber, wobei es um die Eroberung bzw. Verteidigung eines der größten Länder Europas geht. So wie sich die Dinge seit der Kapitulation Italiens gestaltet haben, ist mit einer langen Dauer des Kampfes um Italien zu rechnen.

Raum Neapel, Ende September 1943: GenOberst v. Vietinghoff, Befehlshaber der 10. Armee, in einem vorgeschobenen Beobachtungsstand

Sender Beromünster (Schweiz)
Freitag, 24. September 1943:

Seitdem im Lauf der Woche die deutschen Truppen die Insel Sardinien angesichts der feindseligen Haltung der dort stehenden italienischen Verbände evakuiert haben, sind die wertvollen See- und Luftstützpunkte der großen italienischen Insel im westlichen Mittelmeer für die alliierte Kriegführung gegen Mittelitalien als ein bedeutender Gewinn zu buchen. In Korsika hat sich die erste selbständige Operation der von General Giraud befehligten französischen Befreiungsarmee abgespielt. Auch von Korsika aus können Kurzstreckenflugzeuge die Gestade von Nizza–Genua–Spezia–Livorno unter Beschuß nehmen. Korsika ist das erste Departement des französischen Mutterlandes, wo die Zivilverwaltung der Vichy-Regierung durch diejenige des Befreiungskomitees von Algier abgelöst wurde.

Durchbruch der Alliierten bei Neapel
Mittwoch, 29. September 1943. Aus dem Hauptquartier von General Eisenhower:

Nach sieben Tage dauernden schweren Kämpfen hat die 5. Armee die deutschen Verteidigungsstellungen im Gebirge nördlich und nordwestlich von Salerno durchbrochen und die Ebene von Neapel erreicht. Eine 12 km tiefe deutsche Frontlinie wurde überwunden. Damit steht für die motorisierten Verbände General Clarks der Weg nach Neapel offen.

Vordringen der 5. und 8. Armee
Dienstag, 5. Oktober 1943. Aus dem Hauptquartier von General Clark:

Nach den letzten Ermittlungen hatte Generalfeldmarschall Kesselring eine starke Verteidigungslinie bereits teilweise ausgebaut, die von Termoli 80 km nordwestlich von Foggia nach Riccia verläuft und den Fluß Volturno erreicht. In dieser Stellung befinden sich die 4. Fallschirm-Division, die 29. Panzergrenadier-Divison, die 26. Pan-

zerdivision und die Fallschirm-Panzerdivision »Hermann Göring«.

Sender Beromünster (Schweiz)
Freitag, 8. Oktober 1943:

An der Südfront wirkte sich in der Berichtswoche der heute vor acht Tagen erfolgte Fall von Neapel auf den Verlauf der militärischen Operationen aus. Marschall Kesselring beschränkt sich sichtlich darauf, um Zeitgewinn zu kämpfen, und daher kommt dem deutschen Widerstand nördlich von Neapel, an der West- wie an der Ostküste Süditaliens und im Gebirge die Bedeutung von Verzögerungsaktionen zu. Das furchtbare Schicksal von Neapel zeigt allerdings, mit welcher unnachsichtigen Gründlichkeit die abziehenden deutschen Truppen die »Taktik der verbrannten Erde« befolgen, wodurch in der Tat dem nachrückenden Gegner durch die angerichteten Zerstörungen – die auch vor der Wasserversorgung der Zivilbevölkerung nicht haltmachten – große Schwierigkeiten bereitet werden.

Kämpfe in Süditalien
Dienstag, 26. Oktober 1943. Aus dem Feldhauptquartier von General Montgomery:

Die Offensive der 8. Armee hat in den letzten zwölf Stunden ausgezeichnete Erfolge zu verzeichnen. General Montgomery erklärt: »Meine Truppen machten gute Fortschritte. Ich hoffe, daß man in Kürze mehr von uns hören wird.«

Polen als englische Kriegsgefangene
Mittwoch, 3. November 1943, London. Die Agentur Reuter meldet:

Hier ist schon einige Male mitgeteilt worden, daß Angehörige alliierter Nationen wie Polen, Tschechen, Jugoslawen usw. in den

◀

26. Oktober 1943, Süditalien. Montgomery: »Meine Truppen machten gute Fortschritte . . .« Der Universal-Schützenpanzer Carrier Bren, unter den britischen Soldaten sehr beliebt, ermöglicht abschnittweise einen schnellen Vormarsch

3. November 1943, am Volturno nördlich von Capua: Über eine von Pionieren der Mannschaftstransporter, Typ M 3

3. US-Division gebaute Pontobrücke, die sog. Muskie Bridge, rollt der bewährte

Reihen der deutschen Divisionen an den Mittelmeerfronten kämpfen. Eine erhebliche Anzahl davon ist in englische Kriegsgefangenschaft geraten. Aus Erklärungen der Regierung im Unterhaus geht nun hervor, daß den Polen, die sich in britischen Kriegsgefangenenlagern befinden, die Möglichkeit geboten wird, der polnischen Armee beizutreten. Es handelt sich dabei um polnische Staatsangehörige, die nach ihrer Aussage zum Kriegsdienst in der deutschen Armee gezwungen wurden und sich nun freiwillig zum Kriegsdienst in der polnischen Armee gegen Deutschland melden. Diese Gefangenen sind tatsächlich entlassen und in die polnische Armee eingereiht worden. Bisher ist nichts darüber bekannt geworden, ob Staatsangehörige anderer alliierter Länder in britischen Kriegsgefangenenlagern gleich behandelt werden.

Auf dem Wege nach Rom
Mittwoch, 10. November 1943. Aus dem Feldhauptquartier von General Clark:

In einem Tagesbefehl an die 5. Armee weist General Clark darauf hin, daß seinen Truppen nun die schwerste, aber auch die maßgebendsten Kämpfe um Rom bevorstehen: »Wir befinden uns auf dem Weg nach Rom, aber wir haben nun um ein entscheidendes Gebiet zu kämpfen, das von den Deutschen mit größter Kraftentfaltung verteidigt werden wird. Die Deutschen stehen in ihrer Winterlinie. Es ist eure Aufgabe, mit Umsicht, Mut und Entschlossenheit den Feind vernichtend zu schlagen.«

Sender Beromünster (Schweiz)
Freitag, 12. November 1943:

In Italien hat die koordinierte Aktion der amerikanischen 5. und der britischen 8. Armee nur langsame Fortschritte zu verzeichnen gehabt. Die gegenwärtige Frontlinie ist von Rom ungefähr so weit entfernt wie Genf von Bern. Dazwischen liegen die südlichen Ausläufer des Apennin, die Albaner Berge und die Abruzzen. Was seit dem Betreten des italienischen Bodens durch die Anglo-Amerikaner auffällt, ist die Tatsache, daß sie diesen Feldzug mit

13. November 1943, Castel Volturno: Ein britischer Soldat der 8. Armee hilft in seiner Freizeit beim Keltern

verhältnismäßig bescheidenen Kräften führen, was mehr noch als die topographischen Verhältnisse die Langsamkeit dieser Operationen erklärt.

Die 5. Armee in der Nähe von Cassino

Sonntag, 14. November 1943. Aus dem Hauptquartier von General Alexander:

Gestern spielten sich heftige Kämpfe im Abschnitt von Megnano ab, wo die Deutschen den Verbänden General Clarks erbitterten Widerstand leisten. Die 5. Armee hat in diesem Abschnitt bereits die Nähe von Cassino erreicht und versucht jetzt, den Gegner aus den letzten Höhenstellungen vor den Zugängen zu Cassino zu werfen. Die Deutschen setzen bei ihren Gegenangriffen Truppen aller Waffengattungen ein, in vermehrtem Maße auch Artillerie.

Stellungskrieg in Süditalien

Freitag, 19. November 1943. Aus dem Feldhauptquartier von General Montgomery:

Die britische 8. Armee, die unter dem anhaltenden Regenwetter schwere Strapazen zu ertragen hat – das Land ist völlig verschlammt –, hat in einem überraschenden Vorstoß zwei Ortschaften erobert, die als Unterkunft für die Truppen Bedeutung haben. Der Kampf geht jetzt darum, günstigeres Gelände für Truppenlager zu finden, und die Deutschen verteidigen sich hartnäckig, da auch sie bei jeder verlorenen Ortschaft auf das Biwakieren im freien Felde angewiesen sind.

19. November 1943, Süditalien: Ein britischer Stoßtrupp hat ». . . in einem überraschenden Vorstoß zwei Ortschaften erobert«

Neue Offensive der Alliierten in Süditalien

Sonntag, 28. November 1943. Aus dem Feldhauptquartier der 8. Armee:

General Montgomery erließ gestern folgenden Tagesbefehl: »Soldaten unter meinem Kommando! Seit der Landung am 3. September haben wir ein Drittel Italiens erobert, aber die Deutschen halten noch immer die Zugänge nach Rom, der italienischen Hauptstadt, besetzt. Die Zeit ist nun gekommen, um unseren alten Gegner weit über Rom nach Norden zurückzuwerfen . . . Wir sind entschlossen, der deutschen 10. Armee einen vernichtenden Schlag zuzufügen. Ich wünsche euch viel Glück! Vorwärts zum Sieg.«

Offensive der 5. Armee

Sonnabend, 4. Dezember 1943. Aus dem Hauptquartier von General Alexander:

Nach einem der heftigsten Artillerieangriffe des ganzen Feldzuges und unter beträchtlicher Unterstützung der Luftstreitkräfte wurde an der Front der 5. Armee die Offensive gegen die vom Feind in den Bergen Italiens errichteten Stellungen eingeleitet. Wichtige Höhen wurden besetzt, und unsere Linien konnten teilweise um mehr als drei Kilometer vorverlegt werden. Der Vormarsch geht weiter.

Garantie für die Abtei Monte Cassino

Donnerstag, 9. Dezember 1943, Rom. Exchange berichtet:

Aus dem Vatikan verlautet, der Papst habe von den kriegführenden Mächten die Zusicherung erhalten, daß der Berg, auf dem die Abtei Monte Cassino steht, nicht befestigt werde, und daß andererseits die Gebäude der Abtei keinen Fliegerangriffen ausgesetzt werden sollen.

Italienische Truppen im Einsatz

Freitag, 10. Dezember 1943. Aus dem Hauptquartier von General Alexander:

10. Dezember 1943, Orsona, eine sowjetische Militärmission bei ihrem Frontbesuch in Süditalien: Gen. Wasiliew, der Verteidiger von Perekop, begrüßt Brig. Kippenberger, den Kommandeur der 5. New Zealand Brigade. Rechts Lt.Gen. Freyberg, links im Bild Oberst der Roten Armee Sudakow

Die ersten Einheiten der von Marschall Badoglio neu aufgestellten italienischen Armee sind jetzt an der Front zwischen der 5. und der 8. Armee im Einsatz. Die Soldaten sind mit amerikanischem Kriegsmaterial ausgerüstet. In einem Tagesbefehl an seine Truppen sagte Marschall Badoglio: »Ihr vertretet das wahre Italien. Ihr seid dazu ausersehen, unser Land zu befreien und den Angreifer aus unserem Vaterland zu treiben. Erweist euch der großen Aufgabe, die vor euch liegt, würdig. Wir sind alle stolz auf euch.«

Eine sowjetische Militärmission an der Front

Montag, 13. Dezember 1943. Aus dem Feldhauptquartier von General Montgomery:

Eine Militärmission der Roten Armee, geführt von General Wassiliew, ist an der italienischen Front eingetroffen. Nach Rücksprache mit General Montgomery begaben sich die sowjetischen Offiziere zur 5. Armee, wo sie bei strömendem Regen stundenlang an der Front weilten. Sie gerieten dabei in schweres deutsches Artilleriefeuer und wären um ein Haar ums Leben gekommen. Sie hatten das unglaubliche Glück, daß eine 15-cm-Granate, die nur wenige Meter

17. Dezember 1943, Volturno nahe Dragoni: Ein Sherman-Panzer wird mit einer Fähre über den Fluß transportiert

vor ihnen einschlug, nicht explodierte. Die Russen sprachen ein wenig Englisch und konnten sich ganz gut mit den Amerikanern verständigen.

»Eine herrliche Heimat«

Montag, 20. Dezember 1943: W. Churchill an den Außenminister A. Eden:

Ich glaube, es ist an der Zeit, daß Sie mit den Polen das Problem ihrer künftigen Grenzen erörtern. Sagen Sie ihnen, es geschehe auf meinen ausdrücklichen Wunsch, und ich hätte es selbst getan, wäre nicht meine zeitweilige Aktionsunfähigkeit dazwischen gekommen. Zeigen Sie ihnen die Formel und auf einer Landkarte die ungefähre Grenzlinie im Osten und im Westen die Oderlinie einschließlich des Regierungsbezirkes Oppeln. Sie bekämen derart eine herrliche Heimat von 500–600 km Länge und Breite. Die Küste wäre, auch wenn sie erst westlich Königsberg beginnen würde, fast 250 km lang. Obwohl es sich vorerst nur um sehr ungefähre Vorschläge handelt, müssen sich die Polen dennoch darüber klar sein, daß sie sehr unklug handeln würden, wenn sie sie von der Hand wiesen. Ich rate ihnen anzunehmen, auch wenn sie Lemberg nicht bekommen. Sie müssen sich auf ihre Freunde in Großbritannien und in den USA stützen, die versuchen werden, die Idee in die Realität umzusetzen. Führen Sie ihnen vor Augen, daß sie mit der Übernahme und dauernden Behauptung der derzeitig deutschen Gebiete bis zur Oder die Basis für ein freundschaftliches Einvernehmen mit Rußland und eine enge Verbindung mit der Tschechoslowakei schaffen und damit ganz Europa einen Dienst leisten. Das würde dem polnischen Volk die Aussicht auf eine glänzendere Wiedergeburt eröffnen, als es sie jemals gekannt hat . . .

Nur noch neun Kilometer bis Cassino
Dienstag, 21. Dezember 1943. Aus dem Hauptquartier von General Eisenhower:

An beiden Hauptabschnitten der italienischen Front nehmen die heftigen Kämpfe ihren Fortgang und werden mit immer größerem Einsatz geführt. Östlich der Straße Capua–Rom schlugen amerikanische Truppen einen energischen deutschen Gegenangriff zurück und stießen dann von San Pietro 3 Kilometer nach Norden vor. Sie belagern jetzt das Dorf San Vittore. Sie stehen nur noch 9 Kilometer vor der Schlüsselstellung Cassino, doch sind bis zu dieser Stadt noch mindestens drei deutsche Verteidigungslinien zu überwinden. Das Gelände, das von den Deutschen geräumt wird, ist stark vermint, die Straßen sind durch große Sprengungen unbefahrbar gemacht, und das Niemandsland wird dauernd mit Sperrfeuer belegt. Zwischen San Pietro und San Vittore hatten die US-Verbände die blutigsten Kämpfe seit ihrer Landung bei Salerno zu bestehen.

Befehlshaber der französischen Expeditionstruppe
Mittwoch, 22. Dezember 1943, Algier. Exchange berichtet:

General Juin ist zum Befehlshaber der neugebildeten französischen Expeditionstruppe ernannt worden. Französische Einheiten kämpfen seit einiger Zeit bei der 5. Armee in Italien. General Juin trat zuletzt hervor, als er die französischen Streitkräfte im Feldzug in Tunesien befehligte.

23. Dezember 1943, Süditalien: Die Bevölkerung verläßt die kampfbedrohten Gebiete

Das brasilianische Expeditionskorps
22. Dezember 1943. Aus dem Hauptquartier der 5. Armee:

Eine brasilianische Militärmission befindet sich seit dem 19. Dezember 1943 in Italien, um Einzelheiten wegen des bevorstehenden Eintreffens eines brasilianischen Expeditionskorps zu besprechen. Über die Stärke des Expeditionskorps und über den Ort der Landung wird vorläufig strenges Stillschweigen bewahrt. Die brasilianische Mission begab sich in das Hauptquartier der 5. US-Armee, um von dort aus eine Inspektionsreise vorzunehmen.

Sender Beromünster (Schweiz)
Freitag, 24. Dezember 1943:

Wer immer heute das außerordentliche Glück hat, das Weihnachtsfest beim Christbaum in friedlicher Geborgenheit zu verbringen, wird nicht verfehlen, der Abertausenden und Abermillionen Mitmenschen zu gedenken, denen dieser Krieg unsägliche Mühen,

24. Dezember 1943, nahe San Vito: Merry Christmas – Frohe Weihnachten – ein Spruchband der kanadischen Soldaten

Leiden und Kümmernisse gebracht hat. Denn niemand ist so abgestumpft, daß er nicht mit Beklemmung den unüberbrückbaren Gegensatz zwischen der christlichen Weihnachtsbotschaft und dem erbarmungslosesten aller Kriege feststellen würde.

3,5 Meter Schnee in Süditalien
Montag, 3. Januar 1944. Aus dem Hauptquartier von General Alexander:

Die alliierten Truppen in Italien sind gegenwärtig dem schlechtesten Wetter seit dem Beginn des Feldzuges ausgesetzt. Die einige Tage herrschende Kältewelle wurde plötzlich von Regen abgelöst. In 24 Stunden änderte sich das Gesicht des Kriegsschauplatzes vollständig. Der hartgefrorene Boden verwandelte sich in tiefen Morast, in dem alle Fahrzeuge steckenbleiben. Die Schützengräben an der Front gleichen jetzt einem Bewässerungssystem. Im Apennin fällt weiter Schnee, der an verschiedenen Stellen bereits eine Höhe von 3,5 Metern erreicht hat. Unter diesen Umständen ist die Kampftätigkeit fast gänzlich zum Stillstand gekommen.

Wetterbesserung an der italienischen Front
Dienstag, 4. Januar 1944. Aus dem Hauptquartier von General Alexander:

Abschied von Italien: Gen. Eisenhowers letzter Besuch bei Montgomery (mit dem Rücken zur Kamera) vor seiner Reise nach England. Im Hintergrund Eisenhowers Dienstflugzeug, eine deutsche Beutemaschine vom Typ Fieseler Storch Fi 156

5. Januar 1944, nahe Colle, Süditalien: Corp. W. McLean, durch Schütze A. Hamilton gesichert, stürmt in ein Haus

Die Wetterlage an der italienischen Front hat sich zwar gebessert, aber der aufgeweichte Boden verhindert nach wie vor größere Operationen mit schwerem Material, und so blieb die Kampftätigkeit weiter auf Spähtrupptätigkeit beschränkt, bei der es jedoch wiederholt zu scharfen Gefechten kam. An der Front der 5. Armee herrscht warmer Sonnenschein, und der Schnee schmilzt zusehends.

Neuer Oberbefehlshaber der britischen 8. Armee
Mittwoch, 5. Januar 1944. Aus dem alliierten Feldhauptquartier:

Im Hauptquartier ist heute offiziell bekanntgegeben worden, daß Lieutenant General Sir Oliver Leese als Nachfolger von General Montgomery zum neuen Oberbefehlshaber der 8. Armee ernannt worden ist. Leese war Befehlshaber des XXX. Korps der 8. Armee. Er steht im 48. Lebensjahr. Im April 1940 führte er eine Infanteriebrigade. Kurz darauf wurde er nach Frankreich versetzt, wo er für seine hervorragenden Leistungen Auszeichnungen erhielt.

Die 5. Armee vor Cassino
Donnerstag, 6. Januar 1944. Aus dem Hauptquartier von General Alexander:

Auf rund 16 km breiter Front sind Truppen der 5. Armee in außerordentlich schwierigem, bergigem Gelände zum Angriff gegen das Zentrum der deutschen Verteidigung übergegangen, das den sogenannten »Cassino-Korridor« und den Zugang zur Straße nach Rom abriegelt. Die Kämpfe an der ganzen Front spielen sich bei denkbar schlechtestem Winterwetter ab. Nach kurzer Unterbrechung haben wieder heftige Regen- und Schneefälle eingesetzt.

Harte Kämpfe um das Bergdorf San Vittore
Freitag, 7. Januar 1944. Aus dem Hauptquartier von General Alexander:

Der Kampf um das Bergdorf San Vittore am östlichen Zugang zum

7. Januar 1944, am Frontabschnitt der 5. US-Armee: Mit einem improvisierten Transporter werden die Verletzten zur nächsten Verbandsstelle gebracht

Korridor von Cassino geht weiter. Die Gefechte, die in dichtem Schneetreiben ausgetragen wurden, führten zur Gefangennahme einiger Gruppen blutjunger deutscher Soldaten, die teilweise die khakifarbene Uniform des Afrika-Korps und darüber den regulären Soldatenmantel trugen, der jedoch vor der beißenden Kälte nur ungenügenden Schutz bietet.

Sender Beromünster (Schweiz)
7. Januar 1944:

Noch nie in der Geschichte waren die Verhältnisse innerhalb der kriegführenden Koalitionen so schwierig und gespannt, und noch nie hat die sogenannte »innere Front« eine so große, auch für die weitere militärische Entwicklung gewichtige Rolle gespielt wie heute. Die Überschreitung der ehemaligen polnischen Grenze durch russische Truppen in Richtung Rowno auf altpolnischem Gebiet hat die längst latent vorhandene Spannung zwischen der Sowjetregierung und der polnischen Exilregierung in London akut werden lassen; in einer längeren Erklärung hat die Londoner polnische Regierung zum Problem der polnisch-sowjetrussischen Beziehungen Stellung bezogen; aber auch die in Moskau residierende »Union polnischer Patrioten« hat in ihrem Organ »Wolna Polska« ein Programm für die künftige Gestaltung Polens veröffentlicht, das allerdings in schärfstem Gegensatz zu den Ansichten der in England lebenden polnischen Regierungskreise steht. Praktisch, das heißt militärisch, wird sich die Frage stellen, wie sich die polnische Bevölkerung und vor allem die aktive polnische Widerstandsbewegung zu den einmarschierenden Russen stellen und ob sie mit diesen gemeinsam kämpfen wird.

San Vittore erobert
Sonnabend, 8. Januar 1944. United Press meldet:

Der blutigste Ortskampf des ganzen italienischen Feldzuges hat am Freitag in San Vittore nach drei Tagen seinen Abschluß gefunden. Der Ort, der das letzte Bollwerk an der Straße nach Cassino bildet, ist fest in amerikanischer Hand.

8. Januar 1944, an der Front bei Rogati: Der Moro-Fluß ist über die Ufer getreten, und Kanoniere der kandischen 7. Division bemühen sich, ihr schweres Geschütz in eine neue Stellung zu bringen

Verbissener deutscher Widerstand

8. Januar 1944. Aus dem Hauptquartier von General Alexander:

Nachdem die Amerikaner an der Front der 5. Armee in energischem Vorstoß von San Vittore aus einen Kilometer weiter vorgerückt und in das nächste Dorf Giusto eingedrungen sind, haben sich dort neue heftige Kämpfe entwickelt. Der hartnäckige deutsche Widerstand an dieser Front läßt darauf schließen, daß die deutsche Armeeführung den Durchbruch der Alliierten in die nach Rom führende Ebene um jeden Preis so lange als möglich verhindern will.

Vor dem Höhepunkt der Schlacht um Cassino

Dienstag, 11. Januar 1944. Aus dem Hauptquartier von General Alexander:

Die Schlacht um Cassino scheint sich jetzt ihrem Höhepunkt zu

10. Januar 1944, im Frontabschnitt der 5. US-Armee bei Venafro: Noch sind die deutschen Flugzeuge am Himmel, wie die Warnung auf diesem Schild zeigt

nähern. Nach den Erfolgen der Alliierten zwischen Venafro und Cervaro sowie südlich der Straße Capua–Rom, wo die höchsten deutschen Bergstellungen gefallen sind und nur noch einige Hügelketten die Ebene von Cassino decken, hat der deutsche Widerstand an diesen beiden gefährdeten Stellen Formen der Erbitterung angenommen, wie man sie im bisherigen Verlauf des Feldzuges kaum erlebt hat. Die Entschlossenheit der Deutschen, auch den niedrigen Berggürtel am Rande der Ebene um jeden Preis zu halten, wird durch die Aussagen der Gefangenen bestätigt. Sie berichten übereinstimmend, daß selbst an die Truppen, die sich an weit vorgeschobenen Punkten in aussichtsloser Lage befinden, der Befehl ergangen ist, »bis zum letzten Blutstropfen auszuhalten«.

Große Erfolge französischer Truppen

Sonnabend, 15. Januar 1944. Aus dem Hauptquartier von General Alexander:

Die Umgehung von Cassino durch französische Truppen beginnt sich allmählich auf die gesamte Front der 5. Armee auszuwirken. Die Franzosen vertrieben die deutschen Gebirgsjäger von sämtlichen Acquafondata umgebenden Bergstellungen und drangen dann in das Dorf selbst ein, wo sich blutige Kämpfe abspielten, in denen die Deutschen weiter zurückgeworfen wurden.

Und so war es:

Am Mittwoch, dem 5. Mai 1943, nur wenige Monate nach der Waffenstreckung der 6. Armee in Stalingrad, beginnt die britische 1. Armee an der tunesischen Westfront ihre entscheidende Offensive gegen dic deutsche 5. Panzerarmee. Die deutsche Front wird durchbrochen und die Reste der Armee in zwei Teile zersprengt. Bereits 48 Stunden später besetzen britische Truppen Biserta und Tunis.

Am Sonntag, dem 9. Mai 1943, meldet das deutsche Armeeoberkommando: »Unterlagen und Geräte zerstört...« Am 12. und 13. Mai 1943 strecken, von jedem Nachschub abgeschnitten, die Reste der Heeresgruppe Afrika (GenOberst v. Arnim) und die italienische 1. Armee (GenOberst Messe) ebenfalls die Waffen. 130000 deutsche und fast 120000 italienische Soldaten geraten in Gefangenschaft.

Der Kampf in Nordafrika ist nun zu Ende und die Südküste des Mittelmeeres in alliierter Hand. Diese deutsche Niederlage bedeutet neben der Katastrophe von Stalingrad und der verlorenen Schlacht im Atlantik die Wende des Krieges. Erst nach zwei Monaten unternehmen die Alliierten ihren nächsten Schritt: die Operation *»Husky«*.

Am Sonnabend, dem 10. Juli 1943, landen alliierte Verbände unter dem Befehl von General Eisenhower an der Südostküste Siziliens. Die Truppen der Achsenmächte bieten stellenweise harten Widerstand, insbesondere die deutsche Fallschirm-Panzerdivision »Hermann Göring«. Doch bereits nach zwei Tagen werden Syrakus und Augusta von Alliierten besetzt.

Als am 25. Juli 1943 der »Große Faschistische Rat« in Rom tagt, macht er Mussolini für alle Niederlagen verantwortlich: König Viktor Emanuel III. beruft Marschall Badoglio zum neuen Regie-

Süditalien 1943: Ein Trupp des 10. Royal Berkshire Regiments bei einem beschwerlichen Vormarsch bergauf

rungschef. Die faschistische Partei wird aufgelöst, und das faschistische Regime in Italien bricht zusammen. Durch die Eroberung von Sizilien und die verstärkte alliierte Luftoffensive erlahmt der Widerstandswille des italienischen Volkes. Marschall Badoglio versichert zwar, den Krieg an der Seite Deutschlands fortsetzen zu wollen, beginnt jedoch gleichzeitig Geheimverhandlungen mit den Alliierten, um den Krieg für Italien »so bald wie möglich und mit allen Mitteln zu beenden«.

Am Donnerstag, dem 29. Juli 1943, hört die deutsche Abwehr ein Funkgespräch zwischen Churchill und Roosevelt ab, in dem von einer Proklamation General Eisenhowers und dem bevorstehenden Waffenstillstand mit Italien die Rede ist. Bereits zwei Tage danach, am 31. Juli 1943, gibt Hitler seine erste Weisung für den Fall, daß Italien als Kampfgenosse ausfällt.

Am Dienstag, dem 3. August 1943, findet in Lissabon die erste Fühlungnahme zwischen Vertretern der italienischen Regierung und den Alliierten statt. Und am 12. August 1943 treffen sich unter strengsten Geheimhaltungsvorkehrungen italienische und alliierte hohe Militärs in der portugiesischen Hauptstadt zu Gesprächen über einen separaten Waffenstillstand Italiens.

Süditalien, Adria-Frontabschnitt, 1943: Die brennenden Lkw markieren den Vormarsch der britischen 8. Armee

Süditalien, Frontabschnit der 8. Armee, 1943: ein deutscher Soldat in seinem Schützenloch, von einer Kugel tödlich getroffen

Eine Warntafel weist auf die Nähe deutscher Stellungen, in der rechten oberen Ecke das Zeichen der britischen 78. Infanteriedivision

Während der deutsche General der Panzertruppen Hube (XIV. Pz.-Korps) mit seinen Verbänden von Sizilien zum italienischen Festland übersetzt, läßt Badoglio den Vorschlag einer gemeinsamen alliierten-italienischen Operation gegen die deutschen Kräfte um Rom nach Algier übermitteln. Unterdessen wird Eisenhower von Churchill und Roosevelt angewiesen, »die bedingungslose Übergabe Italiens anzunehmen und den größtmöglichen Vorteil daraus zu ziehen . . .«. General Eisenhower soll Luftstützpunkte um Rom und nach Möglichkeit auch nördlich davon errichten. Jedoch das Fehlen von Schiffsraum und geeigneten Truppen macht diesen Befehl undurchführbar.

Und als am Dienstag, dem 31. August 1943, in Cassible bei Palermo (Sizilien) die Waffenstillstandsverhandlungen beginnen, stößt man auf neue Schwierigkeiten: Die Italiener wollen nur unterzeichnen, wenn eine alliierte Landung nördlich von Rom erfolgt. Zur Vorbereitung dieser Operation begeben sich General Taylor und Colonel Gardiner nach Ustica, einer kleinen Insel nördlich von

Sizilien. Von hier holt sie eine italienische Korvette ab, und beide gelangen auf abenteuerlichen Wegen nach Rom. Ein Absetzen der *82. US-Airborne Division* ist jedoch nicht möglich: Da ständig neue deutsche Truppen einträfen – so die Italiener –, könne man keinen Flugplatz offenhalten.

So kann Eisenhower in dieser Situation einer Luftlandung nicht zustimmen, und Badoglio bleibt nur die Wahl zwischen der sofortigen Annahme sämtlicher Bedingungen oder amerikanischen Luftangriffen auf alle Städte einschließlich Rom.

Am Freitag, dem 3. September 1943, unterzeichnet General Castellano in Cassible auf Sizilien den zunächst noch geheimgehaltenen Waffenstillstand Italiens. Noch wichtiger als die Zukunft des Landes erscheint ihm, daß der Waffenstillstand bis zu einer erwarteten amerikanischen Luftlandung bei Rom geheim bleiben soll.

Mit der Führung des geplanten Feldzuges in Italien wird General Sir Harold Alexander, Befehlshaber der 15. Armeegruppe, beauftragt. Sie besteht aus der britischen 8. Armee (Gen. B. L. Montgomery) und der neuaufgestellten 5. US-Armee (Lt.Gen. M. W. Clark).

Am gleichen Tag, an dem der geheime Waffenstillstand unterzeichnet wird, setzen unter gewaltigem Artilleriefeuer zwei Divisionen der britischen 8. Armee über die 5 km breite Meerenge von Messina und landen an der kalabrischen Südküste bei Reggio, an der es weder Minen noch Stacheldrahthindernisse gibt. Die britischen Truppen haben keine Verluste und sind bis zum Abend, ohne auf Widerstand zu stoßen, einige Kilometer ins Landesinnere vorgedrungen. 3000 italienische und drei versprengte deutsche Soldaten werden gefangengenommen. Die Italiener helfen bereitwillig bei der Ausladung britischer Landefahrzeuge.

Auch in den nächsten Tagen, als die Engländer nach Norden vorrücken, treffen sie nur auf hinhaltenden Widerstand und führen lediglich kurze Feuergefechte mit deutschen Nachhuten. Jedoch hemmen zahlreiche Straßen- und Brückensprengungen den Vormarsch der 8. Armee. So kann sie in vier Tagen, bis zum 6. September, lediglich 45 km weit vordringen.

Am Mittwoch, dem 8. September 1943, um 18.30 Uhr gibt Eisenhower – wie vorher vereinbart – die italienische Kapitulation offiziell bekannt. Unmittelbar danach löst das deutsche Oberkommando der Wehrmacht (OKW) die vorbereitenden Gegenmaßnahmen (Fall »Achse«) aus: Besetzung Roms, Entwaffnung und Gefangennahme oder Entlassung der italienischen Truppen in Italien, Südfrankreich, Jugoslawien, Albanien sowie Griechenland.

Die Deutschen haben zu dieser Zeit 16 Divisionen in Italien, aufgeteilt auf zwei Heeresgruppen zu je 8 Divisionen. Die Heeresgruppe B (GFM Rommel) steht in Norditalien und die Heeresgruppe C (GFM Kesselring) südlich von Rom.

Am Donnerstag, dem 9. September 1943, morgens um 4.25 Uhr, landen vier Divisionen der 5. US-Armee (Lt.Gen. Clark) und das britische X. Korps (Lt.Gen. McCreery) auf einem 30 km breiten, flachen Sandstrand in der Bucht von Salerno (Operation »*Avalanche*«). Weil diese Bucht die einzige Stelle an der bergigen Küste Süditaliens ist, die sich für eine Landung eignet, werden die Alliierten hier von den Deutschen erwartet. Sie stoßen auf starken Widerstand der 16. Panzerdivision (GenMaj. Sieckenius), einem Verband der deutschen 10. Armee (GenOberst v. Vietinghoff), der die Berge ringsherum mit festungsartigen Stellungen ausgebaut hat. Dieses Gebiet, 50 km südlich von Neapel, liegt gerade noch in Reichweite der auf Sizilien stationierten alliierten Jagdflugzeuge.

Das erste Operationsziel ist Neapel, über dessen Hafen der Vormarsch in Richtung Rom versorgt werden soll: Man hofft, bis Weihnachten 1943 die italienische Hauptstadt zu erobern.

Vierundzwanzig Stunden später rollen deutsche Verstärkungen an: die Fallschirm-Panzerdivision »Hermann Göring« (GenLt. Conrath) und die 15. Panzergrenadierdivision (GenMaj. Rodt).

Am Sonntag, dem 12. September 1943, gelingt den Deutschen die Befreiung des von den Badoglio-Truppen gefangengehaltenen Mussolini: Um 6.00 Uhr morgens landen Soldaten der 1. Kompanie (OberLt. Frhr. v. Berlepsch) des Fallschirmjäger-Lehrbataillons und das SD-Sonder-Kommando »Friedenthal« (SS-Sturmbannführer Skorzeny) in Lastenseglern vor dem Berghotel »*Campo Imperatore*« im Gran-Sasso-Massiv (Abruzzen), etwa 100 km nördlich von Rom.

Die Wachmannschaft leistet keinen Widerstand. Ein Fieseler »Storch«, mit Major Gerlach als Pilot, bringt nach einem waghalsigen Start den Duce bis Rom. Über Wien fliegt Mussolini weiter in Hitlers Hauptquartier nach Ostpreußen.

Nachdem auch die deutsche 26. Panzerdivision (GenLt. Frhr. v. Lüttwitz) bei Salerno eingetroffen ist, führen die Deutschen am 13. September 1943 einen heftigen Gegenangriff auf den Mittelabschnitt des alliierten Brückenkopfes, der allerdings mit Unterstützung schwerer Schiffsartillerie und rollender Luftangriffe von beinahe 6000 Maschinen abgeschlagen wird.

Am gleichen Tag wird das VI. US-Korps (Maj.Gen. Dawley) so hart an den Strand der Bucht von Salerno zurückgedrängt, daß Lieutenant General Clark sich mit seinem Hauptquartier auf die Wiedereinschiffung vorbereitet. Die Wende bringt der kühne Entschluß von Admiral Cunningham, mit den beiden Schlachtschiffen *»Warspite«* und *»Valiant«* dicht an die Küste heranzufahren, um die deutschen Stellungen mit den 38-cm-Geschützen unter Feuer zu nehmen.

16. September 1943, Salerno-Frontabschnitt: deutsche schwere Feldkanone in Feuerstellung

Am Donnerstag, dem 16. September 1943, nachdem Clark erhebliche Verstärkungen erhalten hat, muß sich die deutsche 10. Armee, die unter Treibstoffmangel leidet, hinter den Volturno zurückziehen.

Die Alliierten verlieren bei den Kämpfen um Salerno 15000 ihrer besten Soldaten; man hat nur mit einem Bruchteil dessen gerechnet. Die deutschen Verluste betragen weniger als 8000 Mann.

Von der britischen 8. Armee (Gen. Montgomery) droht der 14. Armee (GenOberst v. Mackensen) noch keine unmittelbare Gefahr, da die Briten von deutschen Nachhuten und durch eine tiefe Sperrzone aufgehalten werden. So kann Montgomery erst am 15. September mit den ersten Divisionen Lagonegro erreichen, während die anderen Verbände noch bei Castrovillari stehen.

Zum gleichen Zeitpunkt bildet Mussolini eine »Republikanisch-faschistische Regierung« in Oberitalien mit Sitz in Salò am Gardasee.

Erst am Freitag, dem 17. September 1943, vereinigen sich die Verbände der britischen 8. Armee mit denen der 5. US-Armee. Drei Tage später, am 20. September 1943, besetzt die 8. Armee den wichtigen Nachschubhafen Bari. In der Stadt richten sich nun König Victor Emanuel III. und die Regierung Badoglio ein, denen es gelungen ist, aus Rom zu entkommen.

Eine Woche danach, am 27. September 1943, erobert die britische 8. Armee Foggia. Die in der Umgebung der Stadt liegenden 13 Flugplätze bilden die Hauptbasis der alliierten strategischen Luftstreitkräfte, die von Süden her den von den Deutschen beherrschten Raum angreifen werden. Die Eroberung der Flugplätze um Foggia war eines der wichtigen Ziele der alliierten Offensive in Süditalien: Sie gibt ihnen unter anderem auch die Möglichkeit, mit Bombenflugzeugen unter Begleitung von Jagdmaschinen die Ölfelder von Ploesti anzugreifen, die bisher außerhalb ihrer Reichweite lagen.

Generalfeldmarschall Kesselring beschließt nun, auf die ersten Zwischenstellungen zurückzugehen, um den Alliierten so lange wie möglich die Einnahme der italienischen Hauptstadt zu verwehren. Kesselring befiehlt Ende September die Errichtung der »Reinhard-Linie«, einer Verteidigungsstellung, die quer durch Italien, etwa 125 km südlich von Rom, zwischen den Flüssen Garigliano und Sangro und der Stadt Ortona an der Adria verläuft und eines der stärksten natürlichen Geländehindernisse bildet. Der Ausbau wird unter Leitung eines Sonderstabs von deutschen Pionierbataillonen und der Organisation Todt durchgeführt. Den Schwerpunkt legt man dabei auf das Küstengebiet an der Adria, besonders am südlichen Teil, wo die *Via Appia* und die *Via Casilina* nach Rom führen.

Eine entscheidende Bedeutung für die Deutschen hat in der Nähe von Mignano ein durch die beherrschenden Höhen gebildeter Engpaß. Sollte man jedoch diesen vorgelagerten Sperriegel aufgeben müssen, so kann der Gegner durch ein weiteres starkes Stellungssystem – die »Gustav-Linie« – aufgehalten werden, das sich vom unteren Garigliano über den Rapido mit den Höhen beiderseits Cassino und dem Kamm des Apennin bis zum oberen Sangro hinzieht und an der Adria bei S. Vito endet. Dazu kommt

Oktober 1943, Monte Trocchio bei Cassino: italienische Kriegsgefangene beim Befestigungsbau der »Gustav-Linie«

das Liri-Tal sowie eine zwischen beiden Küsten unmittelbar südlich verlaufende »C-Linie«. Die deutsche 10. Armee, die alle diese Stellungen verteidigen soll, wird verstärkt. Zunächst werden drei ihrer Divisionen in die Schwerpunktabschnitte der »Reinhard-Linie«, von den Alliierten »Winter-Linie« genannt, beordert und für den Ausbau eingesetzt.

Und erst am Freitag, dem 1. Oktober 1943, 23 Tage nach der Landung bei Salerno, dringen die *King's Dragoon Guards* in Neapel ein. Dies veranlaßt Churchill, General Alexander zu telegraphieren, »man werde sich Ende Oktober in Rom sehen«. Zugleich depeschiert Präsident Roosevelt an Marschall Stalin: »Die alliierten Truppen werden demnächst in der Ewigen Stadt ihren Einzug halten.«

Am Montag, dem 4. Oktober 1943, erobert die britische 8. Armee Termoli an der Adria-Küste. Zu dieser Zeit macht sich die Treibstoffknappheit besonders bei der 8. Armee bemerkbar. Montgomery: »Am 4. Oktober hatten wir nur noch 21 t Benzin auf Lager,

Oktober 1943, südlich vom Trigno-Fluß: die Schützenpanzer Carrier Bren der indi-

und die Armee kam in Gefahr, bewegungsunfähig zu werden . . .«

Am gleichen Tag gibt Hitler seine Weisung, die Verteidigung Italiens an der Linie Gaeta–Ortona zu führen.

Am Freitag, dem 8. Oktober 1943, erreicht die 5. US-Armee die Linie Volturno–Termoli.

Am Dienstag, dem 12. Oktober 1943, geht die 5. US-Armee nach viertägiger Kampfpause zum Angriff auf die »Gustav-Linie« weiter vor. Das Haupthindernis ist jedoch der Volturno, der durch den Herbstregen überschwemmt ist und dessen Brücken die Deutschen gesprengt haben.

Am Mittwoch, dem 13. Oktober 1943, erklärt die Badoglio-Regierung Deutschland den Krieg und wird von den Alliierten als »Mitkriegführender« anerkannt.

Am Donnerstag, dem 14. Oktober 1943, fährt Oberstleutnant Schle-

schen 8. Division geraten in deutsches massives Feuer

gel, Kommandeur der Instandsetzungs-Abteilung der Fallschirm-Panzerdivision »Hermann Göring«, nach Cassino. Schlegel will – bisher ohne Wissen seines Divisionskommandeurs, Generalleutnant Conrath – dem Erzabt von Monte Cassino, Don Gregorio Diamare, die bevorstehende Gefahr schildern und ihn dazu bewegen, die Kunstschätze des Klosters mit seiner Hilfe in Sicherheit zu bringen. Schlegel erklärt dem Abt, daß Monte Cassino in absehbarer Zeit von den Kampfhandlungen betroffen sein wird. Die Deutschen wünschen deshalb, alle transportablen Kunstwerke, Archivalien, Handschriften und die wertvolle Bibliothek an einen sicheren Ort zu bringen. Er deutet dem Abt gegenüber an, daß die deutsche Hauptkampflinie genau über den Klosterberg führen wird.

Doch der Abt ist in seiner Sicherheit kaum zu erschüttern. »Flieger«, so meint er, »würden Monte Cassino niemals zerstören.« Schlegel: »Ich wollte nicht drängen; was der Konvent beschließe, möge geschehen. Ich werde in zwei Tagen wiederkommen und mir Bescheid holen. Mit diesen Worten erhob ich mich und nahm Abschied.«

Am Freitag, dem 15. Oktober 1943, gelingt es der 5. US-Armee, den Volturno zu überqueren. Sie kommt jedoch in den weglosen Bergen nur mühselig voran. Die Taktik hinhaltender Kampfführung der Deutschen ist immer die gleiche: Sie verteidigen eine Zeitlang ihre Stellung, bis die Angriffe stärker werden, dann sprengen sie die Brücken, legen Minenfelder und Straßensperren, um sich in das nächste, für eine Verteidigung geeignete Bergdorf zurückzuziehen und so Zeit für den Ausbau der »Gustav-Linie« zu gewinnen. Schwere Regenfälle behindern inzwischen den alliierten Vormarsch.

Am Sonnabend, dem 16. Oktober 1943, fährt Oberstleutnant Schlegel erneut zum Benediktiner-Kloster. Schlegel: »Als ich wieder nach Monte Cassino kam, hatte sich die Lage wesentlich verändert. Der Krieg war dem Kloster ein gutes Stück näher gerückt. Der Abt zeigte sich ganz als der gütige, aufrichtige Mensch, der er war. Er bat mich, dem Kloster zu helfen, er wolle alles tun, mein Rettungswerk zu unterstützen. Ich schlug vor, erst einmal einen Lastwagen, den ich noch am gleichen Tage senden wollte, nach freier Wahl des

Abtes zu beladen und, von zwei Padres begleitet, nach Rom fahren zu lassen. Dort angelangt, mögen diese nach der Entladung dem Fahrer eine Bestätigung aushändigen, die ich dann dem Erzabt überbringen würde. Mein Vorschlag wurde angenommen und sogleich durchgeführt.«

Oberstleutnant Schlegel berichtet vom 17. Oktober 1943: »Als ich tags darauf die Bestätigung über das richtige Eintreffen des Wagens in Rom überbrachte, kapitulierte der Abt vollends. Er bat mich dringend zu helfen, so rasch und wie immer es mir nur möglich sei, und erklärte, daß allen meinen Anordnungen unverzüglich Folge geleistet werden würde . . . Ich sandte vorerst einige Wagen, die von den Mönchen ziemlich wahllos beladen und mit der nun schon gewohnten Begleitung von je zwei Padres nach Rom geschickt wurden. Die Bestätigungen ordnungsgemäßer Ankunft versetzten den Abt in helle Begeisterung. Alles drängte sich, die Räumung der Bibliothek in Angriff zu nehmen . . .

Was ich brauchte, waren Hände, Material und Werkzeug. In einer nahegelegenen Getränkefabrik fand ich eine Anzahl Kisten und reichlich dafür zugeschnittenes Holz. In Lastwagen ließ ich alles nach Monte Cassino schaffen und besorgte Nägel für die Kistenherstellung. Nun suchte ich mir unter den arbeitswilligen Flüchtlingen, die den Klosterhof bevölkerten, geeignete Leute aus. Ich erwirkte für sie vom Kloster volle Verpflegung, gab ihnen aus unseren militärischen Beständen 20 Zigaretten pro Tag. Meine Soldaten, durchweg Tischler und Zimmerleute, organisierten, beaufsichtigten und vermehrten die Produktion . . .«

Am Dienstag, dem 19. Oktober 1943, läuft sich die alliierte Offensive nördlich des Volturno vor den deutschen Stellungen fest.

Am Freitag, dem 22. Oktober 1943, setzt die britische 8. Armee an der Adria-Front ihren Vormarsch nach Norden zur »Gustav-Linie« fort und erzwingt einen Übergang über den Trigno.

Monte Cassino, Sonnabend, 23. Oktober 1943.
Oberstleutnant Schlegel: »In wenigen Tagen hatte unsere fast wie

23. Oktober 1943, Abtei Monte Cassino: »Unsere fast wie am Fließband arbeitende Tischlerei . . .«

am Fließband arbeitende Tischlerei viele hundert Kisten nebst Verschlägen für Bilder und Truhen für besondere Kostbarkeiten hergestellt. Gleich nach Fertigstellung wanderte jede Kiste in die Bibliothek, wo sie mit Büchern gefüllt wurde, um dann sofort auf den Lastwagen gebracht zu werden . . . Dennoch erwies sich die Klostertischlerei als unzureichend. Ich mußte mich entschließen, ganze Wagenladungen voll der großen handgeschriebenen Klosterbestände unverpackt – nur durch Teppiche geschützt – abrollen zu lassen. Auf die geschilderte Weise gelang es, etwa 70000 Bände der Bibliothek und des Archivs zu retten.

Wenn ich auch in erster Linie die Sicherstellung der Bibliothek anstrebte, so ging ich doch zugleich, um die zur Verfügung stehende Zeit auszunutzen, an die Bergung der anderen Kostbarkeiten: Jeder Wagen, den ich der Front abrang, mußte übervoll bis in die letzte Ecke beladen werden. Zahlreiche, oft sehr kostbare Bilder konnten nicht mit Verschlägen versehen werden, gingen nur Rahmen an Rahmen gelehnt und durch Tücher geschützt auf die Strecke nach Rom ...

Ich hatte noch immer meinem General nichts gemeldet. Daß ich dies hätte tun müssen, war mir klar, weniger klar aber war mir, ob er mir die Fortsetzung meines Rettungswerkes erlauben würde.

An einem Vormittag erschien im Klostereingang ein Oberst. Ich trat rasch auf ihn zu und meldete mich mit dem Namen und Truppenteil, als mit dem Abtransport der Mönche und Schätze von Monte Cassino beschäftigt. Ob ich dazu Befehl habe, war seine Frage. Jawohl, antwortete ich entgegen der Wahrheit. Ich bin nicht gekommen, hier zu inspizieren, meinte der Oberst, sondern wollte mir das Kloster einmal ansehen. Er verabschiedete sich jedoch eilig und verschwand. Ich war noch in Gedanken, da knirschte ein Lastwagen im Sande vor dem Tor. 20 Mann Feldgendarmerie unter Führung eines Offiziers stürmten ins Kloster.

Ich trat ihnen entgegen: »Was gibt's?«

»In Monte Cassino wird geplündert.«

»Wer sagt das?«

»Befehl von OB Süd.«

»Melden Sie, der Plünderer sei ich, doch sprechen Sie vorher mit den Mönchen.«

Der Irrtum war im Nu aufgeklärt, der Offizier entschuldigte sich bei den Klosterinsassen und bei mir und zog mit seinen Leuten ab. Ich wußte nicht, daß die Sender der Alliierten durch eine Meldung die ganze Welt alarmierten: »Die Division ›Hermann Göring‹ plündert das Kloster Monte Cassino.«

Nun stand ich vor der unausweichbaren Notwendigkeit, unverzüglich meinem General Meldung zu erstatten. Zu guter Letzt stimmte der Kommandierende General ohne weiteres zu, ordnete die Fortsetzung der Arbeit mit vermehrten Mitteln an sowie den Einsatz von einigen Angehörigen der Propagandakompanie, um die Vorgänge fotografisch festzuhalten ... Nun war die Arbeit schon eingespielt, Tischlerei, Beladungs- und Transportabteilung funktionierten klaglos. Die Wagen wurden in Rom, in *San Paolo fuori le Mura* oder in *San Anselmo* entladen. Die Padres, die sie begleiteten, blieben in Rom und wurden auf diese Weise gleich in Sicherheit gebracht . . .«

Nun wird diese Rettungsaktion von der NS-Propaganda für die eigenen Zwecke weidlich ausgenutzt.

Am Montag, dem 25. Oktober 1943, erreicht die 5. US-Armee die Linie Raviscanina–Francolise und legt eine Pause nördlich der Agena-Mündung ein, um sich zum Sturm auf die »Reinhard-Linie« vorzubereiten. Heftige Regenfälle, kaum passierbarer Schlamm und von den Deutschen zerstörte Unterkünfte lassen die Moral der ununterbrochen im Kampf stehenden alliierten Verbände weiter sinken. Montgomery: »Der Hauptfehler lag jedoch darin, daß wir in einen großen Feldzug verwickelt wurden, ohne vorher festgelegten allgemeinen Plan. Man hatte es unterlassen, die notwendigen Vorkehrungen zu treffen, um den Schwung unserer Operationen aufrechtzuerhalten.«

Die Verteidigung des Cassino-Abschnittes übernimmt das zur 10. Armee gehörende XIV. Panzerkorps (GenLt. v. Senger und Etterlin). Mittelpunkt dieser Stellung ist das steile Bergmassiv zwischen den sich hier treffenden beiden breiten Tälern. Erst nach Überquerung des Rapido kann man das Liri-Tal, an dem die Straße nach Rom entlangläuft, erreichen. Doch ist jede Bewegung in beiden Tälern von Monte Cassino aus zu beobachten.

General v. Senger und Etterlin kann unbehelligt Verbesserungsarbeiten an dieser natürlichen Verteidigungslinie ausführen lassen: Die 5. US-Armee befindet sich zur Zeit noch fast 100 km südlich und bahnt sich nur mühsam den Weg nach Norden.

Das Rapido- und Liri-Tal werden schwer vermint und mit Stolperdrähten durchzogen. In ungezählten Gräben, Hügeln und Bodenwellen beiderseits der Flüsse entstehen Geschützstellungen. Panzertürme werden in den Boden eingelassen und raffiniert getarnt, Bauernhäuser zu Bunkern ausgebaut.

Die Stadt Cassino wird schwer befestigt, die Gebäude werden mit Schießscharten versehen und in kleine Widerstandsnester verwandelt, die Keller und Erdgeschosse mit Stahl und Beton so verstärkt, daß sie selbst schweres Artilleriefeuer überstehen kön-

Die deutschen Minen, eine gefährliche Waffe in dem unübersichtlichen Gelände

nen. Eine Anzahl größerer Gebäude wird zum Versteck für Panzer. Die Widerstandsnester sind durch ein Netz von Laufgräben und Tunnels miteinander verbunden. Am Rapido entsteht im Norden ein Staudamm, so daß sich das ganze Tal, als die Herbstregenfälle einsetzen, in ein Überschwemmungs- und Sumpfgebiet verwandelt. In die umliegenden Berge sprengen Pioniere Höhlen, die später dank guter Tarnung nicht mehr auszumachen sind. Dornige Ginsterhecken werden noch mit Stacheldraht und Minen gesichert. Jeder geeignete Felsvorsprung bietet Platz für ein MG-Nest mit vorzüglicher Deckung.

Generalleutnant v. Senger und Etterlin: »Ich war damit einverstanden, die Erzabtei militärisch auszusparen. Niemand möchte gern um eines taktischen Vorteils willen die Zerstörung eines solchen Kulturdenkmals verantworten ... Ein so auffallender Punkt ist nach deutschen taktischen Auffassungen für eine Beobachtungsstelle ganz ungeeignet, weil spätestens bei Beginn des Großkampfes mit deren Ausfall durch Beschuß zu rechnen wäre ...«

In der Tat, dieser 516 m hohe Eckpfeiler des Liri-Tales hat von militärischem Standpunkt aus keine entscheidende Bedeutung, da sowohl im Westen als auch nach Norden hin eine Anzahl ähnlicher Berge den Einblick in die Ebene und das breite Liri-Tal gewähren.

Abgesehen davon liegt Monte Cassino mit seinem Kloster auf dem Gipfel, angelehnt an den Hang des dreimal so hohen Monte Cairo (1600 m), der schon von Natur aus sehr viel bessere Beobachtungsmöglichkeiten bietet.

Am Freitag, dem 5. November 1943, überschreitet die 5. US-Armee – inzwischen auf fünf amerikanische und drei englische Divisionen verstärkt – die Flüsse Sangro und Garigliano und steht nun vor Mignano, über das man die Paßhöhen erreichen kann.

Am Tage darauf versuchen die Amerikaner, die Enge von Mignano, die vorgeschobene Stellung der »Reinhard-Linie«, in Besitz zu nehmen. Dies ist eine Strecke von beinahe 10 km Länge, auf der sich die *Via Casilina* durch die Berge zwängt, bevor sie in das offene Tal des Rapido kommt. Zwar gelingt es, in zähen Kämpfen einige beherrschende Höhen nördlich der Mignano-Enge zu besetzen, doch südlich der Enge wird der Angriff zuerst abgewiesen. Die mit starken Kräften angreifende 5. US-Armee, die entlang der *Via Casilina* in Richtung Mignano vorstößt, zwingt allmählich das XIV. Panzerkorps trotz hartnäckig geführter Nachhutkämpfe zum Ausweichen.

Das gewaltige Bergmassiv mit dem Monte Sammucro und dem Monte Camino, durch die Enge von Mignano voneinander getrennt, bilden einen Teil der »Reinhard-Linie« südlich von Cassino. Nun kommt, was die alliierten Befehlshaber schon immer befürchtet haben: Unter Ausnutzung des schwierigen, gebirgigen Geländes können die Deutschen am Garigliano, der strategisch wichtigen Flußlinie zwischen Mittel- und Süditalien, zur starren Verteidigung übergehen.

Am Montag, dem 15. November 1943, nachdem alle Versuche, das deutsche XIV. Panzerkorps aus der »Reinhard-Stellung« zu werfen, nur einige örtliche Erfolge bringen, entschließt sich General Alexander zu einer Kampfpause für seine erschöpften Truppen. Diese Ruheperiode wiederum gestattet es den Deutschen, die »Gustav-Linie« zu verstärken.

Bis zum Sonnabend, dem 20. November 1943, werden die Divisionen der 5. US-Armee, die seit Salerno unaufhörlich

Dezember 1943: im Frontabschnitt der britischen 8. Armee entsteht über den Sangro die bisher längste »Bailey«-Brücke. Sie wird von Gen. Montgomery feierlich übergeben.

gekämpft haben, aufgefrischt. Und an diesem Tage unternimmt Lieutenant General Clark einen neuen Vorstoß in Richtung Rapido, der aber nur mühsam vorankommt. Der von der britischen 8. Armee gleichzeitig geplante Angriff muß verschoben werden, da nach ununterbrochenen Regenfällen der Sangro über die Ufer getreten ist.

Am Sonntag, dem 21. November 1943, wird Generalfeldmarschall Kesselring zum Oberbefehlshaber Südwest (Heeresgruppe C) ernannt und übernimmt die Verteidigung Italiens. Der bisher in Norditalien befehlsführende Generalfeldmarschall Rommel wird mit dem Stab der Heeresgruppe B für die Vorbereitungen zur Abwehr der Invasion nach Frankreich entsandt. Die Heeresgruppe B in Norditalien übernimmt die 14. Armee (GenOberst v. Mackensen). Kesselring ist nun nicht nur für die operative und taktische Führung verantwortlich, sondern auch höchster Territorial-Befehlshaber. Nur der für Italien eingesetzte »Höchste SS- und Polizeiführer Italien« und die SD-Stelle sind nicht ihm, sondern dem Reichsführer SS Himmler unterstellt.

Endlich, am Sonnabend, dem 27. November 1943, beginnt der um eine Woche verschobene Angriff der britischen 8. Armee. Nach schwerstem Artilleriefeuer und rollenden Luftangriffen auf die deutschen Stellungen tritt die 8. Armee am unteren Sangro zur Offensive an. In dreitägigen erbitterten Kämpfen werden die Deutschen zurückgeworfen, und die Front wird an einzelnen Stellen durchbrochen. Es gelingt den britischen Verbänden, einige Brückenköpfe am Sangro zu bilden und in die »Gustav-Linie« bis Ortano einzubrechen. Hier, an der Adria-Küste, wird die deutsche 65. Infanteriedivision fast vollständig durch die 1. Taktische Luftflotte *(Air Marshal* Coningham) aufgerieben. Die eiligst an diese Front verlegten deutschen Verbände schaffen es noch rechtzeitig, den operativen Durchbruch der 8. Armee zu verhindern und die britischen Divisionen zum Stehen zu bringen. Pescara, das Hauptziel der Operation, wird nicht erreicht. Dies ist auch die letzte Offensive von General Montgomery in Italien.

Am Mittwoch, dem 1. Dezember 1943, während am Sangro die Schlacht ihren Höhepunkt erreicht, führt die 5. US-Armee einen erneuten Angriff auf die Mignano-Lücke und den Monte Camino. Über 200 000 Granaten werden auf den Berg verschossen. Die Amerikaner nennen ihn deshalb den »Millionen-Dollar-Hügel«. Dann wird endlich die Mignano-Lücke erobert. Es bleibt nur noch, die »letzte Höhe« vor Cassino – den Monte Trocchio – zu stürmen. Ihn zu erreichen und die 10 km lange Mignano-Lücke zu schließen, haben 8 Divisionen 6 Wochen gekämpft und 15 864 Mann verloren.

Am späten Nachmittag des 2. Dezember 1943 starten 96 Bomber Ju 88 der I. und II. Gruppe des KG 54 sowie die I. und II. Gruppe des KG 76 auf den Flugplätzen Villaorba und Aviano im Raum Mailand zum Angriff auf Bari, eine wichtige Hafenstadt mit 250 000 Einwohnern an der Adriaküste östlich von Neapel.

Leutnant M. Ziegler: »Am späten Nachmittag flogen wir mit zwei anderen Maschinen als Pfadfinder. Unsere Ju 88 war voll beladen mit »Düppel«-Störstreifen und Leichtbomben für die Zielmarkierungen. Es war schon dunkel, als wir die Küste südlich Ravenna kreuzten. Wir sollten von der Adria her unser Ziel anfliegen. In Höhe von Kap Rossa gingen wir auf 7000 Meter und

3./4. Dezember 1943: ein Nachtgefecht vor dem Monte Camino

stellten dann zu unserer Überraschung fest, daß der Hafen von Bari wie im tiefsten Frieden hell erleuchtet war. Wir begannen mit dem Abwerfen der Stanniol-Störstreifen, und weil der Hafen in grellem Licht lag, hätten wir uns den Abwurf von Leuchtbomben sparen können.«

Am Abend des 2. Dezember 1943 liegen im Hafen von Bari mehr als 30 alliierte Schiffe, deren Ladungen – Kriegsmaterial und Nachschub – gerade gelöscht werden. Um die Arbeiten im Hafen zu beschleunigen, wird unbedachterweise bei Anbruch der Dunkelheit die gesamte Beleuchtung eingeschaltet.

Nachdem Pfadfindermaschinen Stanniol-Streifen abgeworfen und so die Radargeräte der Alliierten lahmgelegt haben, erscheinen deutsche Kampfverbände fast unbemerkt über Bari. Erst als um 19.30 Uhr die Bomben im Hafen explodieren, eröffnet die Flak das Feuer.

Kein Scheinwerfer versucht sie abzufangen, kein Sperrballon schützt den zur Zeit wichtigsten Versorgungshafen der Alliierten auf dem europäischen Kontinent, kein einziger alliierter Jäger erscheint über Bari. So problemlos und ohne Verluste ist selten eine Aktion verlaufen. Durch Volltreffer explodieren zwei Munitionsschiffe mit solcher Gewalt, daß die Fensterscheiben in einem Umkreis von 12 Kilometern zerspringen. Eine Ölleitung am Kai wird getroffen, und das ausströmende Öl entzündet sich an dem Benzin des brennenden Tankers und breitet sich zu einem riesigen Flammenteppich aus. Auch die bisher verschonten Schiffe brennen lichterloh.

Dieser nur 20 Minuten dauernde Angriff ist einer der erfolgreichsten des Krieges. Niemals werden, mit Ausnahme von Pearl Harbor, so viele Schiffe auf einen Schlag versenkt: Insgesamt sind 19 Transporter mit 73 343 BRT vernichtet und 7 schwer beschädigt. Die Verluste unter den Wachmannschaften und Seeleuten betragen über 1 000 Mann. Es vergehen Wochen, bevor der Hafen seine Arbeit wieder voll aufnehmen kann.

Das ist der offizielle Teil des Desasters, der zweite Teil der Tragödie wird noch jahrzehntelang nach dem Kriege geheimgehalten: Als der Angriff beginnt, ist der Frachter »*SS John Harvey*« am Pier, 17 andere Schiffe haben daneben festgemacht oder liegen vor

Anker. Seine Ladung besteht neben hochbrisanter Munition aus etwa 100 Tonnen Gelbkreuz-Gas (schweres Senfgas) in Bomben, jede 45,5 Kilogramm schwer, ein überaus gefährlicher, völkerrechtswidriger Kampfstoff, den die alliierte Führung für »alle Fälle« in ihrem Arsenal auf dem italienischen Kriegsschauplatz haben will.

Gleich zu Beginn des Angriffes bekommt die *»SS John Harvey«* einen Volltreffer und geht mit der ganzen Besatzung unter. Obwohl die Gasbomben ohne Zünder sind, bersten viele von ihnen; der gefährliche Kampfstoff breitet sich im Hafenbecken aus. Das an der Wasseroberfläche schwimmende Gift – zum Glück treibt der größte Teil aufs Meer hinaus – wird zur tödlichen Bedrohung für die Überlebenden des Angriffs. Viele der Seeleute und Soldaten können aus dem verseuchten Wasser an Land gezogen werden. Doch weder die Rettungsmannschaften noch die Geretteten ahnen etwas von dem Senfgas. Den militärischen Dienststellen im Hafen ist zwar bekannt, welche gefährliche Ladung *»SS John Harvey«* an Bord hat, doch denkt in dem herrschenden Chaos keiner daran. Einige der Überlebenden erinnern sich später, daß sie einen »Knoblauchgeruch« wahrgenommen haben, doch mißt dem niemand eine Bedeutung bei. Und in den überfüllten Krankenhäusern kümmert sich keiner um die Menschen, die zwar mit Öl verschmiert, aber nicht verletzt sind. Sie werden einfach in ihrer durchnäßten, mit Senfgas getränkten Kleidung in allen möglichen Quartieren untergebracht. Bereits zwei Stunden danach klagen die ersten von ihnen über furchtbare Schmerzen, als hätten sie Sand in den Augen.

Erst etwa 12 Stunden nach dem Angriff entdecken die Hafenbehörden einige Senfgasbomben, und man besinnt sich nun auf die Ladung der *»SS John Harvey«*.

Die Spitäler werden sofort informiert, daß möglicherweise ein Teil der Geretteten mit Senfgas in Berührung gekommen ist. Bereits 18 Stunden nach dem Angriff wird der erste Todesfall durch Einwirkung des gefährlichen Giftstoffes gemeldet. Insgesamt gibt es 617 Vergiftete, von denen 83 sterben, der letzte erst einen Monat nach dem Unglück.

Wäre den Rettungsmannschaften und Ärzten bei der Behand-

3. Dezember 1943, Hafen von Bari: nach einem der erfolgreichsten Luftangriffe des Krieges

lung bekannt gewesen, daß Kampfstoffe im Spiel sind, und hätte man sogleich die entsprechenden Maßnahmen getroffen, wäre es nicht zu so vielen Todesfällen gekommen.

Auch der Fall »*Bistera*« wird streng geheimgehalten: Das Schiff »*Bistera*«, das beim Angriff unbeschädigt bleibt, fischt 30 Überlebende aus dem Hafenbecken und dampft – den Weisungen der Hafenbehörde entsprechend – nach Tarent. Vier Stunden später auf hoher See wird die gesamte Mannschaft von unerträglichen Augenschmerzen befallen. Als die »*Bistera*« 18 Stunden nach dem Angriff Tarent endlich erreicht, gelingt es der fast völlig erblindeten Mannschaft nur mit Mühe, das Schiff festzumachen.

Zwar stehen den Alliierten auch einige andere Häfen, wie z. B. Neapel, zur Verfügung, doch ist Bari ihr geeignetster Nachschubhafen. Die nachteiligen Auswirkungen der darauffolgenden Hafenschließung von Bari trifft besonders hart die 5. US- und die britische 8. Armee bei ihrem verzweifelten Versuch, weiter nach Norden vorzudringen. Die Anordnung Churchills, daß bei den Toten in Bari, die durch Senfgas umgekommen sind, die Todesursache mit »Verbrennungen durch feindliche Aktionen« offiziell angegeben werden soll, erhöht noch die Verwirrung und hindert die Untersuchungen dieser Tragödie.

Der Ausfall von Bari als Nachschubhafen einige Wochen vor der Landung der Alliierten bei Anzio und Nettuno, die ihnen den Weg nach Rom öffnen soll, hat ein schwerwiegendes Nachspiel: Es trägt erheblich dazu bei, daß es den Deutschen gelingt, die Alliierten an den beiden Brückenköpfen länger als bei jedem anderen Feldzug aufzuhalten.

Am Montag, dem 6. Dezember 1943, erstürmt die 5. US-Armee nach dreitägigen Kämpfen, nachdem einige Verbände der deutschen 15. Panzergrenadierdivision beinahe bis auf den letzten Mann aufgerieben worden sind, den Gipfel des Monte Camino.

Bis zum 8. Dezember 1943 haben es die Deutschen geschafft, am Adria-Frontabschnitt eine neue Linie einzurichten und den nach Süden verlorengegangenen Anschluß wiederherzustellen. Jenseits der Enge liegt eine fast deckungslose Ebene, wo Liri und Rapido zusammen in den Garigliano fließen, der ins Tyrrhenische Meer mündet. Auf den Höhen beiderseits des unteren Liri sowie hinter dem Rapido und Garigliano verlaufen gut ausgebaute Stellungen der »Gustav-Linie«.

Nun, nach zweieinhalb Monaten, steht die 5. US-Armee endlich in Artilleriereichweite vor der Stadt Cassino, und die Kämpfe nehmen den Charakter einer regelrechten Zermürbungsschlacht an.

Am Mittwoch, dem 8. Dezember 1943, übergibt Oberstleutnant Schlegel dem Vertreter des Vatikans den gesamten Kulturschatz der Abtei von Monte Cassino, insgesamt 120 Lastwagenladungen. Darunter befindet sich auch die von Neapel nach Monte Cassino ausgelagerte Nationale Gemäldegalerie mit Werken der großen europäischen Meister. Oberstleutnant Schlegel: ». . . Nicht ein einziger Wagen wurde vernichtet, von den Kunstschätzen nichts zerstört, nichts auch nur nennenswert beschädigt. Alles, was wertvoll und transportabel war, wurde in Sicherheit gebracht.«

Damit ist die Rettungsaktion der Kunstschätze, die in der

▲ 8. Dezember 1943, Vatikan: Die größte Kunstschätze-Rettungsaktion der Geschichte ist beendet. Oberstleutnant Schlegel übergibt dem Vertreter des Heiligen Vaters die Kunstschätze der Abtei Monte Cassino; in der Mitte Erzabt Gregorio Diamare ▲

Geschichte kaum eine Parallele hat, beendet. Durch die Tat des mutigen und beherzten Österreichers sind der Nachwelt unersetzliche Zeugnisse westlicher Kultur bewahrt worden.

Am Dienstag, dem 21. Dezember 1943, beginnt die kanadische 1. Division den Sturm auf Ortona, einen kleinen Hafen an der Adriaküste. Sie trifft hier auf erbitterten Widerstand und muß in den Straßen um einzelne Häuser und Stockwerke kämpfen.

Am Freitag, dem 24. Dezember 1943, werden die Generäle Eisenhower und Montgomery für die Invasionsvorbereitungen nach Großbritannien abberufen. Mit dem Oberbefehl der alliierten Kräfte im Mittelmeerraum wird General Sir H. M. Wilson betraut, die 5. US-Armee und britische 8. Armee unterstellt man als Heeresgruppe Italien General Sir H. Alexander.

Am Sonntag, dem 26. Dezember 1943, treten an der Front im Rahmen der 5. US-Armee zum erstenmal die marokkanische 2. Infanteriedivision und die algerische 3. Infanteriedivision des französischen Expeditionskorps (Gen. Juin) in Aktion. Diese vorzüglich ausgerüsteten Verbände aus den Bergstämmen Nordafrikas sind ein harter Gegner für die Deutschen.

Am Montag, dem 27. Dezember 1943, erobert die kanadische 1. Division die Hafenstadt Ortona. Hier ist die britische 8. Armee gezwungen, haltzumachen: Es schneit und regnet fast pausenlos.

Zu Silvester tobt in den Bergen ein Schneesturm. Als sich abends das Wetter aufklärt, liegen die Ortschaften und Stellungen unter einer hohen Schneedecke, von jeder Verbindung abgeschnitten.

In den ersten Januartagen hört man in Cassino zum erstenmal das Grollen alliierter Geschütze. Die Dörfer in der Umgebung werden ohne Ausnahme evakuiert.

Am Dienstag, dem 4. Januar 1944, tritt die 5. US-Armee zu einem neuen Angriff auf das Vorfeld der »Gustav-Linie« an. Die Verteidigung der Stadt Cassino ist Aufgabe des Grenadierregiments 132 der 44. Infanteriedivision »Hoch- und Deutschmeister«, das nach schweren Verlusten zum größten Teil durch kaum Deutsch sprechende, aus den Westgebieten Polens stammende Soldaten aufgefrischt wird, die man als »Volksdeutsche« zwangsrekrutiert hat.

Am Mittwoch, dem 12. Januar 1944, durchbrechen die Verbände des französischen Expeditionskorps (Gen. Juin) die »Gustav-Linie«, erreichen am 15. Januar 1944 Sant'Elia und besetzen den Monte Santa Croce. Nachdem am gleichen Tage die Amerikaner den Monte Trocchio erstürmt haben, ist nun die »Gustav-Linie« in ihrem ganzen Verlauf von den Alliierten erreicht.

Am Sonnabend, dem 15. Januar 1944, schlagen erstmals Geschosse der amerikanischen Artillerie im Kloster ein und beschädigen das Fresko von Luca Giorando über dem Portal der Basilika.

Von diesem Tage an ist das Kloster von der Außenwelt abgeschnitten. Dort verblieben sind nur noch der Abt mit fünf Mönchen, ein Priester von der Verwaltung, ein taubstummer Diener und drei kranke Bauernfamilien.

17.1. - 11.2.1944

Erste

Schlacht

»Operation Shingle«

16. Januar 1944, in einem Tal bei Sant'Elia: französische Soldaten bei der Verpflegungsausgabe

Erste Phase der Offensive abgeschlossen

Montag, 17. Januar 1944. Aus dem alliierten Hauptquartier:

Mit der Eroberung des Monte Trocchio durch US-Truppen ist die erste Phase der Offensive General Clarks erfolgreich abgeschlossen worden, in der die Amerikaner San Vittore, die Engländer Monte Cedro und die Franzosen Acquafondata, Valle Rotonda und Cervito erstürmten. Von dem langgestreckten Monte Trocchio aus können die alliierten Batterien jetzt Cassino und die deutsche Rapido-Linie unter direktem Beschuß halten, und alle Vorbedingungen sowohl für den Frontalangriff auf Cassino als auch für dessen Umgebung im Norden sind nun gegeben. Amerikanische Patrouillen sind bereits bis zum linken Ufer des Rapido vorgedrungen. Die französischen Truppen haben inzwischen nördlich von Cassino die das Dorf Sant'Elia beherrschenden Höhen gestürmt und sich bis auf 800 Meter an den Dorfrand herangearbeitet. Ist Sant'Elia einmal genommen, so müssen die Deutschen ihre Stellungen weiter nordöstlich räumen, um von ihrer Nachschublinie nicht abgeschnitten zu werden.

Sant'Elia in alliierter Hand
Dienstag, 18. Januar 1944. Aus dem Feldhauptquartier von General Clark:

Nach der Besetzung des erhöhten Geländes zu beiden Seiten der Straße von Acquafondata nach Sant'Elia sind französische Truppen der 5. Armee in das Tal des Rapido hinabgestoßen und haben am späten Montagnachmittag den zäh verteidigten End- und Ankerpunkt der sogenannten deutschen Gustav-Linie, die Ortschaft Sant'Elia, rund acht Kilometer nordöstlich von Cassino, eingenommen.

Britische Truppen setzen über den Garigliano
Mittwoch, 19. Januar 1944. Aus dem alliierten Hauptquartier:

Der Unterlauf des Garigliano, dessen starke deutsche Befestigungen die Truppen von General Clark zweieinhalb Monate lang aufgehalten haben, ist am Montag gegen 21 Uhr von britischen Streitkräften erfolgreich überquert worden. Infanterie, Pioniere und Spezialabteilungen durchwateten den Fluß unter schwerem Feuer deutscher Maschinengewehre und Minenwerfer. Sie setzten sich an vier Punkten des Nordufers fest und errichteten Brückenköpfe. Weiter nördlich stehen amerikanische und französische Truppen im Angriff gegen die deutsche Cassino-Stellung. Die Stadt liegt unter Artilleriefeuer.

Bereits drei Brückenköpfe am Garigliano
Donnerstag, 20. Januar 1944. Aus dem alliierten Hauptquartier:

Von ihren drei Brückenköpfen am Nordufer des Garigliano aus haben sich die inzwischen durch Panzer-, Artillerie- und Infanterieverbände verstärkten britischen Truppen der 5. Armee fächerförmig ausgebreitet und ihre nun geschlossene Frontlinie rund 3 km vorverlegt. Weiter landeinwärts liegt Cassino noch immer

17. Januar 1944, im Raum Acquafondata: eine französische 15,5-cm-Haubitzen-

Batterie unterstützt den Angriff der eigenen Truppen

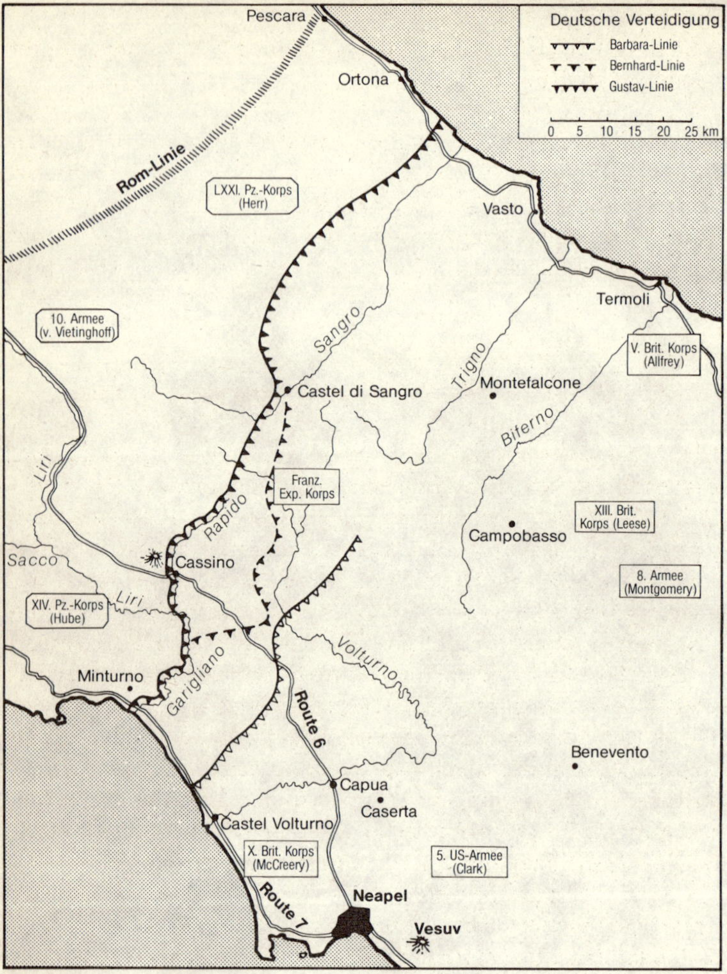

18. Januar 1944: Gliederung der deutschen und alliierten Verbände

unter dem Artilleriefeuer der 5. Armee und dürfte bald sturmreif geschossen sein. In der Nacht zum Donnerstag unternahmen amerikanische Patrouillen wiederum Vorstöße über den Rapido, um das deutsche Abwehrsystem um Cassino zu erkunden.

Feindlicher Angriff zurückgeschlagen
Freitag, 21. Januar 1944. Das Oberkommando der Wehrmacht gibt bekannt:

... An der süditalienischen Front erzielte der mit überlegenen Kräften südwestlich Castelforte angreifende Feind nach harten Kämpfen einen Einbruch. In planmäßig geführtem Gegenangriff wurde er auf seine Ausgangsstellungen zurückgeworfen. In einer weiteren Einbruchsstelle nordwestlich von Minturno wird noch gekämpft ...

Die Kuppel von St. Peter in Sicht
Sonntag, 23. Januar 1944. Aus dem alliierten Hauptquartier:

Britische und amerikanische Truppen der 5. Armee von General Clark sind am Sonnabend früh an der italienischen Westküste weit hinter der gegenwärtig vom Feind gehaltenen Front an Land gegangen. Die See- und Luftstreitkräfte unterstützten diese Operation. Am Angriff sind ebenfalls britische Kommandotruppen und amerikanische *Rangers* beteiligt. Während der ersten zwei Stunden der Landungsoperationen feuerten die Deutschen nicht einen einzigen Schuß ab, und auch später versuchten lediglich Luftstreitkräfte, die Landung zu stören. »Wir sehen die Kuppel von St. Peter mit bloßem Auge vor uns«, meldet eine britische Einheit, die in Erkundungsmanövern weit nach Norden vorgestoßen ist. Gleichzeitig mit der Landung erfolgten schwere Angriffe britischer, französischer und amerikanischer Einheiten der 5. Armee im Liri-Tal. Der Angriff begann vor der Morgendämmerung.

Anglo-amerikanische Landung bei Nettuno
23. Januar 1944. Das Oberkommando der Wehrmacht gibt bekannt:

... Im Westabschnitt der süditalienischen Front griff der Feind nach starker Artillerievorbereitung erneut unsere Höhenstellun-

22. Januar 1944, bei Anzio–Nettuno: In der Mörgendämmerung kriechen die ersten amphibischen Ducks an Land ▶

24

gen an. Er wurde unter hohen Verlusten abgewiesen. Feindliche Übersetzversuche über den Garigliano brachen im zusammengefaßten Feuer unserer Artillerie zusammen. 500 Gefangene wurden eingebracht.

In den Morgenstunden des 22. Januar landeten britisch-nordamerikanische Truppen beiderseits Nettuno an der Küste des Tyrrhenischen Meeres. Die Gegenmaßnahmen laufen. Die Luftwaffe bekämpft die feindliche Landungsflotte mit gutem Erfolg, versenkte vier große Landungsschiffe mit insgesamt 12000 BRT . . .

US-Panzer 30 Kilometer vor Rom

Dienstag, 26. Januar 1944. Aus dem Hauptquartier von General Wilson:

Die 5. Armee hat von ihrem Landekopf bei Nettuno aus mit starken Kräften den Angriff Richtung *Via Appia* und das Verkehrssystem südöstlich von Rom aufgenommen. Dabei sind US-Panzerspähtrupps im Vormarsch gegen die Albaner Berge bis auf 30 km an Rom herangerückt. Nach einem Funkbericht sind französische Truppen in die Vororte von Cassino eingebrochen. Die Entscheidungsschlacht hat begonnen.

Die Lage in Rom

26. Januar 1944, Rom. Die Agentur Stefani meldet:

In den letzten 24 Stunden hat sich die Nähe des Kriegsschauplatzes, die bisher im Alltagsleben kaum in Erscheinung trat, nun doch deutlicher bemerkbar gemacht. Das Ausgehverbot ist schon auf 5.00 Uhr nachmittags angesetzt worden. Die Lebensmittelversorgung wird fühlbar knapper; es fehlt auf den Märkten und in den Lebensmittelgeschäften vor allem an Gemüse und Obst. Alle Brücken werden von deutschen Posten bewacht.

Franzosen erobern den Monte Croce

Mittwoch, 27. Januar 1944. Aus dem alliierten Hauptquartier:

An der Südfront erzielten gestern die französischen Verbände von

Januar 1944, nördlich von Acquafondata: eine deutsche mittlere Feldkanone in Stellung

General Juin die bedeutendsten Erfolge. Durch unwegsames Gelände vorstoßend, eroberten sie den Monte Croce und durchschnitten gleichzeitig die von Belmonte nach dem 15 km weiter südlich gelegenen Cassino führende Straße.

Sender Beromünster (Schweiz)
Donnerstag, 28. Januar 1944:

In der Berichtswoche ereignete sich die Landung amerikanisch-britischer Streitkräfte hinter der deutschen Front in Mittelitalien, bei den kleinen Häfen von Anzio und Nettuno. General Alexander kommandierte selber diese Landungsoperationen, die für den Gegner offenbar völlig überraschend kamen, da nicht nur keine Gegenwehr geleistet wurde, sondern von den alliierten Verbänden ein deutsches Bataillon in Ruhestellung gefunden und überrumpelt wurde. Diese Landung erfolgte im Augenblick, als am Garigliano und bei Cassino verbissene Kämpfe zwischen den deutschen Verbänden Kesselrings und den Amerikanern des Generals Clark

30. Januar 1944, im Norden von Cassino: Ein Bofors-Fla-Geschütz sichert französische Truppen vor deutschen Jagdbombern

sowie den Franzosen des Generals Juin wüteten.

Alliierte Truppen knapp 1500 Meter vor Cassino

Montag, 31. Januar 1944. Aus dem Feldhauptquartier von General Clark:

Nach schweren, 24 Stunden dauernden Kämpfen sind amerikanische und französische Truppen im nördlichen Abschnitt von Cassino in die deutsche Verteidigungslinie eingebrochen und haben eine Reihe von Stützpunkten besetzt, die von einer SS-Division gehalten wurden.

Heute mittag waren die Alliierten knapp 1500 Meter vor Cassino. Der Frontalangriff gegen Cassino wurde in den frühen Morgenstunden begonnen. Auch bei dieser Operation kämpften Amerikaner und Franzosen Seite an Seite.

Alle Angriffe bei Nettuno und Cassino zurückgewiesen

31. Januar 1944. Das Oberkommando der Wehrmacht gibt bekannt:

... In Süditalien trat der Feind aus dem Landekopf von Nettuno heraus mit starken Infanterie- und Panzerkräften zum Angriff nach Norden und Nordosten an. Gleichzeitig steigerte er an der Südfront seine Angriffe, besonders im Raume Minturno–Cassino, zu großer Heftigkeit. Die Erfolge dieser Gewaltanstrengung des Feindes waren gering, um so größer aber seine Verluste. Mehrere Einbrüche in unser Hauptkampffeld wurden durch entschlossene Gegenangriffe beseitigt. An anderen Stellen wird noch gekämpft. Über 900 Gefangene blieben in der Hand unserer Truppen ...

Franzosen durchbrechen die »Gustav-Linie«
Dienstag, 1. Februar 1944. Aus dem Hauptquartier von General Wilson:

Nördlich von Cassino haben französische Truppen in schwierigem Berggelände auf 1200 Meter breiter Front einen Einbruch in die Gustav-Linie erzielt, nachdem zuvor die kürzlich eroberten beiden Hügelstellungen westlich des Monte Belvedere zu Stützpunkten ausgebaut worden sind. Die Gustav-Linie und die seit langem umkämpfte Ortschaft Cassino liegen vom Rücken her unter alliiertem Artilleriefeuer. Ein Höhenzug wird noch von den Deutschen gehalten.

Deutscher Rückzug aus Cassino
1. Februar 1944. Aus dem Hauptquartier von General Wilson:

Aus den im Hauptquartier eintreffenden Frontberichten geht hervor, daß die Deutschen die meisten ihrer unter großem Kosten- und Zeitaufwand vorbereiteten Verteidigungsstellungen in der Stadt Cassino geräumt haben.

Feindlicher Durchbruchsversuch blutig zusammengebrochen
1. Februar 1944. Das Oberkommando der Wehrmacht gibt bekannt:

... In Süditalien nahmen die Kämpfe durch den von beiden Seiten erfolgten Einsatz neuer Kräfte an Heftigkeit zu. Bei Nettuno setzte der Feind seine starken Angriffe nach Norden und Nordosten fort.

Seine Durchbruchsversuche brachen in schweren Kämpfen blutig zusammen. An der Südfront im Raum von Minturno–Castelforte beschränkte sich der Feind infolge seiner hohen Verluste am Montag auf örtliche Angriffe . . .

Cassino von alliierten Truppen umgangen
Mittwoch, 2. Februar 1944. Aus dem Feldhauptquartier von General Clark:

In der vergangenen Nacht hat die 5. Armee nach äußerst schweren Kämpfen, in denen beide Seiten beträchtliche Verluste erlitten, die Gustav-Linie auf 4,5 km breiter Front aufgerollt und durchbrochen. Cassino ist umgangen.

Cassino ernstlich bedroht
Donnerstag, 3. Februar 1944. Aus dem alliierten Hauptquartier:

2. Februar 1944, Raum Cassino: Nach den schweren Kämpfen werden die Verwundeten durch das unwegsame Gelände mit Maultieren zu den frontnahen Verbandsplätzen geschafft

3. Februar 1944, bei Anzio: Die US-Batterie unterstützt mit ihren 15,5-cm-Geschützen den Angriff auf deutsche Stellungen

An der Hauptfront sind die französischen und amerikanischen Truppen durch die Berge nördlich von Cassino so weit vorgestoßen, daß dieser feindliche Stützpunkt ernstlich bedroht ist.

Hohe Verluste auf beiden Seiten

3. Februar 1944. Das Oberkommando der Wehrmacht gibt bekannt:

... In Süditalien führte der Feind im Landekopf von Nettuno gestern einige erfolglose örtliche Angriffe gegen die Nordfront. Durch konzentrierte Gegenangriffe wurden die gestrigen Angriffserfolge des Feindes zunichte gemacht. An der Südfront wird um das Bergmassiv von Cassino erbittert gerungen. Die beherrschenden Höhen blieben in deutscher Hand. Die Verluste auf beiden Seiten sind hoch ...

Cassino – italienisches Stalingrad

Freitag, 4. Februar 1944, im Hauptquartier von General Wilson. Associated Press berichtet:

4. Februar 1944, am Monte Belvedere: Stellungen des Corps Expéditionnaire Français,

vorn ein Sherman-Panzer

Im Abschnitt der 5. Armee stehen US-Elitetruppen im entscheidenden Ringen um Cassino, nachdem sich die Alliierten, die den nordöstlichen Teil bereits besetzt hatten, am Mittwoch abend wieder zurückziehen mußten. Gestern früh um 3.30 Uhr setzte schwerer einstündiger Artilleriebeschuß auf Cassino ein, der die Stadt fast völlig in Trümmer legte. Die Deutschen zogen sich zurück, griffen aber sofort an, als amerikanische Panzerwagen und Infanterie nach Vorverlegung des Feuers wieder in den Nordoststadtteil eindrangen. Das Stadtzentrum wird seitdem erbittert umkämpft, und nur langsam konnten die Alliierten von Barrikade zu Barrikade vordringen. »Wir stehen im italienischen Stalingrad«, heißt es in einem Frontbericht.

Erbitterte Kämpfe in Cassino
4. Februar 1944. Aus dem alliierten Hauptquartier:

Die in die Vororte von Cassino eingedrungenen US-Infanterieeinheiten kämpfen sich, unterstützt von schweren Panzern, allmählich in das Zentrum der Stadt vor; ihr Einbruch erfolgte an drei verschiedenen Stellen. Um jedes einzelne Haus wird gekämpft; manche Gebäude sind festungsartig ausgebaut. Auch zu beiden Seiten der Stadt kommen unsere Truppen wegen heftigen Widerstandes nur langsam voran. Es ist anzunehmen, daß alle verfügbaren deutschen Reserven zur Verteidigung von Cassino eingesetzt worden sind.

200 Meter vor dem Kloster Monte Cassino
Montag, 7. Februar 1944. Aus dem alliierten Hauptquartier:

Die schweren Kämpfe bei Cassino gehen weiter. Die deutschen Truppen halten zwar nach wie vor den größeren Teil der Stadt und sind allem Anschein nach reichlich mit Nachschub versehen. Die westlich und nordwestlich von Cassino vordringenden US-Truppen haben drei weitere Höhen im Sturm genommen. Andere US-Einheiten haben westlich der Stadt die Nordseite des Monte Cassino, auf dem das Benediktiner-Kloster liegt, zum größten Teil besetzt und sind bis in die unmittelbare Nähe des Klosters vorge-

7. Februar 1944: ein britischer Artillerie-Beobachtungsposten im Brückenkopf Anzio–Nettuno

drungen. Ihre vorderste Linie befindet sich 200 Meter unterhalb des Gipfels, der von den Deutschen zäh verteidigt wird. In den westlichen Stadtteilen von Cassino sowie in der unmittelbaren östlichen und südlichen Umgebung wird weitergekämpft.

Enttäuschung in London

7. Februar 1944, London. Die Agentur Reuter meldet:

In London macht kaum noch jemand ein Hehl aus der Enttäuschung darüber, daß von dem Brückenkopf bei Nettuno aus ein Durchbruch bis zu einer der rückwärtigen Verbindungslinien der deutschen Cassino-Front nicht gelungen ist. Die militärischen Sachverständigen sprechen von einer verpaßten Gelegenheit und meinen damit die Passivität der Landungstruppen während der ersten Tage. General Martin bemerkt heute sarkastisch, Nettuno bleibe ein Rätsel: »Wir kamen, sahen und ließen uns in einem Seebad nieder.«

Deutsches Störfeuer auf den Brückenkopf bei Nettuno

Dienstag, 8. Februar 1944. Aus dem alliierten Hauptquartier:

Der alliierte Brückenkopf südlich von Rom wird trotz wiederholter

9. Februar 1944, auf dem Monte Chialia: Lt. M. J. Claglo, der US-Artilleriebeobachter, verfolgt die Aktivitäten der Deutschen am Monte Trocchio

deutscher Störversuche weiter ausgebaut. Der Gegner versucht zwar, die Hafenanlagen von Anzio sowie die alliierten Stellungen weiter landeinwärts mit schweren Granaten zu belegen. Das Feuer kommt von einem oder mehreren Eisenbahngeschützen großen Kalibers, die weit hinter den deutschen Linien stehen und bis jetzt von den alliierten Aufklärern nicht lokalisiert werden konnten. In Cassino gehen die blutigen Kämpfe in den Randbezirken der Stadt weiter.

Feindliche Reserven im Kampf um Cassino
Mittwoch, 9. Februar 1944. Aus dem Hauptquartier von General Wilson:

Alliierte Patrouillen meldeten, daß die feindlichen Stellungen im Norden von Cassino durch frisch eingetroffene Reserven verstärkt worden sind. Die Kämpfe um die Ruinen des Städtchens Cassino dauern mit unverminderter Heftigkeit an.

Februar 1944, Monte Abato: Ein Trägertrupp der 5. Gebirgsjägerdivision bringt Nachschub in die vordersten Stellungen

Dicke Stahlplatten sichern deutsche Bunker

Donnerstag, 10. Februar 1944. Aus dem alliierten Hauptquartier:

Obwohl US-Einheiten in Cassino von schweren *Sherman*-Panzern unterstützt wurden, konnten sie nur geringe Fortschritte erzielen. Nachdem eine Reihe deutscher Verteidigungsanlagen in Cassino erobert worden ist, kennt man nun die Stärke der deutschen Befestigungen in der Stadt. Die Bunker bestehen aus dreizölligen Stahlplatten, bedeckt von einer 40 cm dicken Betonschicht sowie von Schutt und Häusertrümmern. Sie halten sogar direktem Beschuß stand. Am Monte Cassino konnten unsere Truppen in den letzten 24 Stunden nicht weiter vorstoßen, obwohl alliierte Sturzbomber und Jäger die deutschen Stellungen gestern wiederholt bombardiert haben. Der Berg bietet dem Gegner, der immer wieder zu Gegenangriffen übergeht, vorzügliche Deckung.

24. Februar 1944, Raum Cassino: Truppenwechsel bei der marokkanischen 4. Division

des Corps Expéditionnaire Français

Und so war es:

Am Nachmittag des 17. Januar 1944 eröffnet das britische X. Korps (Lt.Gen. McCreery) ein Trommelfeuer auf die Stellungen der deutschen 94. Infanteriedivision (GenMaj. Steinmetz). Die erste Schlacht um Monte Cassino hat begonnen.

Um 21.00 Uhr gehen am Unterlauf des Garigliano die britischen Divisionen zu ihrem Ablenkungsangriff über. Zugleich soll eine Kampfgruppe in der Bucht von Gaeta hinter den deutschen Linien westlich von Minturno landen. Sie werden durch Artilleriefeuer der Kreuzer HMS »*Orion*« und HMS »*Spartan*« und weiterer fünf Zerstörer unterstützt. Doch die meisten Landungsboote verlieren die Orientierung, und die Sturmtruppen gehen anstatt hinter den deutschen hinter den britischen Linien an Land.

Diese erste Schlacht von Cassino gleicht eher einer übereilten Wiederaufnahme des festgefahrenen Vormarsches als einer Offensive: Es wird den Truppen, die nach wochenlangen schweren Kämpfen dringend eine Ruhepause brauchen, nichts anderes befohlen, als – wie bisher – weiter vorzustoßen, da General Alexander den festen Willen hat, die in Mittelitalien stehenden deutschen Verbände zurückzudrängen.

Das britische X. Korps erzwingt den Übergang über den Garigliano trotz heftiger deutscher Gegenstöße, und die Engländer halten den Brückenkopf, den sie vor der Ortschaft Castelforte und am Fuße des Monte Faito gewonnen haben.

Eine ernsthafte Gefahr zeichnet sich für das deutsche XIV. Panzerkorps ab: der bevorstehende alliierte Durchbruch ins Liri-Tal und der damit verbundene Einsturz der gesamten Cassino-Front. Generalleutnant v. Senger und Etterlin bittet Generalfeldmarschall Kesselring dringend um Zuführung der Heeresgruppen-Reserven, der 29. Panzergrenadierdivision (GenMaj. Fries) und der 90. Panzergrenadierdivision (Oberst Baade). Nur ein schnell entschlossener Gegenangriff könne die Lage im Südabschnitt der Cassino-Front festigen. Kesselring beordert das Generalkommando des I. Fallschirmkorps (Gen. d. Lw. Schlemm), dem die 29. und 90. Panzergrenadierdivision sowie die 94. Infanteriedivision unterstellt werden, in den bedrohten Abschnitt am Garigliano.

Generalleutnant v. Senger und Etterlin: »Nachdem ich gewohnheitsgemäß die Lage bei der angegriffenen Division selbst in Augenschein genommen hatte, setzte ich mich mit dem Oberbefehlshaber der Italienfront, Generalfeldmarschall Kesselring, direkt in Verbindung und forderte von ihm den Entscheid, mir die beiden Divisionen zur Verfügung zu stellen, um den drohenden Durchbruch zu verhindern. Es war mir klar, daß es sich für die oberste Führung um einen folgenschweren Entschluß handelte.

Mit dem Einsatz der beiden Divisionen beraubte der Oberbefehlshaber sich selbst seiner strategischen Reserven. Aber es war nach meiner Beurteilung der Lage an meiner Front die einzige Möglichkeit, zu verhindern, daß meine rechte Flügeldivision vom Meer her zurückgeworfen, nach Norden hinter das bedrohte Zentrum der Korpsfront geworfen und damit das ganze Verteidigungssystem aus den Angeln gehoben wurde. Generalfeldmarschall Kesselring gab nach kurzer Überlegung meinem Antrag statt. Der drohende feindliche Durchbruch konnte zum Stehen gebracht werden. Aber der Preis war hoch.«

In der Nacht zum 18. Januar 1944 führt im Cassino-Abschnitt eine Kompanie vom US-Regiment 141 unter First Lieutenant Navarette ein Spähtruppunternehmen zur Erkundung der deutschen Verteidigungslinie an der gegenüberliegenden Seite des Rapido durch. Navarette schafft es, bis etwa 800 m westlich des Rapido vorzustoßen. Nachdem jedoch seine Soldaten ebenfalls das andere Ufer erreicht haben, eröffnen die Deutschen aus MG-Nestern heraus das Feuer. Zwanzig Minuten später sind fast alle amerikanischen Soldaten verletzt oder tot.

Nur einige Überlebende können sich durch das eiskalte Wasser zu ihren Linien zurückschlagen. Keinem von ihnen gelingt es jedoch festzustellen, wo sich die deutschen Stellungen befinden.

Um diese Zeit wird die Schlüsselstellung der gesamten Cassino-Front sowie das Monte Cassino- und das Monte Cairo-Massiv von der 44. Infanteriedivision der »Hoch- und Deutschmeister« (GenLt. Franek) verteidigt. In diesem Frontabschnitt lehnt sich die Hauptkampflinie der »Gustav-Stellung« eng an den Lauf des Rapido an.

Der Rapido ist, wie schon sein Name besagt, zur Zeit der

Ein Stoßtrupp der deutschen 715. Infanteriedivision auf dem Wege zur Ausgangsstellung. Der Vordermann trägt ein Maschinengewehr MG 42, Kal. 7,92 mm, im Hintergrund eine Selbstfahrlafette »Marder«

Schneeschmelze ein reißender Fluß mit einer Strömung von 13 km pro Stunde. Er hat im Angriffsstreifen fast überall Steilwände und ist bis zu 3 m tief. So bildet der kaum 20 m breite Rapido ein schwer überwindbares Hindernis. Die Überquerung des Flusses ist nördlich und südlich von Sant'Angelo, einem Dorf, das auf einer Anhöhe über dem Rapido liegt, geplant. Die Deutschen haben hier in wochenlanger Arbeit entlang des Flußufers und im Dorf selbst tiefgestaffelte, artilleriesichere Stellungen gebaut.

Die US-Infanterie erhält für diesen Angriff zwei Bootstypen: ein schwerfälliges Holzboot, in dem man zwar bis zu 24 Mann transportieren kann, das aber in der Strömung nicht manövrierfähig ist, und ein gegen Feuerwirkung ungeschütztes Schlauchboot für drei Soldaten. Die Boote müssen erst auf Lastwagen in die vorgeschobenen Bereitstellungen gebracht werden, die außerhalb der Feindeinsicht liegen.

Nach Erzwingung der Rapido-Überquerung soll das II. US-Korps (Maj.Gen. G. Keyes) in das Liri-Tal einbrechen, während das französische Expeditionskorps die bereits in Gang gebrachte Umfassungsbewegung durch die Berge an der rechten Flanke weiterführt. Der britische Angriff am äußersten linken Flügel wird diesen Vorstoß unterstützen.

Es ist keineswegs einfach, neben Waffen und Ausrüstungen auch noch die recht schweren, unhandlichen Boote bei stockdunkler Nacht über die schlüpfrigen Wege im flachen und offenen Vorfeld des Flusses völlig geräuschlos zu transportieren.

Der Angriff über den Rapido – wie es im Befehl der 36. »*Texas*«-Division (Maj.Gen. Walker) heißt – hat die Einkreisung des Dorfes Sant'Angelo, das 8 km südlich von Cassino liegt, zum Ziel. Der Verband von Major General Walker soll bis Pignataro vordringen und der 1. US-Panzerdivision den Weg zum Durchbruch ins Liri-Tal vorbereiten.

Am Mittwoch, dem 20. Januar 1944, greifen die Bomber der 12. US-Taktischen Luftflotte die Stellungen und Verbindungen der deutschen 15. Panzergrenadierdivision (GenMaj. Rodt) sowie Nachschublinien zwischen Rom und der Front am Garigliano an.

Währenddessen holt am Nachmittag die inzwischen herangeführte deutsche 29. Panzergrenadierdivision (GenMaj. Fries) zum Gegenschlag aus und wirft die britische 56. Division (Maj.Gen. Templer) bis über Castelforte zurück. Der deutsche Angriff kommt unerwartet und gerade in dem Augenblick, als die ermüdeten britischen Truppen umgruppiert werden, und die britische Artillerie neue Stellungen bezieht, damit sie die eigenen Sturmeinheiten weiter unterstützen kann.

Am Abend des 20. Januar 1944 beginnt um 20.00 Uhr der beschwerliche Marsch der Sturmkompanien beider US-Regimenter mit ihren Booten zum Rapido-Ufer. Das US-Regiment 142 bildet die Reserve. Die zwischen den Bereitstellungen und dem Fluß liegenden Wiesen haben sich durch künstliche Überschwemmungen sowie Dauerregen in Sumpf und Morast verwandelt, dazu erschwert aufsteigender dichter Nebel die Orientierung. Das Gelände liegt unter starkem deutschem Beschuß durch Artillerie und Granatwerfer. Das Artilleriefeuer hat auch zum Teil die weißen

». . . Die 36. US-›Texas‹-Division verliert insgesamt 2066 Mann, ohne ihr Ziel erreicht zu haben«

Markierungsbänder entlang der deutschen Minenfelder zerfetzt, so daß die Soldaten auf der Suche nach Deckung mitten in die nur stellenweise geräumten Minenfelder stürzen und schwere Verluste erleiden.

Die US-Infanterie weiß nicht, in welche Richtung sie vorstoßen soll, schlimmer noch, die Artillerie in ihrem Rücken hat keine Ahnung, wo sich die eigenen Truppen befinden. Selbst die ortskundigen Führer verirren sich: Eine Brückenbaueinheit wird erst Stunden später – gut 2 km von der Überquerungsstelle entfernt – wiedergefunden. Den Chef einer Kompanie hat eine Granate zerrissen, sein Stellvertreter wird schwer verwundet, noch bevor die Männer in Aktion treten können.

Zahlreiche Boote sind durch Granatsplitter unbrauchbar geworden. Nachdem die Kompanien endlich den Rapido erreicht haben, muß das eigene Artilleriefeuer, das die Deutschen am anderen Ufer niederhalten soll, eingestellt werden. Mehrere Boote – durch deutsches Artillerie- und MG-Feuer erfaßt – sinken, nachdem man sie gerade zu Wasser gelassen hat. Andere Boote kentern oder werden

20. Januar 1944, bei Sant'Angelo: Die bei dem Versuch der Rapido-Überquerung in deutsche Gefangenschaft geratenen Soldaten der 36. US-»Texas«-Division

durch die schnelle Strömung fortgerissen.

Erst nach 21.00 Uhr gelingt es einigen Bootsbesatzungen, das gegenüberliegende Ufer zu erreichen. Während der Nacht versuchen Pioniere aus den Resten der vier durch Minen und Artilleriebeschuß zerstörten Brücken eine Notbrücke zu errichten, über die Verstärkungen an das andere Ufer gebracht werden sollen.

Endlich um 4.00 Uhr morgens ist es soweit: Zwei Kompanien gelingt es noch, über diese Stegbrücke zu gehen, dann fällt sie deutschem Artilleriefeuer zum Opfer. In der Morgendämmerung bricht jede Verbindung zu den Truppen am anderen Ufer ab – selbst die Funkgeräte versagen.

Bei Tagesanbruch des 21. Januar 1944 befindet sich der amerikanische Brückenkopf sowie die Übergangsstelle in Sichtweite der deutschen Beobachtungsposten. Die deutschen Panzer und Sturmgeschütze setzen zur Bekämpfung der amerikanischen Einheit an. Um seine Männer zu retten, erbittet der Kommandeur des US-Regiments 143 die Erlaubnis zur Aufgabe der Stellung, was ihm

Ende Januar 1944, Anzio–Nettuno: Lt.Gen. M. W. Clark, Befehlshaber der 5. US-Armee (Mitte), und Lt.Gen. W. D. Crittenberger, Kommandierender General des IV. US Army Corps (rechts), bei der Frontinspektion im Brückenkopf untersagt wird. Noch vor Eintreffen des Melders mit dem entsprechenden Befehl zieht er sich jedoch auf eigene Verantwortung mit seinen Männern zurück.

Die nördlich von Cassino kämpfende 34. US-Infanteriedivision (Maj.Gen. Ryder) hat mehr Glück: Nach Überquerung des Rapido kann sie sich auf der anderen Uferseite festsetzen.

Am Freitag, dem 21. Januar 1944, um 5.00 Uhr früh ist die Stunde für die »operative Überraschung« gekommen, die am 17. Januar verschleiert werden sollte: Die alliierte Landungsflotte läuft aus dem Hafen von Neapel in Richtung Anzio–Nettuno aus. Die Kriegsschiffe, Transporter und Landungsschiffe, insgesamt 243 Einheiten, stehen unter dem Kommando von Konteradmiral Troubridge *(Royal Navy)* sowie unter Konteradmiral Lowry *(US-Navy)*. Diese Armada hat 50000 Mann Sturmtruppen und 5000 Kraftfahrzeuge an Bord, die im Rahmen der Operation *»Shingle«*, der Landung des VI. US-Korps (Maj.Gen. J. Lucas), eingesetzt werden sollen.

In den Morgenstunden des 21. Januar 1944 befiehlt Major General Walker den Resten des Regiments 141, den Rapido im Schutz einer künstlichen Nebelwand zu überschreiten. Erst um 18.30 Uhr kann eines der Betaillone an der anderen Uferseite Fuß fassen. Über eine

21. Januar 1944, Raum San Martino: die Goumiers auf dem Vormarsch

notdürftig errichtete Stegbrücke gelangt das nächste Bataillon des Regiments 141 ebenfalls in den Brückenkopf.

Zur gleichen Zeit scheitert der zweite Versuch des US-Regiments 143, das sich in den Morgenstunden im Südabschnitt über den Rapido zurückgezogen hat, wieder einen neuen Brückenkopf zu errichten. Es verliert dabei sämtliche Kompanieführer; seine Boote und die Notbrücke werden durch Artilleriefeuer zerstört. Das benachbarte US-Regiment 141 wird bis auf 40 Mann aufgerieben, 857 werden gefangengenommen. Die 36. US-»*Texas*«-Division verliert insgesamt 2066 Mann, ohne ihr Ziel erreicht zu haben.

Nach dem Mißerfolg am Rapido bekommt der Kommandierende General des französischen Expeditionskorps, General Juin, den Befehl, die Angriffsrichtung zu ändern und mit seinen Truppen als erstes den Colle Belvedere zu erstürmen. Von dort aus soll er nach Süden eindrehen und sich den Amerikanern anschließen. Dieses Manöver ermöglicht nun den Franzosen, die deutschen Stellungen im Rücken anzugreifen. Um den Colle Belvedere zu erreichen, müssen sie die Flüsse Rapido und Rio Secco überqueren, dazu zwei beschwerliche Bergaufstiege und einen Abstieg wagen, dies alles unter den Augen der Deutschen, die auf den Kuppen der umliegenden Berge lauern. In den Tälern wiederum sind ihre Mörser und andere Artillerie so plaziert, daß sie sämtliche Schluchten, Pässe und Fußwege unter gezieltes Feuer nehmen können. Der Colle Belvedere ist ein über 700 m hoher, von Felsspalten zerfurchter, völlig baumloser Berg. Die Anmarschwege sind dazu noch durch Regen und Schnee aufgeweicht und schlüpfrig glatt. Auf dem Gipfel haben sich die Deutschen in MG-Nestern und Bunkern mit Minen und Stacheldrahtverhauen verschanzt.

In der Nacht zum 22. Januar 1944 kann das II. Bataillon des US-Regiments 143 etwa 400 m nach Westen vorstoßen, dann bleibt der Angriff stecken, und das deutsche Panzergrenadierregiment 129 drängt – von Artillerie unterstützt – die Amerikaner wieder über den Gari zurück. Es macht dabei fast 500 Gefangene.

Mit den Angriffen am Garigliano bezwecken die Alliierten, wie erwähnt, die deutschen Reserven an diese Front zu binden, was ihnen auch gelingt.

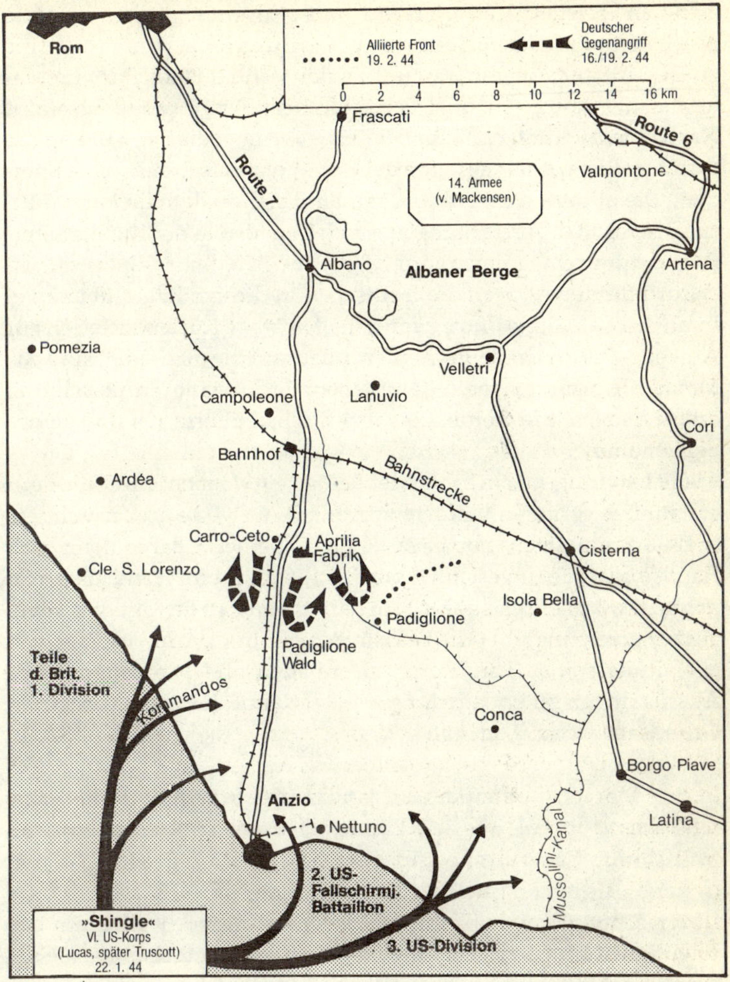

22. Januar 1944: alliierte Landung bei Anzio–Nettuno

Am 22. Januar 1944 um 2.00 Uhr früh landet das VI. US-Korps (Maj.Gen. Lucas), bestehend aus der britischen 1. und 3. US-Division, bei Anzio, 36 km von Rom entfernt. Der Strand von Anzio und der Fischerhafen Nettuno sind für diese Operation wie geschaffen: Eine weite Ebene steigt sanft und ohne Hindernisse bis zu den Albaner Bergen an, und an der rechten Flanke des Landekopfes liegt ein gewaltiger Panzergraben, der *»Canale Mussolini«*. Nach Überquerung der Albaner Berge will man die Fernstraßen Nr. 6 und 7, über die der gesamte deutsche Nachschub läuft, abschneiden. Die alliierten Luftstreitkräfte sind sicher, daß die Heranführung deutscher Verstärkungen durch Zerstörung der Zufahrtsstraßen verhindert werden kann.

Zur Stunde verfügen die Deutschen in diesem Raum über zwei Infanteriebataillone und einige behelfsmäßige Küstenbatterien zur Abwehr. Die ersten deutschen Truppen, auf die man stößt, sind 200 Mann, die nach schweren Kämpfen an der Cassino-Front sich hier erholen sollen. Sie werden nachts im Schlaf überrascht und gefangengenommen.

Die Landung, 96 km hinter der deutschen »Gustav-Linie«, ist mit erstaunlich geringen Verlusten verbunden: 13 Tote, 97 Verwundete und 44 Vermißte. Major General Lucas bemerkt dabei nicht, daß Rom so gut wie ungeschützt vor ihm liegt und im Handstreich zu nehmen wäre. Er beschränkt sich darauf – anstatt die Überraschung auszunutzen und über die Fernstraße nach Rom vorzudringen –, in aller Ruhe seinen Landekopf auszubauen und Fahrzeuge sowie Ausrüstungen zu entladen. Er verletzt damit den napoleonischen Grundsatz *»activité, activité, vitesse«*.

In den Morgenstunden des 22. Januar 1944 unternimmt die britische *Guards-Brigade* aus dem Landekopf einen schwachen Vorstoß in Richtung Campoleone und die 3. US-Division gegen Cisterna. General Alexander meldet Churchill voreilig: »Es scheint, die Überraschung war vollkommen. Ich habe nachdrücklich auf die Wichtigkeit hingewiesen, schwer bewaffnete, motorisierte Aufklärung ins Binnenland vorzuschicken und sie Fühlung mit dem Feind aufnehmen zu lassen. Bis jetzt traf aber keine Meldung über ihre Tätigkeit ein.« Von der Landung Anzio–Nettuno verspricht man sich die Abkürzung des Feldzuges: Durch eine Operation im Rücken der »Gustav-Linie« hofft man, sie zu Fall zu bringen.

An diesem Tage tritt an der Cassino-Front die 90. Panzergrenadierdivision (Oberst Baade) in Aktion. Durch Jabo-Angriffe behindert, kann die Division zwar nicht geschlossen auf dem Gefechtsfeld erscheinen, doch beteiligen sich einige ihrer Bataillone im südlichen Abschnitt an den Abwehrkämpfen der 94. Infanteriedivision (GenMaj. Steinmetz).

22. Januar 1944, vor Campoleone: ein Soldat der britischen Guards-Brigade vor dem Wegweiser nach Rom. Die etwa ½ Autostunde entfernt liegende Ewige Stadt wird erst fast 6 Monate später erreicht

Alliierte Landung bei ROM!

Starke Divisionen der 5. Armee mit Panzern und schwerer Artillerie stehen jetzt zwischen Dir und Rom. Die HKL im Sueden ist umgangen. Ob Du Dich nach Norden oder Sueden wendest, Du hast den Feind vor Dir und im Ruecken. Die Schlacht im Sueden wird zur Kesselschlacht.

Unter dem Schutz schwerer Flotteneinheiten und der ueberlegenen alliierten Luftwaffe schliesst sich ein unerbittlicher Ring. Mit einem Schlag ist Deine Lage eine verzweifelte geworden. Jeder Versuch der Entsetzung oder des Ausbrechens kann nur zu blutigen Verlusten fuehren, wie bei Stalingrad.

Die unmittelbare Zukunft bringt Dir ein blutiges, sinnloses Stalingrad, oder ein grausames Spiessrutenlaufen unter dem Hagel der anglo-amerikanischen Flieger, oder eine geordnete Uebergabe wie bei Tunis.

Auch alliierte Flugblätter, die die deutschen Truppen beeindrucken sollen, erweisen sich als trügerisch

Bis Mitternacht des 22. Januar 1944 werden rund 36 000 Mann und 3100 Fahrzeuge in Anzio ausgeschifft. Die schweren deutschen Bomber He 177 der II. Gruppe des Kampfgeschwaders 40 und die Do 217 des Kampfgeschwaders 100 versuchen erfolglos, mit ihren Gleit- und ferngesteuerten Bomben (FX 1400, Hs 293) die Landung zu verhindern.

Die US-Zerstörer »*Woolsey*«, »*Frederick C. Davis*« und »*Herbert C.*

Jones« bemühen sich mit starken Störsendern *(JIG)*, die Fernsteuerung der Gleitbomben lahmzulegen. Nur ein Teil der Bomben erreicht deshalb sein Ziel.

Am Sonntag, dem 23. Januar 1944, ist der britische Zerstörer »*Jervis«* das erste der Schiffe, das vor Anzio von einer ferngelenkten Bombe Hs 293 getroffen wird. Trotz der schweren Beschädigungen kann es Neapel mit eigener Kraft erreichen.

Am gleichen Abend sind die beiden Landedivisionen mit ihren Sondereinheiten – darunter zwei britische Commandos, US-*Rangers* und Fallschirmtruppen – und ihrem riesigen Troß vollzählig an Land. Die Befestigung des Brückenkopfes Anzio–Nettuno macht Fortschritte. Churchill: ». . . aber die große Chance, um die wir so gerungen hatten, war dahin.«

Am Montag, dem 24. Januar 1944, sind bereits 50000 Mann in Anzio–Nettuno gelandet. Und wieder entschließt sich Major General Lucas, zu warten: diesmal auf seine schwere Artillerie und Panzer. Er befiehlt den Truppen, inzwischen den Landekopf zu sichern und sich einzugraben.

Generalfeldmarschall Kesselring reagiert trotz der kritischen Lage äußerst schnell und geschickt: Obwohl seine Reserven bereits an der Cassino-Front kämpfen, zieht er alles – auch von dort – zusammen, was er irgendwie entbehren kann. An diesem Tag hat Kesselring einen Angriffsverband von etwa zwei Divisionen zusammengestellt, den er dem alliierten Brückenkopf entgegenwirft.

Gegen den etwa 17 km tiefen und 24 km breiten Brückenkopf setzt er dann Teile des Fallschirmjägerregiments 3 ein. Die deutsche 14. Armee (GenOberst v. Mackensen) soll solange das VI. US-Korps in seinem Landekopf blockieren, bis genügend Truppen für einen Gegenangriff zusammengezogen worden sind. Hitler: »Wenn es uns gelingt, diese Geschichte da unten zu erledigen, gibt es keine weiteren Landungen mehr.«

Die alliierten Luftstreitkräfte greifen jetzt gezielt die deutschen Nachschubverbindungen an, so daß Bewegungen nur noch nachts möglich sind. Vom Sonnenaufgang bis zur Abenddämmerung kreisen unermüdlich Artillerie-Beobachtungsflugzeuge über der Frontlinie. Die Alliierten haben die Wirkung ihrer Luftangriffe

22. Januar 1944: Die mittleren Bomber vom Typ B-26 Marauder der 12th US Air Force greifen die strategisch wichtige Brücke bei Ceprano an. Damit sollen während der alliierten Landung bei Nettuno die deutschen Nachschubwege zerstört werden

überschätzt. Sie können zwar die Truppenverschiebungen verzögern, jedoch nicht ausschalten. Nach und nach werden neun deutsche Divisionen aus der französischen Provence und aus Kärnten umgehend in das Kampfgebiet verlegt. Churchill: ». . . Die Leichtigkeit, mit der sie ihre Figuren auf dem Schachbrett verschoben, und die Schnelligkeit, mit der sie notwendigerweise die entstandenen Lücken an ihrer Südfront stopften, waren höchst eindrucksvoll . . .«

Am 24. Januar 1944 um 22.00 Uhr greift an der Cassino-Front zur Fesselung der eingesetzten Kräfte die algerische 3. Infanteriedivision (Maj.Gen. de Goislard de Monsabert) des französischen Expeditionskorps an. Ihre ersten Ziele sind der Colle Belvedere, der Colle Abate und das über 900 m hoch liegende Tarelle am Nordrand des Monte Cairo. Sie soll im Berggelände nördlich Monte Cassino einen umfassenden Vorstoß in den Rücken der deutschen Cassino-Front durchführen. Während die 34. US-Division im versumpften Rapido-Tal kämpft, greift das französische Korps einige Kilometer

24. Januar 1944: die marokkanischen Goumiers auf dem Vormarsch in der Nähe von San Martino

weiter nördlich die Deutschen von der Flanke her an.

Das II. Bataillon der tunesischen *Tirailleurs* versucht den die ganze Umgebung beherrschenden Monte Cifalco zu erstürmen. Der Versuch scheitert jedoch am energischen Widerstand der deutschen 5. Gebirgsjägerdivision. Die anderen Bataillone des tunesischen Schützenregiments 4 überqueren, nachdem sie Stacheldrahtverhaue und Minenfelder überwunden haben, den Rapido. Sie erklimmen die steilen Hänge des Colle Belvedere, die von Grenadieren der 44. Infanteriedivision der »Hoch- und Deutschmeister« gehalten werden. Die Tunesier geraten dabei in das schwere Feuer der von den Beobachtern am Monte Cifalco geleiteten deutschen Artillerie.

Die französischen Truppen erzielen zwar beachtliche Anfangserfolge, können jedoch von der 90. Panzergrenadierdivision (Oberst Baade) und von Teilen der hier eingesetzten 71. Infanteriedivision (Gen.Maj. Raapke) aufgehalten werden. Auch weitere Versuche der 34. US-Division, Monte Cassino zu erobern, schlagen fehl.

In der Nacht zum 25. Januar 1944 wagt es die 34. US-Division (Maj.Gen. Ryder) erneut, den Rapido zu überqueren. Unter starker Artilleriefeuerunterstützung gelingt es dem Infanterieregiment 133, in der Nähe der alten italienischen Kaserne drei seiner Bataillone über den Fluß zu setzen. Nachdem jedoch das deutsche Grenadierregiment 134 zum Gegenangriff übergeht, müssen sich die Amerikaner, da ihnen die Panzer noch nicht zu Hilfe kommen, über den Rapido zurückziehen. Die Frontbreite im Cassino-Abschnitt ist für den Panzereinsatz viel zu gering, und das massierte deutsche Artilleriefeuer dezimiert oft schon die Panzer in den Bereitstellungsräumen.

In den Morgenstunden des 25. Januar 1944 befiehlt Lieutenant General Clark dem II. US-Korps, diesmal mit der 34. US-Infanteriedivision, die Stadt Cassino von Norden her zu stürmen. Sie soll das 3 km breite sumpfige Gelände durchqueren, das durch eine Sprengung am Oberlauf des Rapido entstanden ist, danach die eiskalte Furt des Flusses durchwaten und den Berg Monte Cassino frontal angreifen. Den ersten Vorstoß führt das US-Regiment 133, das zwei Felsvorsprünge und die italienische Kaserne am Fuße des Berges

Auch diese Karikatur in der Londoner Daily Mail vom 24. 1. 1944 erweist sich als Wunschgedanke

erobern soll. Danach hat man das US-Regiment 168 dafür vorgesehen, den Monte Castellone, den Colle Sant'Angelo und das Gut Albaneta einzunehmen. Das US-Regiment 135 bekommt den Befehl, entlang der Straße parallel zum Rapido und den Bergen, die 2,5 km entfernt liegende Stadt Cassino zu besetzen. Die drei Regimenter stehen jetzt vor einer schweren Aufgabe, da jenseits des Flusses die »Gustav-Linie« beginnt und sich fast senkrecht eine hohe Bergwand erhebt. Gleich nach Angriffsbeginn passiert das erste Debakel: Die Panzer bleiben in dem schlammigen Boden stecken, und das US-Regiment 135 gerät bereits nach 200 m in ein Minenfeld. Die anderen Einheiten erreichen zwar den Rapido, werden aber durch schweres Infanteriefeuer aus der alten italienischen Kaserne aufgehalten.

Am Nachmittag des 25. Januar 1944 schaffen es die *Tirailleurs* vom tunesischen Schützenregiment 4, auf dem Colle Belvedere die Trikolore zu hissen.

An diesem Tag übernimmt die 14. Armee (GenOberst v. Mackensen) die Abriegelung des Landekopfes Anzio–Nettuno, nachdem es auf deutscher Seite ab 22. Januar nicht gelang, das alliierte Schwächemoment durch einen überraschenden Gegenstoß auszunutzen.

Am Morgen des 26. Januar 1944 führt im Cassino-Abschnitt das US-Infanterieregiment 133 erneut seine Angriffe – auch diesmal ohne Panzerunterstützung. Die Bataillone melden jeweils über 100 Mann Verluste. Der Einsatz des US-Infanterieregiments 135 nördlich der Stadt Cassino hat keinen Erfolg: Nur einer einzigen Kompanie gelingt es, den Rapido zu überschreiten, die anderen Einheiten müssen sich im starken deutschen Abwehrfeuer zurückziehen. Der unmittelbar darauf folgende Angriff des japanischen US-Bataillons 100 bleibt im Morast und in den Minenfeldern stecken.

An diesem Tage erobert das tunesische II. Bataillon den Colle Abate und nordostwärts davon die wichtige Höhe 862. Es befindet sich bereits in der Nähe seines Angriffszieles Tarelle, als seine Nachschublinie abgeschnitten wird und ihm nun Munition und Verpflegung fehlen. Die Deutschen gehen jetzt zum Gegenangriff über: Panzergrenadiere stürmen die Höhe 862 und den Colle Abate. Sie stoßen dabei auf die sich verzweifelt mit Bajonetten wehrenden Tunesier.

Bei Sonnenaufgang des 27. Januar 1944 versucht das US-Infanterieregiment 168, den kleinen Brückenkopf, den das US-Infanterieregiment 133 hält, zu verbreitern. Diesmal gelingt es den amerikanischen Panzern, sich einen Weg zum Fluß zu bahnen. Um 9.30 Uhr

27. Januar 1944, Brückenkopf Anzio–Nettuno, südlich von Cisterna: ein gefangener Soldat der 3. US-Division. Vorn eine 3,7-cm-Flak (Rheinstahl) als Selbstfahrlafette auf einer 5-t-Zugmaschine vom Typ BN

schaffen es vier Sherman-Panzer, auf das andere Ufer des Rapido überzusetzen. Die nachfolgenden Panzer fahren sich jedoch im Schlamm fest und blockieren den Weg.

Gegen Mittag schießen die Deutschen jene vier Panzer ab, die den Fluß überquert haben. Auch eine US-Kompanie wird bei ihrem nächtlichen Vorstoß über die Straße zur Stadt Cassino zurückgeschlagen. An diesem Tage eidigen trotz wütender Gegenangriffe weiterhin entschlossen den Colle Belvedere.

Fünf Tage danach befindet sich die 3. US-Division im Landekopf immer noch südlich von Cisterna, und die britische *Guards-Brigade*, die zwar einen Vorstoß unternommen hat, liegt weiterhin etwa 3 km vor Campoleone. Der Fortgang der Operation von Anzio kann nun als gescheitert gelten: Die Angriffe auf Cisterna und Campoleone sind bereits von herangeführten deutschen Truppen abgeschlagen worden. Sie nehmen jetzt den Brückenkopf unter Artille-

29. Januar 1944, Volturno-Fluß. Über die Pontonbrücke rollt ein Spähwagen, Typ

M 3A 1, des Corps Expéditionnaire Français

riefeuer, und deutsche Eisenbahngeschütze legen den Hafen von Nettuno in Trümmer. Das Fiasko der Landung bei Anzio–Nettuno ist für Churchill auch deshalb eine Enttäuschung, weil der britische Premier gerade Italien als »den weichen Unterleib der Achse« angesehen hatte.

Nachdem feststeht, wie stark die deutsche Verteidigung im Cassino-Abschnitt ist, beschließt General Alexander, einige Divisionen der britischen 8. Armee zur Verstärkung der 5. US-Armee (Lt.Gen. Clark) nach Cassino zu verlegen. Er bildet aus der bis heute im Adria-Abschnitt eingesetzten neuseeländischen 2. Division und der indischen 4. Division das neuseeländische II. Korps unter Lieutenant General Sir Bernhard Freyberg. Diese beiden Eliteverbände haben sich bereits in Nordafrika ausgezeichnet und gehören zu den besten Truppen des *Commonwealth*.

Am Freitag, dem 28. Januar 1944, übernimmt die deutsche 90. Panzergrenadierdivision den Kampfabschnitt der 44. Infanteriedivision der »Hoch- und Deutschmeister« beiderseits Tarelle bis zum Secco-Tal und somit den gesamten Cassino-Abschnitt. An diesem Tage werden endlich die Tunesier am Colle Belvedere vom algerischen 7. Schützenregiment abgelöst. Zwischen Anzio und Nettuno haben die Truppen von Major General Lucas einen etwa 15 km breiten Landstrich erobert, der gerade ausreicht, um die Einwirkung der deutschen Feldartillerie auf den Landestrand und den Fischerhafen Anzio auszuschalten.

Am Sonnabend, dem 29. Januar 1944, rücken, nachdem US-Pioniere die Panzerstraßen im Vorfeld der Stadt Cassino hergerichtet haben, stärkere Panzereinheiten vor. Mit ihrer Unterstützung erreicht die US-Infanterie die Anhöhen 56 und 213. Bei Anbruch der Dunkelheit können beide Hügel erobert werden. Zugleich stürmt das algerische 7. Schützenregiment gegen den Colle Abate und die Höhe 862.

Bei Anzio greift die deutsche II. Gruppe des Kampfgeschwaders 100 den zur Luftabwehr nahe der Küste vor Anker liegenden britischen Flak-Kreuzer HMS »*Spartan*« und den Frachter »*Samuel Huntington*« (7181 BRT) an. Um 19.05 Uhr trifft eine Hs 293 die HMS

»*Spartan*«, die kurz darauf kentert und sinkt. Fast gleichzeitig setzt eine Hs 293 die »*Samuel Huntington*« in Brand.

Am nächsten Morgen, gegen 3 Uhr, fliegt der Frachter in die Luft, als die Flammen die Munitions- und Treibstoffladung erreichen.

Am Sonntag, dem 30. Januar 1944, gelingt es dem US-Infanterieregiment 168, den Rapido zu überschreiten und am Abend das Dorf Cairo zu Füßen des Monte Cairo zu erobern. Die Amerikaner nehmen hier den Stab des I. Bataillons vom Grenadierregiment 131 gefangen. Ebenfalls am 30. Januar entschließt sich General Lucas, der jetzt vier Divisionen im Landekopf hat, zu einer größeren Aktion: Die 3. US-Division (Maj.Gen. Truscott) greift nach starker Artillerievorbereitung und einem Bombardement Cisterna an, wird aber unter schweren Verlusten abgewiesen. Von zwei US-*Ranger*-Bataillonen, die von den Deutschen abgeschnitten wurden, erreichen nur sechs Mann wieder die eigenen Linien. Auch bei Campoleone wird die 1. US-Panzerdivision durch zähen deutschen Widerstand und Minenfelder gestoppt. Es ist jedoch zu keinem operativen Zusammenwirken zwischen dem bei Anzio gelandeten VI. US-Korps und der vor Cassino kämpfenden 5. US-Armee gekommen. Major General Truscott: »Man muß zugeben, daß die ursprüngliche strategische Konzeption in zweierlei Hinsicht fehlerhaft war: die Wirkung, die die Landungen auf das deutsche Oberkommando ausüben würde, hatte man überschätzt, die deutsche Fähigkeit, Gegenmaßnahmen zu ergreifen, jedoch unterschätzt.«

Die Landungstruppen sind inzwischen auf 70000 Mann und 356 Panzer verstärkt, doch ist der Brückenkopf Anzio–Nettuno von starken deutschen Streitkräften abgeriegelt: Fünf deutschen Divisionen – zwar ohne Luftüberlegenheit – stehen dreieinhalb alliierte Divisionen gegenüber. General Patton gibt Lucas bei seinem Besuch den Rat, »vielleicht nicht gerade den Tod zu suchen, sich aber doch eine schwere Verwundung zu holen, weil man einen verwundeten General nicht kritisiert«.

Im Morgengrauen des 1. Februar 1944 beginnt bei dichtem Nebel im Einbruchsraum Cairo der Angriff von drei Regimentern der 34.

2. Februar 1944, Raum Monte Cairo: ein Spähtrupp der 34. US-Division in Tarnhemden aus Bettlaken

US-Division nördlich der Stadt Cassino. Das Infanterieregiment 168 soll den Monte Calvario (Höhe 593), das taktische Zentrum des Monte Cassino-Massivs, einnehmen. Die Infanterieregimenter 135 und 142 stoßen gegen die anderen beherrschenden Höhen, den Monte Castellone und den Colle Sant'Angelo, vor. Sie erobern erst den Monte Castellone, dann den Colle Maiola. Am gleichen Tage fallen Colle Abate und die Höhe 862 nach einem wütenden Sturmangriff wieder in die Hände der deutschen Panzergrenadiere.

Am Mittwoch, dem 2. Februar 1944, dringt das US-Infanterieregiment 133 im dichten Nebel bis auf 3 km zur Fernstraße Nr. 6 *(Via Casilina)* vor. Nach Eroberung der alten italienischen Kasernen erreichen die Amerikaner den Nordteil von Cassino und die Rocca Janula (Höhe 193). Verstärkt durch die US-Panzerabteilung 760 stürmt Infanterie die ersten Häuser am Nordrand der Stadt. In erbitterten Straßenkämpfen, Mann gegen Mann, werden die Soldaten des deutschen Grenadierregiments 211 fast 1000 m nach Norden zurückgeworfen.

3. Februar 1944, Frontabschnitt Cassino: eine deutsche mittlere Feldhaubitze in Feuerstellung

Am Donnerstag, dem 3. Februar 1944, stehen die US-Infanterieregimenter 135 und 168 nur noch 3 km nördlich der *Via Casilina*. Auch das US-Infanterieregiment 133 hat Erfolg: Es nimmt die Höhe 175 und erobert einige Häuser in der Vorstadt. Trotz starker Artillerieunterstützung schafft es die Infanterie nicht, weiter in das Zentrum von Cassino vorzustoßen.

Zu gleicher Zeit werden zum erstenmal deutsche Fallschirmjäger im Cassino-Abschnitt eingesetzt: die »Kampfgruppe Schulz«, das Fallschirmjägerregiment 1 mit dem ihm unterstellten Fallschirm-MG-Bataillon sowie das III. Bataillon des Fallschirmjägerregiments 3. Diese Soldaten erweisen sich schon bald als zähe und geschickte Gegner im Gebirgskampf, für die die Amerikaner einen passenden Namen haben: die »grünen Teufel«.

Bei Nettuno beginnt nun der deutsche Gegenangriff. Die Verbände der 14. Armee (GenOberst v. Mackensen) werfen die britischen Truppen auf Aprilia und Carroceto und die Amerikaner südlich Campoleone zurück. Die deutschen Eisenbahngeschütze, von den alliierten Soldaten »Anzio-Expreß« getauft, nehmen den Hafen von Anzio und die Transportschiffe unter Feuer, die Landungsstrände werden von der deutschen schweren Artillerie beschossen.

Am Freitag, dem 4. Februar 1944, erobert im Cassino-Abschnitt das US-Infanterieregiment 135 den Colle Sant'Angelo, es wird jedoch kurz danach wieder zurückgeworfen. Das Infanterieregiment 168 schafft es, bis zum Monte Calvario (Höhe 593) heranzukommen.

An diesem Tage formiert sich offiziell das neuseeländische II. Korps (Lt.Gen. Freyberg), dem nun auch die britische 78. Division zugeteilt wird. Seine erste Aufgabe: den erwarteten amerikanischen Durchbruch ausnutzend, die Stadt Cassino und den Klosterberg zu nehmen sowie in das Liri-Tal einzudringen, um die Fernstraße Nr. 6 zu blockieren.

Am Sonnabend, dem 5. Februar 1944, gelingt es einem Stoßtrupp des US-Infanterieregiments 135, bis zur Klostermauer von Monte Cassino vorzudringen. Es ist das einzige Mal bis Mitte 1944, daß alliierte Soldaten so nahe an das Kloster herankommen.

Im Brückenkopf bei Anzio stehen jetzt 18000 Fahrzeuge, die

3. Februar 1944, in einem Tunnel bei Anzio: ein deutsches Eisenbahngeschütz (Kal. 28 cm) K 5 (E) L/76 »Schlanke Berta«, von den US-Soldaten »Anzio-Express« oder »Anzio-Annie« genannt. Sein Gesamtgewicht beträgt 218 t, es steht auf zwei sechsachsigen Drehgestellen. Bei Anzio sind zwei dieser Geschütze eingesetzt, die bei Luftalarm in den Tunnel geschoben werden.

Panzer mitgerechnet. Die Truppen zählen 70000 Mann. Churchill fragt daraufhin verblüfft: »Wie viele unserer Männer fahren oder pflegen 18000 Fahrzeuge auf diesem engen Raum? Wir müssen eine große Überzahl an Chauffeuren haben. Ich bin schockiert, daß der Feind mehr Infanterie hat als wir.«

In der Nacht zum 6. Februar 1944 bekommt das US-Infanterieregiment 168 den Befehl, direkt von Norden her, von der Höhe 445 aus, Monte Cassino anzugreifen. Doch das Regiment stößt in einer tiefen Schlucht am Nordhang des Klosterberges auf MG-Kreuzfeuer und muß sich zurückziehen.

Am Sonntag, dem 6. Februar 1944, trifft in Neapel der polnische General Anders ein, um mit General Leese, dem Oberbefehlshaber der britischen 8. Armee, dem die polnischen Truppen unterstellt werden sollen, Verbindung aufzunehmen.

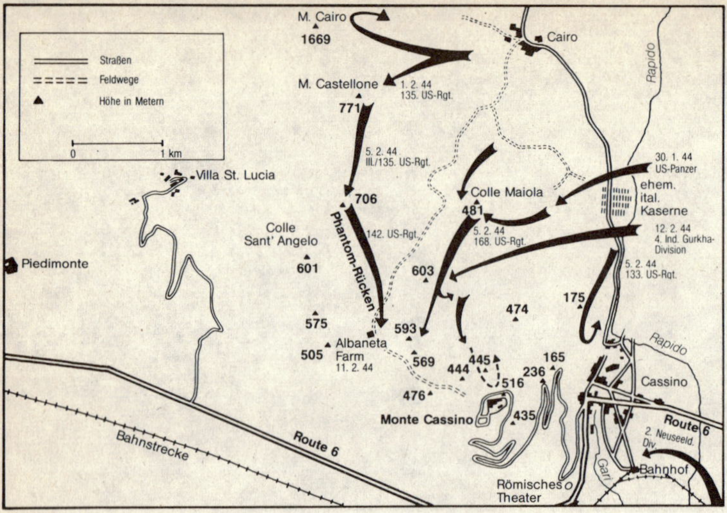

Erste Schlacht um Monte Cassino

Am gleichen Tage nimmt das III. Bataillon des US-Infanterieregiments 135 die Höhe 593, den Monte Calvario. Sie ist der Schlüssel zum Monte Cassino: Von hier aus kann man die ganze Stadt überblicken. Jetzt halten sich die Deutschen noch auf den letzten Höhen vor der *Via Casilina*. Erobern die Amerikaner diese Höhen, können sie die Fernstraße Nr. 6 und die Stadt Cassino kontrollieren.

Am Montag, dem 7. Februar 1944, tritt das Regiment 361 der 90. Panzergrenadierdivision (GenLt. Baade) zum Gegenangriff auf die vom US-Regiment 135 am Tage zuvor besetzte Höhe 593 an. Unter schweren eigenen Verlusten entreißt es den Amerikanern wieder die Höhe.

Am Mittwoch, dem 9. Februar 1944, bereits nach zwei Tagen, ist der Monte Calvario wieder in amerikanischer Hand. Das MG-Bataillon der 1. Fallschirmjägerdivision, das zur Kampfgruppe Schulz gehört, übernimmt die unmittelbare Verteidigung Monte Cassinos, von der Rocca Janula bis zum Monte Calvario. Das III. Bataillon des Fallschirmjägerregiments 3 besetzt die Höhe 593, und das Fallschirmjägerregiment 1 hält die Hänge bis zum Monte Castellone.

Im Morgengrauen des 10. Februar 1944 stürmen die Fallschirmjäger des III. Bataillons – von amerikanischen Vorposten unbemerkt – den Westhang des Monte Calvario, nehmen ihn im Handstreich und vertreiben erneut die Amerikaner. So bleibt die Höhe 593 nun bis Mitte Mai 1944 in deutscher Hand.

MONDAY, The Daily Mail, FEBRUARY 7, 1944.

WAR COMMENTARY

A new phase in Italy

by CAPTAIN LIDDELL HART

A FURTHER week's continuation of the new two-pronged battle in Italy has tended to confirm the signs that were emerging last week-end. The landing at Nettuno, behind the enemy's flank, did not succeed in dislocating his hold on the main front though it may have helped to loosen it and thus induce him to make another short withdrawal there.

The limited effect was apparently due to a deliberate limitation put upon the exploitation of this amphibious turning move in the early stages, when its surprise effect had created an admittedly big opportunity.

It is premature to [illegible] that decision; it must be left for the military historians to judge when all the facts are available. What is important to appreciate is that the battle now developing forms a different kind of operation.

Two fronts

[illegible]

Misleading

HE may calculate that the [illegible]

So versuchen der namhafte Militär-Theoretiker Liddell Hart und der Zeichner Illingworth, dem Leser der Londoner Daily Mail die schwere Lage der Alliierten auf dem Weg nach Rom zu erklären

Am gleichen Tage haben die Deutschen auch bei Anzio Erfolg: Die 1. Fallschirmjägerdivision und das LXXVI. Panzerkorps werfen den Engländer im Gegenangriff aus Carroceto und aus der landwirtschaftlichen Versuchsstation von Aprilia. Generalfeldmarschall Kesselring drängt auf schnelle Eröffnung eines entscheiden-

10. Februar 1944: eine Batterie Feldgeschütze des polnischen II. Korps in Akion

den Gegenschlags. Er will den Landekopf eindrücken und die Alliierten daran hindern, die erlittenen Verluste auszugleichen.

Am Freitag, dem 11. Februar 1944, unternehmen die Amerikaner den letzten Versuch, den Monte Calvario und Monte Cassino im frontalen Anrennen zu erobern. Nach stundenlanger massiver Artillerievorbereitung soll die 36. US-»*Texas*«-Division (Maj.Gen. Walker) Massa Albaneta sowie den Monte Calvario und die 34. US-Division (Maj.Gen. Ryder) von Norden her den Klosterberg nehmen.

Kurz bevor sie zum Sturm aufbrechen, setzt ein starkes Schneetreiben ein, das dem alliierten Artilleriebeobachter die Sicht nimmt und eine Unterstützung für die vorgehende Infanterie unmöglich macht. Die Fallschirmjäger hocken in ihren Deckungslöchern, Granattrichtern und MG-Nestern und warten auf den Feind. Das Infanterieregiment 142 wird an den Hängen des Monte Calvario aufgerieben, das Infanterieregiment 141 wird, bevor es Albaneta erreicht, dezimiert. Sämtliche Angriffswellen brechen schon vor den deutschen Stellungen zusammen.

Am Abend des 11. Februar 1944 stellt das II. US-Korps den Kampf um Monte Cassino ein. Die Bataillone zählen durchschnittlich kaum noch 100 Mann. Das Korps muß herausgelöst und durch ein frisches ersetzt werden. So endet die erste Schlacht um Monte Cassino. Auf beiden Seiten sind Angriffs- und Abwehrkraft erschöpft. Der Vorstoß auf den Klosterberg vom Monte Calvario aus bringt eine Reihe teuer bezahlter Erfahrungen, aus denen die Alliierten für die nächsten Kämpfe jedoch keine Lehren ziehen. Das einzig positive Ergebnis der ersten Schlacht: außer einigen Erfolgen nördlich von Cassino – die Bindung eines Teils der deutschen Kräfte und damit die Hinderung ihres Einsatzes bei Anzio–Nettuno. Die erste Schlacht um Monte Cassino ist ein deutscher, wenn auch teuer erkaufter Abwehrerfolg.

Völkischer Beobachter, 8. Februar 1944, mit dem neuesten Bericht des OKW

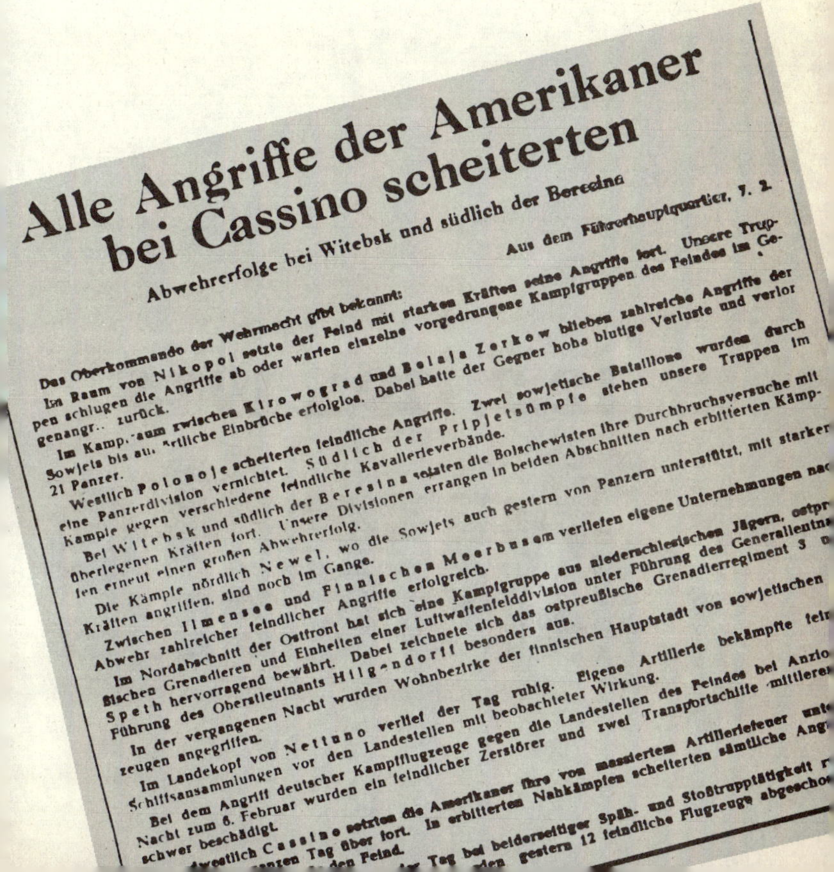

Alle Angriffe der Amerikaner bei Cassino scheiterten

Abwehrerfolge bei Witebsk und südlich der Beresina

Aus dem Führerhauptquartier, 7. 2.

Das Oberkommando der Wehrmacht gibt bekannt:

Im Raum von Nikopol setzte der Feind mit starken Kräften seine Angriffe fort. Unsere Truppen schlugen die Angriffe ab oder warfen einzelne vorgedrungene Kampfgruppen des Feindes im Gegenangr.. zurück.

Im Kamp..aum zwischen Kirowograd und Belaja Zerkow blieben zahlreiche Angriffe der Sowjets bis au.. ..rtliche Einbrüche erfolglos. Dabei hatte der Gegner hohe blutige Verluste und verlor 21 Panzer.

Westlich Polonoje scheiterten feindliche Angriffe. Zwei sowjetische Bataillone wurden durch eine Panzerdivision vernichtet. Südlich der Pripjetsümpfe stehen unsere Truppen im Kampfe gegen verschiedene feindliche Kavallerieverbände.

Bei Witebsk und südlich der Beresina setzten die Bolschewisten ihre Durchbruchsversuche mit überlegenen Kräften fort. Unsere Divisionen errangen in beiden Abschnitten nach erbitterten Kämpfen erneut einen großen Abwehrerfolg.

Die Kämpfe nördlich Newel, wo die Sowjets auch gestern von Panzern unterstützt, mit starker Kräften angriffen, sind noch im Gange.

Zwischen Ilmensee und Finnischem Meerbusen verliefen eigene Unternehmungen nac[illegible] Abwehr zahlreicher feindlicher Angriffe erfolgreich.

Im Nordabschnitt der Ostfront hat sich eine Kampfgruppe aus niederschlesischen Jägern, ostpr[illegible]ßischen Grenadieren und Einheiten einer Luftwaffenfelddivision unter Führung des Generalleutna[illegible] Speth hervorragend bewährt. Dabei zeichnete sich das ostpreußische Grenadierregiment 3 u[illegible] Führung des Oberstleutnants Hilgendorff besonders aus.

In der vergangenen Nacht wurden Wohnbezirke der finnischen Hauptstadt von sowjetischen [illegible]zeugen angegriffen.

Im Landekopf von Nettuno verlief der Tag ruhig. Eigene Artillerie bekämpfte fei[illegible] Schiffsansammlungen vor den Landestellen mit beobachteter Wirkung.

Bei dem Angriff deutscher Kampfflugzeuge gegen die Landestellen des Feindes bei Anzio [illegible] Nacht zum 6. Februar wurden ein feindlicher Zerstörer und zwei Transportschiffe mittlere[illegible] schwer beschädigt.

Westlich Cassino setzten die Amerikaner ihre von massiertem Artilleriefeuer unt[illegible] [illegible]anzen Tag über fort. In erbitterten Nahkämpfen scheiterten sämtliche Ang[illegible] [illegible] Tag bei beiderseitiger Späh- und Stoßtrupptätigkeit [illegible] [illegible]den Feind. [illegible] gestern 12 feindliche Flugzeuge abgescho[illegible]

12.2.-19.2.1944

Zweite

Schlacht

»Operation Avenger«

Kampf um einzelne Zimmer
Sonnabend, 12. Februar 1944, im Hauptquartier von General Wilson. United Press berichtet:

Gestern morgen fegte ein heftiger Sturm über die ganze Front von Anzio. Es regnete in Strömen, und die Felder und Wiesen lagen entweder ganz unter Wasser oder waren schlammig und kaum passierbar. In Cassino haben die Amerikaner unter erheblichen Verlusten fünf Häuser erobert. Sie mußten dabei jedes einzelne Zimmer im Nahkampf dem Feind entreißen, und der Feind, der sich nur in allerletzter Minute zurückzog, hat sich in den anderen, noch nicht zusammengeschossenen Häusern verschanzt.

Entschluß der Alliierten, das Kloster Monte Cassino zu schonen
Sonntag, 13. Februar 1944. Aus dem alliierten Hauptquartier:

Mit der Wetterverbesserung, die ein verstärktes Eingreifen der alliierten Luftflotte in die Kampfhandlungen am Brückenkopf ermöglichte, ist auch eine Besserung der Lage eingetreten.

In Cassino gehen die Kämpfe gegen verstärkten deutschen Widerstand weiter. In der Stadt konnten unsere Spezialabteilungen einige Fortschritte machen, 3 km westlich von Cassino eroberten US-Truppen eine Höhe von 500 m. Auf dem Monte Cassino hat sich die Lage nicht verändert, hauptsächlich weil das alliierte Oberkommando auf Ersuchen des Vatikans beschlossen hat, das Kloster zu verschonen, obwohl es von den Deutschen zu einer Festung ausgebaut worden ist.

Abtei Monte Cassino – eine deutsche Festung
13. Februar 1944, Neapel. United Press berichtet:

Nachdem es erst hieß, die Benediktiner-Abtei auf dem Monte Cassino, die von den Deutschen befestigt worden ist, solle auf Ersuchen des Vatikans verschont bleiben, wird jetzt von offizieller Seite erklärt, daß die 5. Armee sich vielleicht außerstande sehen könnte, »diesem Problem weiterhin aus dem Wege zu gehen«. Tatsächlich liegen die amerikanischen Truppen in den Tälern und

Februar 1944, nahe dem Monte Belvedere: Ein Beobachtungsposten der 5. Gebirgsjägerdivision

auf den Bergen vor Cassino seit fast einem Monat unter dem Granatfeuer deutscher Batterien, das von dem in der Abtei eingerichteten Beobachtungsposten geleitet wird. Die bisherige Weigerung des alliierten Oberkommandos, das Kloster, das zu den ältesten und berühmtesten Europas gehört, mit Artilleriefeuer zu belegen, hat zweifellos alle amerikanischen Bemühungen um die Eroberung Cassinos, des stärksten und wichtigsten Pfeilers der deutschen Front in Italien, vereitelt. Jetzt dürfte General Clark es ablehnen, weitere Menschenleben zwecks Erhaltung des Klosters zu opfern.

Die Deutschen brachten zuerst einen Artillerie-Beobachtungsposten im Kloster unter, später auch Geschütze. Die amerikanischen Soldaten auf dem Monte Cassino hatten sich wiederholt beschwert, daß sie direkt aus dem Kloster mit Artillerie und Maschinengewehren beschossen würden, was man jetzt auch offiziell bestätigt.

Der 600 m hohe Monte Cassino, auf dessen Gipfel das Kloster liegt, beherrscht die gesamte Front im Raume von Cassino und hat

Mitte Februar 1944, Cassino-Frontabschnitt: Nur etwa 900 m vom Gari-Fluß entfernt bauen unter ständigem deutschem Artilleriefeuer die Pioniere der britischen 78. Infanteriedivision eine Bailey-Brücke und eine Durchfahrt für Panzer als militärisches Objekt weitaus größere Bedeutung als die Stadt Cassino selbst, um die jetzt seit zwölf Tagen erbittert gekämpft wird. Der Kampf, der heute im Raume von Cassino ausgefochten wird, geht letzten Endes um den Besitz dieses strategisch äußerst wichtigen Klosters.

Benediktiner-Abtei – Zentrum des deutschen Widerstandes
Montag, 14. Februar 1944. Aus dem Hauptquartier von General Alexander:

In der Stadt Cassino wurden gestern zum erstenmal Gefangene gemacht, die einem Fallschirmjäger-Bataillon angehören, das bisher der 8. Armee gegenüberstand. Auch andere Anzeichen sprechen dafür, daß Generalfeldmarschall Kesselring alle verfügbaren Reserven nach Cassino wirft. Das Zentrum des deutschen Widerstandes liegt auf und um den Monte Cairo mit der Benediktiner-Abtei. Die Generäle Alexander und Clark stehen vor der schwierigen Entscheidung, ob die Abtei, die eine der berühmtesten Kultur-

16. Februar 1944: Nach dem alliierten Luftangriff und der Zerstörung des Klosters Monte Cassino bringt der Kommandierende General des XIV. Panzerkorps, Gen. v. Senger und Etterlin, den Erzabt Don Diamare in Sicherheit

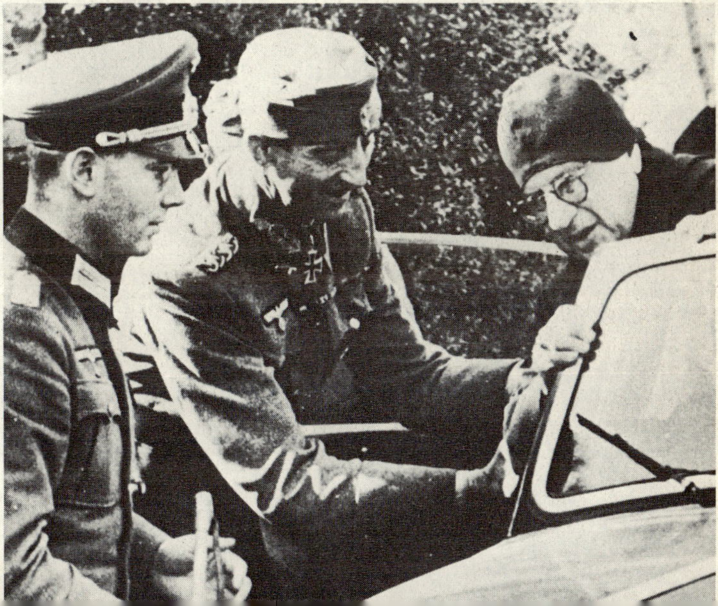

Kloster Monte Cassino nach der Zerstörung. G. de Sanctis, Präsident der Pontificia
chen für diesen Trümmerhaufen zu suchen, aber eins muß gesagt werden, diese Tat

Accademia Romana d'Archeologia: ». . . Es ist nicht unsere Aufgabe, die Verantwortli-
bleibt eine immerwährende Schande unserer Generation und unserer Zivilisation.«

bauten von unersetzlichem Wert ist, zerstört werden muß. Es wird darauf hingewiesen, daß nicht nur der militärische Gesichtspunkt zu wahren sei, sondern daß mit Rücksicht auf den Heiligen Stuhl und die Reaktion in der Welt gehandelt werden müsse.

Phantastischer Materialeinsatz der Amerikaner
14. Februar 1944. Das DNB meldet:

Das Kampfbild auf dem italienischen Kriegsschauplatz wurde in den letzten 24 Stunden von der mit äußerster Heftigkeit anhaltenden Schlacht um Cassino bestimmt, der gegenüber die Kampftätigkeit an den übrigen Abschnitten und auch im Landekopf von Nettuno keinen nennenswerten Umfang hatte. Unterstützt von einem phantastischen Materialeinsatz, traten am Sonntag und heute morgen starke amerikanische Verbände zum Vorstoß gegen den Ort Cassino an.

Wiederholt deutsches Feuer aus der Abtei
Dienstag, 15. Februar 1944. Aus dem Hauptquartier von General Wilson:

In den Ruinen von Cassino wird mit Verbissenheit weitergekämpft. Die US-Truppen stehen nach dem mit schweren Verlusten auf beiden Seiten erzwungenen Vorstoß 200 m vor einer Ruine, die durch Geschütze sowie eingegrabene Panzer und Maschinengewehre heftig verteidigt wird.

Vom Benediktiner-Kloster auf dem Monte Cassino feuern die Deutschen nach wie vor auf die alliierten Truppen in der Umgebung von Cassino. Bis jetzt haben die Truppen von General Clark das Kloster nicht beschossen. Es scheint aber, daß der Befehl, das Gebäude zu schonen, zurückgezogen werden muß, denn die alliierte Artillerie hat am Montag Tausende von Flugblättern in den Klosterhof abgeschossen, in denen die italienischen Insassen aufgefordert werden, das Kloster zu verlassen.

Benediktiner-Kloster in Flammen
15. Februar 1944, Berlin. Das DNB meldet:

Wie man erfährt, steht die Benediktiner-Abtei Cassino seit dem amerikanischen Angriff am heutigen Vormittag in Flammen. Da sich zur Zeit des Bombardements im Kloster und in seiner weiteren Umgebung keine deutschen Truppen befanden, stand niemand zum Löschen zur Verfügung, so daß der ehrwürdige Bau nicht zu retten war. Angesichts der vollständigen Zerstörung der Abtei dürfte auch die wiederholte Erklärung der deutschen Führung, daß das Stammkloster des Benediktiner-Ordens aus dem Bereich der militärischen Maßnahmen ausgeschaltet werden soll, hinfällig geworden sein.

Zerstörung des Klosters, ein Racheakt
15. Februar 1944, Berlin. Das Internationale Informationsbureau meldet:

30 amerikanische Bomber griffen in den Vormittagsstunden die altehrwürdige Benediktinerabtei Cassino mit Sprengbomben schwersten Kalibers an, deren Detonationen in den Bauten des Klosters umfangreiche Schäden verursachten. Um diese Tat mit einem Schein von Rechtfertigung zu umgeben, hatten die Amerikaner vorher über der Abtei und den Trümmern des Ortes Cassino Flugblätter abwerfen lassen, in denen sie die Behauptung wiederholten, daß das Kloster von den deutschen Truppen zu militärischen Verteidigungsanlagen aller Art ausgebaut worden sei. Dazu wird von zuständiger deutscher Seite erneut festgestellt, daß der gesamte Abteibereich in weitem Umkreis für jeden militärischen Verkehr gesperrt wurde, nachdem durch Truppen der deutschen Luftwaffe vor einigen Monaten die weltberühmte Bibliothek des Klosters geborgen und nach Rom gebracht worden war, wo sie im Vatikan den päpstlichen Behörden übergeben wurde. Seit der Räumung der Bibliothek hat kein deutscher Soldat die Anlagen des Klosters mehr betreten. Der einzige Zugang zum Monte Cassino wird seitdem durch einen deutschen Feldgendarmen bewacht, der allen unbefugten Personen den Zutritt zum Kloster verwehrt. Die Zerstörung des Klosters Cassino ist ein Racheakt dafür, daß die Amerikaner an der zähen deutschen Verteidigung der Stadt Cassino immer wieder gescheitert sind.

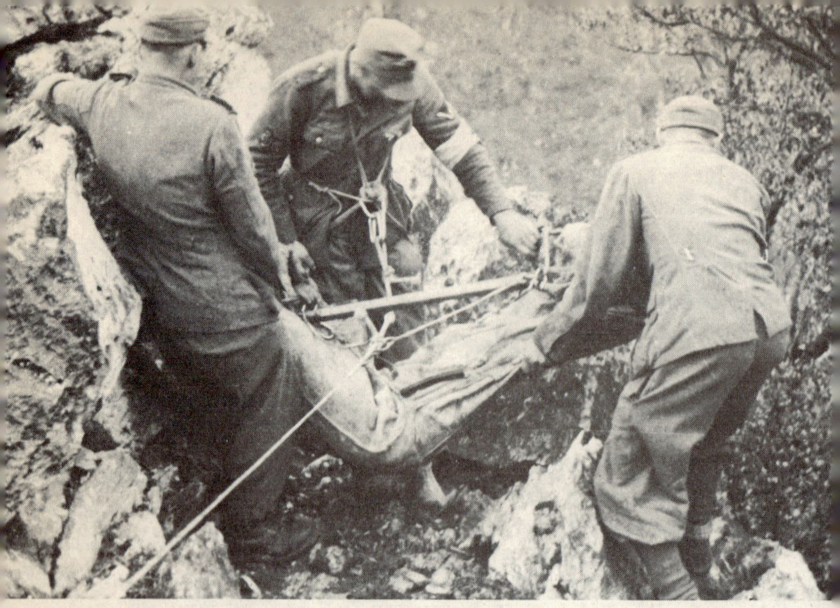

Februar 1944, Cassino-Frontabschnitt: Die Sanitäter der 44. Infanteriedivision »Hoch- und Deutschmeister« bergen Verwundete

Deutsche Soldaten flüchten aus der Benediktiner-Abtei
Mittwoch, 16. Februar 1944. Aus dem Hauptquartier von General Wilson:

Die Schlacht um Cassino ist mit dem Beginn des alliierten Luft- und Artilleriebombardements des Klosters Monte Cassino in eine neue Phase eingetreten. Nachdem die ersten hundert »Fliegenden Festungen« das Benediktiner-Kloster auf dem Monte Cassino um 9.30 Uhr vormittags in vier Wellen angegriffen hatten, und daraufhin die alliierte Artillerie das gleiche Ziel unter Feuer nahm, wurden am Nachmittag weitere 100 Bomber, mittelschwere »*Mitchells*« und »*Marauders*«, zu einem zweiten Angriff eingesetzt.

Die Bomberpiloten meldeten, daß zahlreiche deutsche Soldaten aus dem Klostergelände flüchteten, doch wurden weder Mönche noch italienische Zivilpersonen gesehen. Während des ersten Bombardements zählten die Piloten der »Fliegenden Festungen« etwa 100 deutsche Soldaten, die das Kloster fluchtartig verließen.

Präsident Roosevelt: »Beschießung des Klosters gerechtfertigt«
16. Februar 1944, Washington. United Press berichtet:

Die Abtei Monte Cassino ist vollständig zerstört worden. Präsident Roosevelt erklärte auf der Pressekonferenz, die Beschießung des Klosters auf dem Monte Cassino sei dadurch gerechtfertigt, daß die Deutschen es zu militärischen Zwecken verwendet hätten. Der Präsident erinnerte an die beiden von den amerikanischen Oberkommandierenden, General Eisenhower und Lieutenant General Walter Smith, erlassenen Tagesbefehle über den Schutz historischer Monumente.

Japaner kämpfen vor Cassino
Donnerstag, 17. Februar 1944, im alliierten Hauptquartier. Associated Press berichtet:

In den blutigen Straßenkämpfen um Cassino konnten US-Truppen eine Reihe weiterer Gebäude stürmen und besetzen, jedoch hat der Umfang der Kampfhandlungen seit vorgestern etwas nachgelassen. Die Abtei Monte Cassino wurde von schwerer Artillerie beschossen. Wie jetzt bekanntgegeben wird, hat das aus Japanern bestehende amerikanische Infanteriebataillon, dessen Anwesenheit an der italienischen Front vor längerer Zeit gemeldet wurde, bis vor zwei Tagen im Raum von Cassino gekämpft und sich vorzüglich bewährt. Auch ein Hawaii-Bataillon steht an der Front der 5. Armee.

Polnische Truppen in Italien
17. Februar 1944, London. Die Agentur Reuter meldet:

Wie von offizieller polnischer Seite mitgeteilt wird, ist unter dem Befehl von General Anders jetzt das polnische II. Armeekorps in Italien eingesetzt worden. Teile dieses Korps bilden die Divisionen *»Karpacka«* und *»Kresowa«*. Die Offiziere und Soldaten dieser Divisionen konnten sich nach der deutschen Invasion Polens durch die Flucht ins Ausland retten. Eine Brigade der *»Karpacka«*-Division hat sich bereits bei Tobruk ausgezeichnet. Das II. Korps ist in

17. Februar 1944, Cassino-Frontabschnitt: Störfeuer einer Feldhaubitzenbatterie der britischen 8. Armee

Persien und im Irak ausgebildet worden. Es handelt sich, wie man erfährt, vornehmlich um polnische Truppen, die von General Anders ursprünglich in der Sowjetunion aufgestellt und später nach dem Mittleren Osten abtransportiert wurden.

Bis zu den Knien im Schlamm

Schwere Regengüsse haben die Straßen und Wege in den Ausläufern der Pontinischen Sümpfe im Landekopf von Nettuno mit einer seifigen Lehmschicht überzogen. In den Schützenlöchern und Granattrichern gurgelt und saugt schlammiges Wasser. Bis zu den Knien waten die Grenadiere stellenweise in zähem, klebrigem Dreck. Dieses Wetter hat uns in dem Inferno in und um Aprilia gerade noch gefehlt. Bei jedem Einschlag spritzen braune Erdfontänen haushoch in den Himmel. Dicke Steinbrocken wirbeln nach berstenden Explosionen durch die Luft, und über der Hauptkampflinie dröhnen gleich einer unheilvoll drohenden Faust Nebelfahnen neben Pulverwolken, schwelende Feuer in zusammengeschossenen Häusern neben dicken Rauchfetzen. Die Furie des Materialkampfes reitet über das Land. Wenn die vielen hundert Kanonenmünder hier wenige Minuten schweigen und das Leben in dem sich weithin dehnenden Trümmerfeld angstvoll wieder nach Atem schöpft, rauschen die Feuerüberfälle der Infanteriewaffen über die Stellungen, und schnelle Bomber unter dem Schutz wendiger Jäger lassen milchige Kondensstreifen hinter sich.

Völkischer Beobachter, 17. Februar 1944

Schwere Kämpfe westlich von Cassino

Freitag, 18. Februar 1944. Aus dem alliierten Hauptquartier:

Etwa 1,5 km westlich von Cassino kam es gestern zu schweren Kämpfen. Die US-Infanterie griff den Gipfel des Albaneta an und konnte ihn nach hartem Kampf erobern. Es gelang ihr jedoch nicht, die neue Position zu festigen. Da die Deutschen sofort zum Gegenstoß ansetzten, mußte der Gipfel wieder geräumt werden. Die Lage in Cassino ist im wesentlichen unverändert.

19. Februar 1944, im Abschnitt der 5. US-Armee (britischer Sektor): Die Artillerie bekämpft im Nachteinsatz deutsche Stellungen

Bei Cassino alle Angriffe abgewehrt
18. Februar 1944. Das Oberkommando der Wehrmacht gibt bekannt:

... Südlich Rom schreitet unser Angriff zur Einengung des Landekopfes von Nettuno in zähen Kämpfen vorwärts und wird dabei durch starke Artillerie- und Luftstreitkräfte gut unterstützt. In den Häfen von Anzio und Nettuno wurden starke Brände und Zerstörungen verursacht. Bei Cassino wehrten unsere tapferen Grenadiere alle feindlichen Angriffe ab und warfen an mehreren Stellen eingebrochene feindliche Kampfgruppen unter hohen Verlusten für den Gegner wieder zurück. Über dem italienischen Frontgebiet wurden am Donnerstag 18 feindliche Flugzeuge abgeschossen ...

Verbesserung der Lage bei Cassino
Sonnabend, 19. Februar 1944. Aus dem Hauptquartier von General Wilson:

Den ganzen Tag hindurch war an der Front von Cassino das Donnern der Artillerie zu hören. In den Hügeln westlich und nordwestlich von Cassino, wo sich zahlreiche gut getarnte deutsche Stellungen befinden, aus denen die alliierten Truppen seit Wochen beschossen werden, schlugen gestern viele Tausende von Granaten ein. Das Bombardement hatte schon in der Nacht vom Donnerstag zum Freitag begonnen, wurde aber bei Tage mit unverminderter Stärke fortgesetzt. Inzwischen unternahm die alliierte Infanterie in einigen anderen Abschnitten der Front von Cassino lokale Vorstöße. Sie war ständig starkem deutschem Flankenfeuer ausgesetzt, doch gelang es ihr, die erzielten Geländegewinne zu halten, so daß bis zum Abend eine nicht unbeträchtliche Verbesserung der Gesamtlage festzustellen war.

Und so war es:

Der in diesem Jahr ungewöhnlich strenge Winter hindert beide Gegner an Operationen größeren Stils; oben in den Abruzzen

Februar 1944: Bergung eines im Morast versunkenen alliierten 4.5-Feldgeschützes

schneit es ununterbrochen, in den Niederungen dagegen gießt es in Strömen, und der Regen dringt in die tiefliegenden Stellungen. Die Täler des Garigliano, Liri und des Rapido haben sich in Morast verwandelt. Die Front bleibt ruhig, nur die Artillerie schießt Tag und Nacht ihr Störfeuer. Im Schutz des immer wieder auftretenden dichten Nebels sind jedoch örtliche Überraschungsangriffe möglich.

Gefährlich ist die ständige Flankierungsgefahr durch das französische Expeditionskorps (General Juin), was die Deutschen zwingt, Verstärkungen von der Adriafront heranzuziehen.

Um der Gefahr einer Einkreisung zu entgehen, befiehlt Generalleutnant Baade seiner 90. Panzergrenadierdivision, am 12. Februar 1944 um 4.00 Uhr morgens einen Gegenangriff zur Wiedereroberung des Monte Castellone (Unternehmen »Michael«) zu starten. Währenddessen greifen die Amerikaner mit starken Reserven von Cairo aus an und setzen dabei zum erstenmal an diesem Frontabschnitt Phosphor-Handgranaten ein, deren Wirkung verheerend ist: die Getroffenen brennen wie Fackeln. Auch der unverzügliche

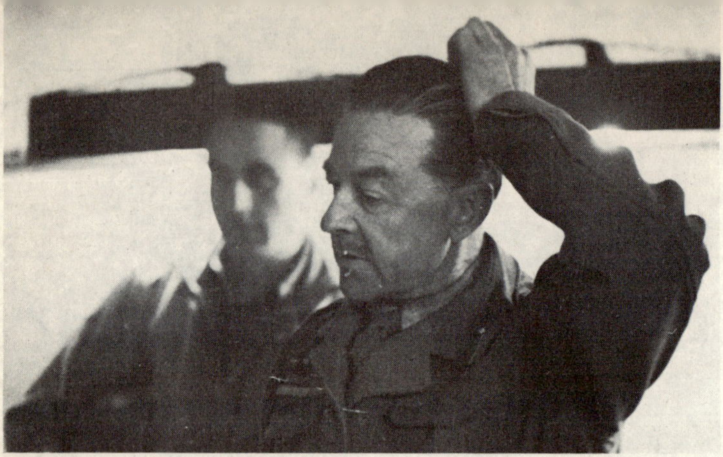

General Alexander in seinem Feldhauptquartier: vor einer schwerwiegenden Entscheidung

Einsatz von zwei Bataillonen der nahe Cairo konzentrierten indischen 7. Brigade (Brigadier Lovett) ermöglicht es, die Deutschen zurückzuschlagen.

So kann der Gipfel des Monte Castellone von der 90. Panzergrenadierdivision lediglich vier Stunden gehalten werden. Das Panzergrenadierregiment 200 verliert in dem deckungslosen Gelände fast 150 Mann und muß das Unternehmen »Michael« einstellen.

An diesem Tage übernimmt Lieutenant General Freyberg mit seinem neuseeländischen II. Korps, das kurz zuvor aus der neuseeländischen 2. Division (Brig. Kippenberger) und der indischen 4. Division (Maj.Gen. Tuker) gebildet worden ist, den Cassino-Frontabschnitt. Freyberg, der im Ersten Weltkrieg besonderen Mut bewies, hat allerdings bis jetzt kaum mehr als eine Division befehligt. Und die Tatsache, daß er der neuseeländischen Regierung gegenüber für seine Soldaten direkt verantwortlich ist, belastet erheblich seine Entscheidungsfreiheit.

Die Absicht von Lieutenant General Clark war ursprünglich, nach der Einnahme des Monte Cassino durch die 34. US-Division (Maj. Gen. Ryder), die indische 4. Division zum Durchbruch nach Piedimonte einzusetzen. Jetzt, nachdem der Angriff der Amerikaner abgeschlagen worden ist, soll Freyberg mit der indischen 4. Division den Monte Cassino erobern und mit der neuseeländischen 2. Division südlich der Stadt Cassino einen Brückenkopf bilden. Die Soldaten des neuseeländischen II. Korps bringen alle Voraussetzungen mit, die bevorstehende Schlacht um Monte Cassino zu ihren Gunsten zu entscheiden: Die Briten und Neuseeländer haben sich bei den Kämpfen in Nordafrika mehrfach bewährt. Die aus Nepal stammenden Gurkhas gehören zu den erfahrensten Bergkämpfern der britischen Armee, und die Inder sind kühne Einzelkämpfer.

Als die Reste der Bataillone der 34. US-Division von der indischen 4. Division abgelöst werden, sind 50 US-Soldaten, die als letzte ihre vorgeschobene Stellung verlassen sollen, vor Kälte und Erschöpfung fast gelähmt. Sie müssen auf Bahren aus den Stellungen gebracht werden. Einige von ihnen fallen dabei noch dem deutschen Artilleriefeuer zum Opfer. Den Abschnitt der 36. US-»*Texas*«-Division (Maj.Gen. Walker) übernimmt die neuseeländische 2. Division. Ein geplanter Angriff muß jedoch wegen anhaltenden Schneetreibens verschoben werden.

Freyberg ist der Meinung, daß die bisherigen Operationen der Amerikaner an der Cassino-Front vor allem deshalb scheiterten, weil die Deutschen aus der Abtei ihr Artilleriefeuer lenken konnten. Lieutenant General Iro C. Eaker, Oberbefehlshaber der alliierten *Air Force* im Mittelmeerraum, der selbst eine Aufklärung flog, berichtet dazu: »Ich habe einige Funkantennen gesehen und deutsche Soldaten, die im Kloster hin und her liefen.« Die US-Generäle Keyes und Ryder meinen dagegen, das deutsche Feuer sei nicht aus der Abtei, sondern von unterhalb der Klostermauern und dem umliegenden Gelände gekommen.

Anschließend bittet Lieutenant General Freyberg beim Oberkommando der 5. US-Armee um Luftunterstützung für den kommenden Tag und macht den geplanten Angriff der indischen 4. Division gegen Monte Cassino von der vorherigen Zerstörung des Benediktiner-Klosters abhängig. Lieutenant General Clark lehnt dies entsetzt ab, doch einigt man sich, es Freyberg zu überlassen, ob er die Hilfe der US-Bomber in Anspruch nehmen will.

Am Nachmittag entscheidet General Alexander: »Wenn General Freyberg es für erforderlich hält, ist die Abtei zu bombardieren. Er bedauere zwar, daß dieses Bauwerk der Zerstörung anheimfallen müsse, doch verlasse er sich auf Freybergs Urteilsvermögen.«

Die für diesen Einsatz in Frage kommenden schweren amerikanischen Bomber befinden sich zwar in Foggia, sind aber dem *Headquarter* von US-General Spaatz in London unterstellt. Daher müssen sich vermutlich oberste britische Kommandostellen einschalten, um die Bomberverbände der 15. Strategischen Luftflotte in Foggia für den Luftangriff auf Monte Cassino freizubekommen.

Tatsächlich gibt es zu diesem Zeitpunkt in der Abtei keinen einzigen deutschen Soldaten.

Am nächsten befinden sich – etwa 300 m von den Klostermauern entfernt – zwei Panzer der 15. Panzergrenadierdivision, in 400 m Entfernung sind vier Granatwerfer in Stellung, und nicht weit davon ist eine Beobachtungsstelle des Werferregiments 71.

Der Plan, den Freyberg für die zweite Schlacht entwirft, ist praktisch nur eine Erweiterung der bisherigen Angriffe des II. US-Korps: Cassino, der Klosterberg und die Abtei selbst sollen nun gleichzeitig von Südosten und Norden her angegriffen werden. Es bedeutet die Fortsetzung der verlustreichen Frontalattacken auf günstig gelegene und hartnäckig verteidigte deutsche Positionen. Diese Taktik steht in krassem Widerspruch zu dem von General Juin vorgeschlagenen und bereits von ihm teilweise angewandten Umfassungsmanöver. Der französische General betont nochmals, daß es nutzlos sei, kleine taktische Erfolge zu erringen, wenn dem Ganzen kein durchdachter strategischer Plan zugrunde liege. Auch Major General Tuker empfiehlt ein indirektes Vorgehen, ähnlich wie General Juins Umfassungsbewegungen über die Berge. Die Vorschläge der beiden Generäle bleiben leider unbeachtet.

Währenddessen deuten am Anzio-Nettuno-Landekopf alle Anzeichen auf einen bevorstehenden deutschen Gegenangriff: Die 14. Armee (GenOberst v. Mackensen) ist auf eine beachtliche Stärke von 3 Infanteriedivisionen, 1 Fallschirmjägerdivision, 2 Panzerdivisionen, 2 Panzergrenadierdivisionen, 4 Sturmgeschützabteilungen, mehrere »Panther«- und »Tiger«-Panzerabteilungen angewachsen. Die zur Verfügung stehende Artillerie ist den Alliierten beinahe ebenbürtig, abgesehen von deren Schiffsartillerie. Nun fordert Hitler den Angriff der drei Divisionen in einem etwa 3 km breiten Gefechtsstreifen, denen die drei nächsten Divisionen nach

»Am Sonntag, dem 13. Februar 1944, tobten den ganzen Tag über schwere Schneestürme im Cassino-Abschnitt«: Tragtiere bringen in dem schwer zugänglichen Gelände Nachschub

dem Durchbruch folgen sollen. Damit werden die Truppen, ohne ausreichende Luftabwehr auf engstem Raum massiert, der überwältigenden alliierten Luftüberlegenheit preisgegeben. Dazu ist die 14. Armee durch Hitlers Drängen auf baldigen Operationsbeginn nicht in der Lage, die erforderlichen Vorbereitungen mit der nötigen Sorgfalt zu treffen.

Am Sonntag, dem 13. Februar 1944, toben den ganzen Tag über schwere Schneestürme im Cassino-Abschnitt.

Die indische 4. Division bekommt nun den Befehl, den Colle

Belvedere zu nehmen. Es stellt sich jedoch heraus, daß dieser Berg bereits am 26. Januar 1944 von den Franzosen erobert worden ist. Eine andere, wenn auch nicht so erfreuliche Nachricht erwartet das »*Sussex*«-Bataillon auf der Höhe 593, dem Monte Calvario: Nach seinem Lageplan wird er von Amerikanern gehalten, in Wirklichkeit aber ist der Monte Calvario einschließlich der Rocca Janula am 10. Februar 1944 vom III. Bataillon des Fallschirmjägerregiments 3 wieder zurückerobert worden. Die Amerikaner halten sich gerade noch in einem kleinen Stützpunkt am Hang.

Da sich der ganze Aktionsplan des neuseeländischen II. Korps für die Erstürmung des Monte Cassino auf einen Angriff von der »sicheren Ausgangsstellung« der angrenzenden Höhe 593 aus stützt, stellt sich heraus, daß niemand vom Stab des neuseeländischen II. Korps es für nötig gehalten hat, die Situation auf dem übernommenen Frontabschnitt zu überprüfen.

Ebenfalls am 13. Februar 1944 trifft in Caserta der Befehlshaber des polnischen II. Korps, Lieutenant General Anders, zu einem Gespräch mit General Alexander ein.

Das polnische II. Korps zählt etwa 50000 Soldaten, die alle einen langen und gefahrvollen Weg hinter sich haben. Viele von ihnen verloren ihre Angehörigen entweder in deutschen Konzentrationslagern oder in sibirischen Arbeitslagern. Und sie wissen, daß das Ende des Krieges keineswegs das Ende ihrer Sorgen bedeutet. Als Hitler nach dem Abschluß des Paktes mit Stalin Polen am 1. September 1939 überfiel, setzten sich die schwachen polnischen Streitkräfte mit ihren veralteten Waffen gegen die feindliche Übermacht mutig zur Wehr. Am 17. September 1939 – die Hälfte des Landes und Warschau waren noch frei – fielen die Sowjets den verzweifelt kämpfenden Polen in den Rücken. Sie schnitten dem größten Teil der polnischen Verbände den Rückzugsweg in Richtung Ungarn und Rumänien ab. Rund 200000 Soldaten, Tausende von Offizieren und mehrere Generäle gerieten in sowjetische Gefangenschaft. Polen wurde zwischen Hitler und Stalin geteilt. Während die Deutschen mit der Vernichtung der polnischen Intelligenz begannen, deportierten die Sowjets aus den besetzten polnischen Ostgebieten fast 1,5 Millionen Einwohner nach Sibirien, wo sie unter unmenschlichen Bedingungen Fronarbeit leisten mußten. Erst der

14. Februar 1944: Die Maultiere schaffen Nachschub bis in die hohen Bergstellungen zu den durch Schnee eingeschlossenen Soldaten des polnischen II. Korps

22. Juni 1941 bedeutete für sie durch Hitlers Angriff auf die Sowjetunion eine Schicksalswende. Nachdem Churchill und Roosevelt Stalin jetzt als ihren Alliierten im Kampf gegen das Hitlerregime betrachteten, schloß die polnische Exil-Regierung am 14. August 1941 in London mit der UdSSR einen Vertrag über die Aufstellung von in der Sowjetunion unabhängigen polnischen Streitkräften, die aus bisherigen Kriegsgefangenen und Verschleppten gebildet werden sollten. Ihr Befehlshaber wurde der zur damaligen Zeit noch im berüchtigten Moskauer Gefängnis Lubljanka gehaltene General Anders. Nicht alle über ganz Sibirien verstreuten Polen erreichte die Nachricht von dieser Abmachung.

Die Aufstellung einer Armee aus Geschwächten und Hilfsbedürftigen, die sich oft barfuß oder in Lumpen in den Sammelstellen meldeten, war keine leichte Aufgabe. Nur mit Mühe konnte man diese Soldaten notdürftig einkleiden und ausrüsten.

Es fehlten auch Offizierskader, nachdem etwa 15000 von ihnen in Katyn und anderswo von den Russen ermordet worden waren.

Den Winter 1941/42 verbrachten die Soldaten in den Steppen

Zentralasiens in Zeltlagern bei Frost bis minus 50 Grad. Als General Anders im Frühjahr 1942 sich noch weigerte, seine genesenden Truppen an der Front einzusetzen, stoppte Moskau einen Teil der Verpflegung. Erst nach Intervention der britischen und der US-Regierung gestattete Stalin die Evakuierung eines Teils der Soldaten und deren Familien nach dem Iran. Bis zum Abschluß der Aktion am 1. September 1942, gelang es General Anders, etwa 40000 Soldaten und Offiziere, dazu 26000 Frauen und Kinder zu evakuieren. Er formierte nun im Nahen Osten die 5. *Kresowa Dywizja Piechoty* (5. *Kresowa*-Inf.Div.) unter Major General N. Sulik. Aus der sich bereits seit zwei Jahren in Palästina befindenden Brigada *Karpacka* (Brig.-Gen. Kopanski), deren Soldaten über Ungarn und Rumänien nach hier gelangt waren und die sich in den Kämpfen um Tobruk ausgezeichnet hatten, wurde jetzt zusammen mit den Truppen von General Anders die 3. *Dywizja Strzelcow Karpackich* (3. Karpaten-Schützendivision) unter Major General Duch aufgestellt. Ebenfalls entstand aus drei motorisierten Ulanen-Regimentern die 2. *Warszawska Brygada Pancerna* (2. Warschauer Panzerbrigade) unter Major Gene-

Februar 1944, Cassino-Abschnitt: Die Artillerie der britischen 8. Armee nimmt deutsche Stellungen unter Feuer

ral Rakowski. Diese drei Verbände bildeten nun das polnische II. Korps unter Lieutenant General Anders.

Nach der über ein Jahr dauernden Ausbildung wurde die 3. Karpaten-Schützendivision am 14. Dezember 1943 in Alexandria eingeschifft, und sie erreichte am 21. Dezember 1943 Tarent. Die Division wurde dann im Frontabschnitt am Sangro im Rahmen der britischen 8. Armee eingesetzt. Die 5. *Kresowa*-Infanteriedivision landete in der letzten Februarwoche 1944 ebenfalls in Tarent.

Lieutenant General Anders: »Als ich am 13. Februar 1944 General Alexander, dem Befehlshaber der alliierten Streitkräfte im Mittelmeerraum, über den Stand der Verlegung des Korps von Ägypten nach Italien informierte, besprachen wir auch das Problem der Übernahme des Frontabschnittes durch das II. Korps und über das verspätete Eintreffen der Ausrüstung, verursacht durch schlechte Organisation der Seetransporte. Dann ging ich zur wichtigsten Angelegenheit, dem Ersatz des Korps, über. Das Korps besaß nämlich weder Reserven noch Ersatz.

Mir war völlig klar, unseren Ersatz würden wir uns von dem »Gegenüber«, von der anderen Frontseite, besorgen können. Ich war überzeugt, daß die von den Deutschen zwangsrekrutierten Polen keine Gelegenheit außer acht lassen würden, um zu uns überzuwechseln. Ich bat General Alexander um Einrichtung eines Lagers für Freiwillige aus den Reihen der polnischen Gefangenen oder Desertierten aus der deutschen Armee. Ich war sicher, daß es auf diesem Wege gelingen würde, Soldaten auszumachen, die man zuerst in einer Ersatz-Division und dann nach genauer Selektion und Ausbildung dem Korps einverleiben konnte.

General Alexander beschloß daher: 1. Kriegsgefangene, Wehrmachtsangehörige polnischer Abstammung werden in getrennten Lagern gehalten. 2. Nach Überprüfung werden diejenigen, die sich für das polnische II. Korps eignen, zur 7. (Ersatz-)Infanteriedivision in den Nahen Osten verlegt. 3. Dort werden auch alle kriegsgefangenen Polen aus Algerien untergebracht. 4. Nach Rückführung der 7. (Ersatz-) Infanteriedivision nach Italien wird über ihre Verwendung entschieden.«

In der Tat, das deutsche Heer hat seinerseits versucht, die schwierige Frage des Ersatzes durch Einberufung von Männern aus

Februar 1944, Brückenkopf Anzio–Nettuno: ein Verbandsplatz der 5. US-Armee

dem besetzten Westpolen zu lösen. Viele von ihnen sind kaum der deutschen Sprache mächtig. Generalleutnant v. Senger und Etterlin: ». . . Sie dienten zur Bewährung in der Wehrmacht. Dabei konnten sie zwar Auszeichnungen für Tapferkeit erwerben, aber nicht vor Ablauf der Bewährungsfrist befördert werden. Diese Sonderbehandlung nach »rassischen Prinzipien« war nicht dazu angetan, die Moral der Truppe zu heben. Zudem erhielten diese Soldaten Klagen von Angehörigen daheim, die von dort amtierenden Parteileuten schlecht behandelt wurden . . .«

In der Nacht vom 13./14. Februar 1944 gelingt es einem französischen Soldaten, aus deutscher Gefangenschaft zu fliehen und sich zu den alliierten Linien durchzuschlagen. Er bringt wertvolle Angaben über deutsche Stellungen entlang der Höhenzüge nördlich und westlich des Klosterberges mit.

In dieser Nacht bessert sich das Wetter, und in den ersten Morgenstunden teilt das neuseeländische II. Korps der indischen 4. Division mit, daß der Bombenangriff auf die Abtei am Nachmittag des 16. Februar 1944 stattfinden werde. Einige Stunden später fährt Lieutenant General Freyberg zum Hauptquartier der 5. US-Armee. Er will sich persönlich nach der Wettervorhersage erkundigen. Der zuständige Meteorologe berichtet ihm jedoch, daß bereits am Mittag des nächsten Tages Regen zu erwarten sei. Freyberg beschließt nun, den geplanten Luftangriff vom Nachmittag des 16. Februar auf die Morgenstunden des 15. Februar vorzuverlegen, und macht der Air Force entsprechende Mitteilung. Alle Stäbe werden sofort über diese Änderung informiert. Man vergißt jedoch in der Eile das Wichtigste, die indische 4. Division davon zu unterrichten. Und gegen Mittag des 14. Februar 1944 bezieht das I. *Royal Sussex*-Bataillon der indischen 7. Brigade (Brigadier Lovett) planmäßig seine Stellungen an den Abhängen der Höhe 593.

Am Nachmittag des 14. Februar 1944 feuern einige Geschütze der 5. US-Armee in Richtung Klosterberg ein paar Dutzend Granaten ab. Sie explodieren über der Abtei und Hunderte von Flugblättern flattern zu Boden. Ihr Inhalt: »An die italienischen Freunde! Wir haben es bisher sorgfältig vermieden, Monte Cassino zu bombar-

14. Februar 1944: Britische Soldaten der 5. US-Armee bereiten Flugblätter vor, die mit normalen Geschossen abgefeuert werden

dieren. Die Deutschen haben sich dies zunutze gemacht. Die Schlacht rückt jetzt immer näher an den geweihten Boden heran. Gegen unseren Willen sind wir nun gezwungen, unsere Waffen gegen das Kloster selbst zu richten. Wir warnen Sie, damit Sie sich in Sicherheit bringen können. Verlassen Sie das Kloster sofort. Diese Warnung ist dringend . . . Die 5. Armee.«

Unterdessen halten sich die Fallschirmjäger der Kampfgruppe Schulz (Oberst K. L. Schulz) mit letzter Kraft an den Hängen vor der *Via Casilina*, doch aus unerklärlichen Gründen nutzen die Alliierten nicht die Gelegenheit, die ihnen das französische Expeditionskorps mit der Eroberung des Colle Belvedere geboten hat:

Der Vorstoß über das nördlich der Abtei gelegene Gebirge, das Monte Cassino erheblich überragt, hinab zur *Via Casilina*, hätte ihnen die Einnahme des Klosterberges ermöglicht, ohne auf die Abtei eine einzige Granate abzuschießen. Eine andere Chance, um Monte Cassino vor der Vernichtung zu bewahren: die Bomber nicht auf die Abtei, sondern auf die Stellungen der Kampfgruppe Schulz einzusetzen. Damit hätten die Alliierten diesen Abschnitt

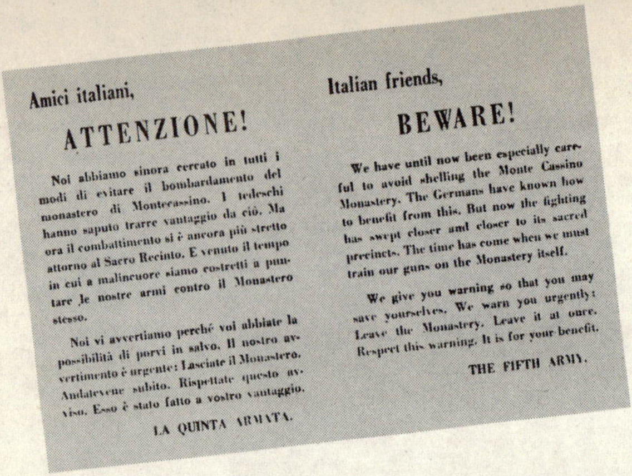

Amici italiani,

ATTENZIONE!

Noi abbiamo sinora cercato in tutti i modi di evitare il bombardamento del monastero di Montecassino. I tedeschi hanno saputo trarre vantaggio da ciò. Ma ora il combattimento si è ancora più stretto attorno al Sacro Recinto. E venuto il tempo in cui a malincuore siamo costretti a puntare le nostre armi contro il Monastero stesso.

Noi vi avvertiamo perché voi abbiate la possibilità di porvi in salvo. Il nostro avvertimento è urgente: Lasciate il Monastero. Andatevene subito. Rispettate questo avviso. Esso è stato fatto a vostro vantaggio.

LA QUINTA ARMATA.

Italian friends,

BEWARE!

We have until now been especially careful to avoid shelling the Monte Cassino Monastery. The Germans have known how to benefit from this. But now the fighting has swept closer and closer to its sacred precincts. The time has come when we must train our guns on the Monastery itself.

We give you warning so that you may save yourselves. We warn you urgently: Leave the Monastery. Leave it at once. Respect this warning. It is for your benefit.

THE FIFTH ARMY.

14. Februar 1944, die letzte alliierte Warnung für die Abtei Monte Cassino: »An die italienischen Freunde! . . .«

der »Gustav-Linie« ausschalten und den Klosterberg abseits liegenlassen können.

Am Dienstag, dem 15. Februar 1944, trifft um 9.30 Uhr im Gefechtsstand der 7. Brigade *(Royal Sussex)* die Meldung ein, daß die Bomber bereits im Anflug seien. Brigadier Lovett kann nichts anderes machen, als dies zur Kenntnis nehmen. Lovett: »Die Mönche hatte man verständigt, und die Deutschen wußten Bescheid, nur wir, die den entscheidenden Angriff führen sollten, wußten nichts.«

Um 9.45 Uhr werfen 142 »Fliegende Festungen« B-17 von der in Foggia stationierten 15. Strategischen Luftflotte (Maj.Gen. Twining) insgesamt 353 Tonnen Brand- und Sprengbomben ab. Zur Stunde sind in der Kapelle Hunderte von Flüchtlingen und Verwundete aus der Stadt Cassino und den umliegenden zerstörten Dörfern zur Morgenandacht versammelt. Die zweite Welle, 47 zweimotorige *»Mitchells«* und 40 zweimotorige *»Marauders«* der *Mediterranean Allied Air Force* (Lt.Gen. Eaker), lädt weitere 100 Tonnen Bomben ab.

Zum erstenmal in der Geschichte des Luftkrieges werden schwere Bomber der Strategischen Luftstreitkräfte zur taktischen Unterstützung der Infanterie eingesetzt. Dabei fallen versehentlich

16 schwere Bomben auf das Hauptquartier der 5. US-Armee in Presenzano, 25 km südlich von Cassino. Die indische 7. Brigade – selbst durch den Bombenangriff überrascht – erleidet erhebliche Verluste.

Nach dem offiziellen Bericht des US-Luftkommandos haben US-Bomber bis Anbruch der Nacht 576 Tonnen Bomben auf die Abtei Monte Cassino abgeworfen. »Die Klostergebäude seien zerstört und die Außenmauern durchbrochen, aber durch die Stärke der Mauern konnten die Bomben nicht alles einreißen«, heißt es darin. Während des berüchtigten deutschen Luftangriffs auf Coventry im November 1940 fielen im Vergleich dagegen insgesamt 503 Tonnen Sprengbomben.

Kloster und Basilika sind nur noch ein Schutthaufen, lediglich die starken Außenmauern des Westtraktes, die Eingangstreppe und ein Teil der *Terretta* haben den Bomben getrotzt. Die Menschen, die aus dem Kloster hinausrennen, sterben unter den Geschoßgarben der amerikanischen Jagdbomber. Erst später findet man unter den Trümmern der uralten Kellergewölbe die Leichen von über 250 Frauen, Männern und Kindern sowie eine ganze Anzahl von Mönchen, die alle hier Zuflucht gesucht haben und verschüttet wurden.

Der britische General Fuller: ». . . Die Schuld am Mißerfolg wurde der Abtei zugeschrieben statt dem Berg, auf dem sie stand. Darum war die Bombardierung der Abtei nicht so sehr ein Stück Vandalismus als vielmehr ein Akt reiner taktischer Dummheit.«

Die Vernichtung des Klosters bringt den Alliierten erhebliche Nachteile: Die Abtei, nun von den Deutschen besetzt, wird in eine uneinnehmbare Festung mit ihren bomben- und artilleriesicheren unterirdischen Gängen und Gewölben verwandelt. Churchill: ». . . Die Deutschen hatten jetzt Gründe genug, um den Ruinenschutt für sich auszuwerten, der noch bessere Abwehrmöglichkeiten bot als das intakte Gebäude.«

Lieutenant General Clark: ». . . Die Bombardierung der Abtei war nicht allein ein überflüssiger Fehler auf dem Gebiet der Propaganda, sie war auch ein taktischer Fehler ersten Ranges. Sie allein erschwerte unsere Anstrengungen und vergrößerte unsere Verluste an Menschen, Maschinen und Zeit.«

Originaltext des britischen Pressefotos: »Bombenangriff auf die Abtei Monte Cassino, an der Cassino-Front, Italien, 16. Februar 1944. Nachdem die Flugblätter zur Warnung der italienischen Bevölkerung abgeworfen wurden, zerreißen US-Bomber die bekannte Abtei Monte Cassino. Die Deutschen hatten dieses Gebäude als MG- und Artilleriestellung benutzt und richteten dort Beobachtungsposten ein.« (I A 15322)

Die Deutschen erwarten jetzt einen Großangriff, doch nichts rührt sich.

Die indische 4. Division wußte ja nicht, daß das Bombardement um einen Tag vorverlegt worden ist. Sie hat keinen Infanterieangriff vorbereitet und schickt deshalb zur Gefechtsaufklärung eine Kompanie der 7. Brigade gegen den Monte Calvario (Höhe 593). Die Männer haben jedoch nicht genug Handgranaten und Granatwerfermunition dabei, weil der größte Teil der Ausrüstung und Munition auf Lastwagen und Maultieren durch feindliches Artilleriefeuer verlorengegangen ist. Die anderen Einheiten der 4. Division, ein Bataillon *Rajputana*-Füsiliere und ein Bataillon *Gurkha*-Füsiliere, die am Angriff der 7. Brigade auf die Abtei teilnehmen sollten, befinden sich noch jenseits des Rapido.

So ist die Zerstörung einer der bedeutendsten Stätten des Christentums durch miserable Koordinierung von Luft- und Bodenstreitkräften nicht nur völlig nutzlos gewesen, sondern nimmt auch der indischen 4. Division die Möglichkeit, nach diesem massiven Bombenangriff entsprechend vorbereitet zum Sturm auf die Abtei anzutreten.

Am Mittwoch, dem 16. Februar 1944, um 6.30 Uhr beginnen am Anzio-Nettuno-Landekopf drei deutsche Divisionen der 14. Armee (Gen.Oberst v. Mackensen) beiderseits der Straße Aprilia–Anzio nach starker Artillerievorbereitung ihren Angriff. Vor der Aktion wird den Truppen ein Tagesbefehl Hitlers verlesen, in dem er die Beseitigung des alliierten Landekopfes innerhalb von drei Tagen fordert. Man kann sich jedoch wegen der alliierten Schiffsartillerie nur auf einen ganz bestimmten Abschnitt konzentrieren.

Der von 452 Geschützen unterstützte deutsche Gegenangriff ist der größte dieses Feldzuges: insgesamt nehmen 270 Panzer, darunter 75 »Tiger«-Panzer daran teil. Sie stoßen sofort auf heftigen Widerstand der Alliierten, denen die deutschen Bereitstellungen nicht entgangen sind.

Da Panzer und Sturmgeschütze im aufgeweichten Boden steckenbleiben, haben sie nur die Chance, auf den wenigen befestigten Straßen vorwärts zu rollen. Dort können sich die Panzerverbände

16. Februar 1944, Cassino-Abschnitt: ein deutscher Artilleriebeobachtungsposten auf der Höhe 593 mit einem behelfsmäßig getarnten Scherenfernrohr

wiederum nicht entfalten und erleiden schwere Verluste durch alliierte Jabos und Artillerie. So ist die Infanterie auf sich allein gestellt und stößt unter den schweren Luftangriffen und dem feindlichen Beschuß, der den deutschen Munitionsaufwand um das Zehnfache übertrifft, nur langsam vorwärts. Dem Infanterie-

Erklärung des Erzabtes Don Gregorio Diamare: »Ich erkläre wahrheitsgemäß, daß sich zu keinem Zeitpunkt deutsche Soldaten innerhalb der Mauern des geheiligten Klosters von Cassino befunden haben . . .«

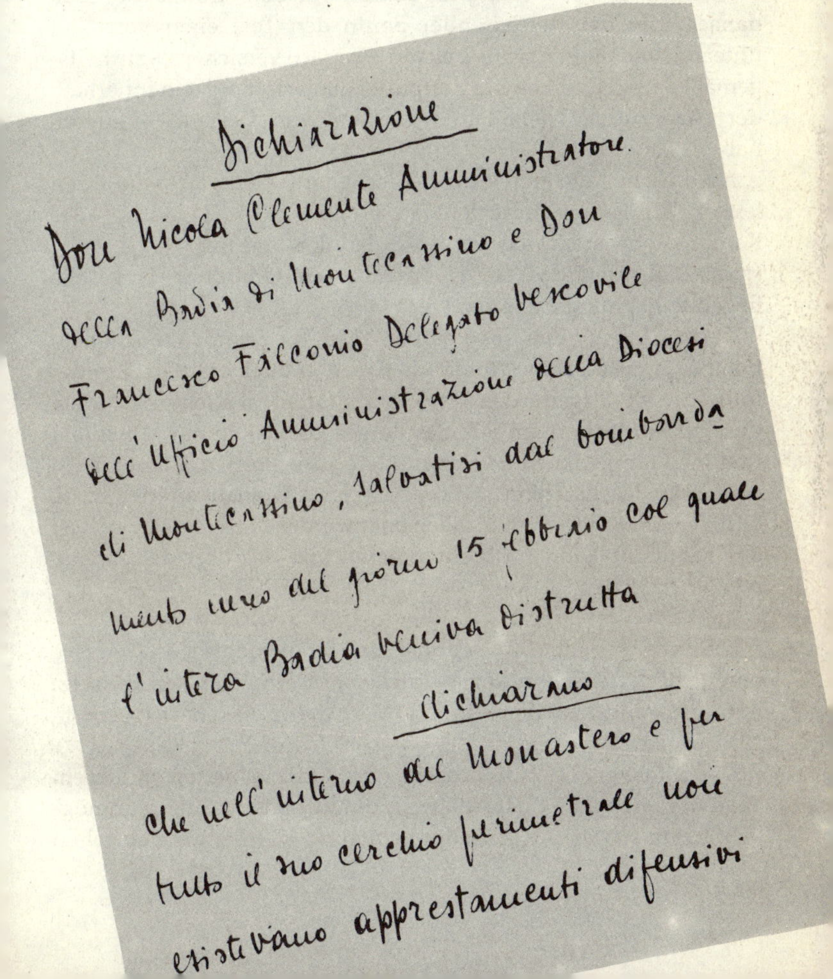

Dichiarazione

Don Nicola Clemente Amministratore
della Badia di Montecassino e Don
Francesco Falconio Delegato vescovile
dell'Ufficio Amministrazione della Diocesi
di Montecassino, salvatisi dal bombarda-
mento aereo del giorno 15 febbraio col quale
l'intera Badia veniva distrutta

dichiarano

che nell'interno del Monastero e per
tutto il suo cerchio perimetrale non
esistevano apprestamenti difensivi

Lehrregiment gelingt es jedoch an zahlreichen Stellen entlang der Straße nach Albano, in die alliierten Linien im Bereich der britischen 1. Division und 3. US-Division einzudringen.

Zu gleicher Stunde greifen im Cassino-Abschnitt alliierte Jagdbomber die Trümmer der Abtei mit Bordwaffen und Splitterbomben an; die verursachen jedoch keine Verluste unter den deutschen Fallschirmjägern.

Die Deutschen evakuieren jetzt den 83jährigen Abt des Klosters, Don Gregorio Diamare, sowie Mönche und Flüchtlinge, die den verheerenden Bombenangriff überlebt haben. Einige Stunden danach gibt der Reichssender Berlin den Text einer vom Abt unterzeichneten Erklärung bekannt: ». . . Ich versichere wahrheitsgemäß, daß sich zu keinem Zeitpunkt deutsche Soldaten innerhalb der Mauern des geheiligten Klosters von Cassino befunden haben . . .«

An diesem Tage erzielt die deutsche Luftwaffe bei Anzio ihren letzten Erfolg mit ferngelenkten Bomben: Die II. Gruppe des Kampfgeschwaders 100 versenkt den US-Frachter *»Elihu Yale«* (7176 BRT) und das zur Übernahme von Munition längsseits liegende Landungsboot *»LCT-35«*.

Gegen Abend des 16. Februar 1944, 32 Stunden nach dem Bombenangriff auf die Abtei, überquert endlich ein Bataillon der indischen 7. Brigade den Rapido und stößt in Richtung Monte Cassino vor. Schon am Fuß des Berges gerät es in ein Minenfeld und muß einige Tote und Verwundete zurücklassen. Kurz danach empfängt das Bataillon starkes MG- und Granatwerferfeuer. 12 Offiziere und 130 Soldaten fallen oder werden verwundet. Der Rest des Bataillons kann noch entkommen und das Ufer des Rapido wieder erreichen.

Am Donnerstag, dem 17. Februar 1944, ist die deutsche 14. Armee bereits 4 km tief in den Anzio-Brückenkopf eingebrochen. Sie setzt nun ihre Panzerreserven ein, und der Angriff nähert sich seinem Höhepunkt.

Die tiefhängende Wolkendecke macht den Alliierten an diesem Tage die wirksame Unterstützung durch Luftstreitkräfte unmöglich. Trotz starker Artillerieunterstützung können die deutschen

Truppen aber nur schrittweise vorrücken. Sie setzen hier zwar den ferngelenkten kleinen Sprengpanzer »Goliath« ein, wenn auch nur mit geringem Erfolg.

Am Donnerstag, dem 17. Februar 1944, versuchen in den Abendstunden sechs weitere Bataillone der indischen 7. Brigade den Klosterberg, den Monte Calvario und die dazwischenliegende Höhe 404 zu erstürmen. Bei Sonnenuntergang schlägt ihnen bereits deutsches Kreuzfeuer entgegen, so können sie nur langsam und unter großen Verlusten den Angriff fortsetzen. Die alliierte Feuerunterstützung bleibt aus, weil man befürchtet, die eigenen Truppen zu treffen.

Das 28. *Maori*-Bataillon soll einen Angriff mit Hilfe der neuseeländischen 4. Panzerbrigade über den Rapido führen. Am Abend beziehen die Maori zwischen der *Via Casilina* und der Bahnlinie nordwestlich des Monte Trocchio ihre Bereitstellungen, hinter ihnen eine Gruppe der 4. Panzerbrigade. Mit Einbruch der Dunkelheit stößt das 28. *Maori*-Bataillon bis zum Bahnhof von Cassino vor. Trotz harter Kämpfe nehmen seine Männer das Bahnhofsgebäude und dringen nach Südwesten über den Rapido vor. Nach gelungener Überquerung des Flusses haben sie Befehl, auf die nachfolgenden Panzer zu warten, doch die Kampfwagen sind im verschlammten Flußufer steckengeblieben. Dem *Maori*-Bataillon schließt sich ein Pionierbataillon an, das Minen räumen und Straßensperren beseitigen, sowie Brücken über den Rapido bauen soll. Gelingt das bis zum Morgengrauen, können rund 180 Panzer, Panzerabwehrgeschütze und die Reste der Division nachstoßen.

Gegen 23.00 Uhr soll das *Sussex*-Bataillon erneut den Monte Calvario angreifen. Die Aktion kann jedoch erst nach Mitternacht beginnen, da sich die Maultierkolonne mit dem Handgranaten-Nachschub verspätet hat und nur mit der Hälfte der benötigten Munition eingetroffen ist. Das Bataillon ist vom Pech verfolgt: Nachdem die Artillerie zu seiner Unterstützung das Feuer eröffnet, treffen die Granaten mitten in die führende Kompanie. Wie in der Nacht zuvor schlägt ihr bereits nach 50 m heftiges MG-Feuer entgegen. In einem Nahkampf, der sich entfacht, wird der Vorstoß zurückgeschlagen. Nun zersplittert Lieutenant General Freyberg sein neuseeländisches II. Korps: Anstatt die Abteitrümmer zu

17. Februar 1944, Cassino-Abschnitt: Soldaten der neuseeländischen 2. Division gehen im Schutz des künstlichen Nebels zum Angriff über

17. Februar 1944, Cassino-Abschnitt: Soldaten der neuseeländischen 2. Division mit gefangenen deutschen Fallschirmjägern. Im Hintergrund Sherman-Panzer

stürmen, soll das *Sussex*-Bataillon, verstärkt durch die *Rajputana*-Füsiliere, zum Angriff auf den Monte Calvario vorgehen.

Während kurz nach Mitternacht das *Maori*-Bataillon das Bahnhofsgelände stürmt und eine Anzahl Gefangene macht, bewegen sich die *Rajputana*-Füsiliere in den Bergen, deren Silhouette sich etwa 600 Meter oberhalb des Bahnhofs abzeichnet, auf den Monte Calvario zu. Unterdessen dringen beide *Gurkha*-Bataillone bis zu der etwa 1000 Meter entfernten Abtei vor.

Um 2.00 Uhr greifen bei schwachem Mondlicht zwei *Gurkha*-Bataillone vom Grat des D. Onofrio (Höhe 450) aus in Richtung Klosterberg an. Sie geraten dabei in die dicht verminten und mit Stacheldraht verstärkten Dornenhecken. In wenigen Minuten verlieren sie im Kreuzfeuer deutscher Maschinengewehre und Granaten 243 Mann. Es gelingt zwar einem *Gurkha*-Bataillon im Schutz der Dunkelheit bis zur Höhe 444, etwa 200 m nordwestlich der Abtei, vorzudringen, doch bei Tagesanbruch stellt es fest, daß es zwischen der Abtei und den deutschen Stellungen am Monte Calvario eingeklemmt ist. Um weitere Verluste zu vermeiden, ziehen sich die *Gurkhas* zurück. Der Angriff des *Essex*-Bataillons und der *Rajputana*-Füsiliere gegen den Monte Calvario muß eingestellt werden.

Auch die bis zum Bahnhof vorgepreschten *Maoris* befinden sich in einer recht verzweifelten Lage, da sie ohne panzerbrechende Waffen jederzeit mit einem deutschen Gegenangriff rechnen müssen und bei Anbruch des Tages von deutschen Beobachtungsposten auf dem Klosterberg, dessen südöstliche Ecke nur 500 m von ihnen entfernt ist, sofort gesehen werden.

Die Alliierten beschließen daraufhin bei Hellwerden, eine künstliche Nebelwand um das gesamte Bahnhofsgelände zu legen.

Im Morgengrauen des 18. Februar 1944 haben die Pioniere ihre Arbeit am Bahnhofsgelände beinahe beendet und es fertiggebracht, hinter den vorrückenden *Maoris* eine fast 2 km lange Strecke zu bauen, über die Panzer nach vorn rollen können. Bis zum Sonnenaufgang haben sich die *Maoris* eingegraben und ihre neue Stellung gesichert. Sie müssen nun 12 Stunden ausharren, ehe die Dunkelheit wieder hereinbricht, um ihren Angriff weiterzuführen.

Während die Bataillone der indischen 4. Division sich mit ihren Verwundeten in die Ausgangsstellungen zurückziehen, liegt das Bahnhofsgelände von Cassino, in dem sich die *Maoris* verschanzt haben, immer noch unter dichtem künstlichem Nebel.

Gegen 15.00 Uhr tauchen plötzlich deutsche Infanterie und zwei Panzer auf, die – geschickt den künstlichen Nebel ausnutzend – das Bahnhofsgelände angreifen. Die *Maoris* müssen, da ihnen panzerbrechende Waffen fehlen, nach kurzem, erbittertem Kampf zurückweichen. Sie überqueren in wilder Flucht den Rapido, ohne Tote und Verwundete mitzunehmen. Die deutschen Panzergrenadiere verfolgen sie bis in die Gegend des Monte Trocchio und ziehen sich erst bei einbrechender Dunkelheit zurück.

An diesem Tage unternimmt Generaloberst v. Mackensen am Landekopf Anzio–Nettuno zum letztenmal mit zwei noch in Reserve gehaltenen Divisionen den Versuch, einen Durchbruch zu erzwingen. Es gelingt ihm zwar, das am Tage zuvor eroberte Gelände um einige Kilometer zu erweitern, doch der alliierte Widerstand versteift sich immer mehr. Es ist wohl die bisher blutigste Schlacht zwischen Deutschen und Amerikanern.

Trotz schwerer Verluste drängen die deutschen Verbände die alliierten Truppen zurück, und ein neuer Angriff verstärkt durch die 26. Panzerdivision (GenLt. Frhr. v. Lüttwitz), bringt weiteren Geländegewinn in Richtung Küste. Jedoch kämpfen die 45. US-Division und die britische 1. und 56. Division verbissen um die letzten Verteidigungsstellungen des Brückenkopfes. Am Caroceto-Sumpf wird der deutsche Vorstoß aufgehalten.

Am Sonnabend, dem 19. Februar 1944, durchbrechen vor Anzio die 1. US-Panzerdivision und die 3. Infanteriedivision die Flanke des deutschen Angriffskeils. Nachdem sie sich bereits bis auf 12 km dem Strand des Tyrrhenischen Meeres genähert haben, sind die deutschen Verluste so hoch, daß Kesselring beschließt, den Angriff abzubrechen.

Um 14.30 Uhr meldet Generalmajor Westphal, Chef des Stabes von Generalfeldmarschall Kesselring, an das Oberkommando der Wehrmacht, daß die Luftüberlegenheit des Gegners, der hartnäckige Widerstand und das Feuer seiner Schiffsgeschütze es unmöglich machen, den Feind ins Meer zu werfen. Er weiß nicht, daß die Alliierten, nachdem sie ihre letzten Reserven eingesetzt haben, zu gleicher Zeit erwägen, ihre Streitkräfte wieder einzuschiffen und den Brückenkopf aufzugeben. Churchill: ». . . Ein kleiner Vorstoß hätte es dem Gegner gestattet, die eigentlichen Landepunkte und die Schiffe mit seinen weittragenden Geschützen zu bestreichen und sogar alle Aus- und Einschiffungen mit dem Sperrfeuer seiner Feldartillerie zu überschütten. Ich gab mich keinen Illusionen über die Lage hin. Es ging um Leben oder Tod.«

Am Vormittag wird Lieutenant General Anders benachrichtigt, daß der Fronteinsatz des polnischen II. Korps zur Zeit von der Entwicklung am Cassino-Abschnitt abhänge und die endgültige Entscheidung darüber erst in etwa drei Wochen fallen werde.

Nachdem alle Versuche, Monte Cassino einzunehmen, gescheitert sind, bricht General Alexander an diesem Tage die Schlacht ab.

In den Bergen setzt nun der Winter erneut mit Schneetreiben und Nebel ein, in den Tälern regnet es in Strömen, und am wolkenverhangenen Himmel zeigt sich kein Flugzeug, nur die alliierte Artillerie führt unermüdlich ihr Störfeuer fort.

Mit der zweiten Cassino-Schlacht wollten die Alliierten den Landekopf Anzio–Nettuno, der kurz vor dem Zusammenbruch stand, entlasten. Die unzulängliche Munitionsversorgung der in den Bergen kämpfenden alliierten Einheiten, das schlechte Wetter, das eine wirkungsvolle Unterstützung durch Luftstreitkräfte und schwere Waffen fast unmöglich machte, und vor allem die entschlossene Verteidigung trugen dazu bei, daß auch diese zweite Cassino-Schlacht ein deutscher Abwehrerfolg wurde.

20.2. - 25.3.1944

Dritte

Schlacht

»Operation Dickens«

Schwere deutsche Waffen am Monte Cassino

Sonntag, 20. Februar 1944. Aus dem Hauptquartier von General Wilson:

2,5 km westlich von Cassino besetzten Truppen von General Clark, die durch indische und neuseeländische Verbände der 8. Armee verstärkt worden sind, einen 500 m hohen Berg, während nordwestlich von Cassino die vorgestern eroberten Hügelstellungen trotz erbitterter Gegenangriffe des Feindes weiter ausgebaut werden konnten. Der Gegner verfügt in den Ruinen von Monte Cassino und in der unmittelbaren Umgebung des Klosters immer noch über zahlreiche Geschütze, die selbst durch die schweren Luftangriffe nicht zum Schweigen gebracht werden konnten. Die Deutschen haben im Schutz der Dunkelheit Panzer und Artillerie an die von der Abtei talwärts führende Straße geschafft und von diesen Stellungen aus gestern heftiges Feuer eröffnet.

Wechselvolle Kämpfe um Cassino

Montag, 21. Februar 1944. Aus dem Hauptquartier von General Wilson:

Im Abschnitt von Cassino halten die wechselvollen Kämpfe an. Zwar konnten US-Truppen 2 km westlich von Cassino eine Anhöhe besetzen, doch mußte eine andere Stellung geräumt werden. Bei einem Gegenangriff deutscher Panzer wurden die Alliierten auch gezwungen, sich aus der Eisenbahnstation Cassino zurückzuziehen, die 1,5 km südlich der Stadt liegt. In Cassino selbst und auf den nördlich liegenden Anhöhen dauern weitere heftige Nahkämpfe an.

Alliierter Stoßtrupp in der Abtei Monte Cassino

Dienstag, 22. Februar 1944. Aus dem Feldhauptquartier von General Alexander:

Im Raum in und um Cassino haben sich in den letzten 24 Stunden keine größeren Kampfhandlungen ereignet. In einem Sturmangriff auf die Abtei Monte Cassino ist am Freitag ein alliierter Stoßtrupp

Februar 1944, Stadt Cassino: ein britischer Scharfschütze auf der Lauer in einer Hausruine

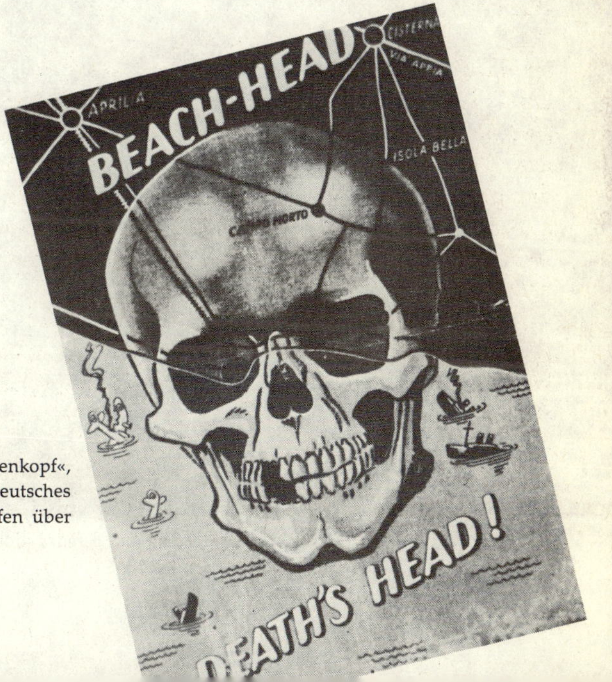

»Brückenkopf – Totenkopf«, Februar 1944: ein deutsches Flugblatt, abgeworfen über Anzio–Nettuno

Februar 1944, Anzio–Nettuno: die von der 29. Panzergrenadierdivision gefangenge-

nommenen alliierten Soldaten auf einem Weg bei Isola Bella

in die Abtei eingedrungen. Keiner der Beteiligten kehrte zu seiner Einheit zurück. Seitdem ist kein weiterer Versuch unternommen worden.

Erfolgreiche Kämpfe bei Nettuno

22. Februar 1944. Das Oberkommando der Wehrmacht gibt bekannt:

... In Italien konnten unsere Truppen in mehreren Abschnitten des Landekopfes von Nettuno gegen zähen feindlichen Widerstand ihre Stellungen verbessern. Gegenangriffe des Feindes gegen unsere neuen Linien wurden abgewiesen. Der südlich Aprilia eingeschlossene Feind wird gruppenweise ausgehoben.

Deutsche Kampf- und Schlachtfliegerverbände setzten bei Tag und Nacht ihre Angriffe gegen den Landekopf von Nettuno mit guter Wirkung fort. Im Hafen von Anzio wurden zwei Handelsschiffe mit 9000 BRT durch Bombenwurf schwer beschädigt und mehrere Betriebsstoff- und Munitionslager vernichtet ...

Alle feindlichen Angriffe abgewiesen

Mittwoch, 23. Februar 1944. Das Oberkommando der Wehrmacht gibt bekannt:

... In Italien führte der Feind im Landekopf Nettuno einige erfolglose örtliche Angriffe. Dabei wurde eine feindliche Kompanie, die mit Panzerunterstützung unsere Stellungen angriff, vernichtet. Bei der weiteren Bereinigung des Kessels südlich Aprilia wurden Gefangene eingebracht. Unsere Schlachtfliegerverbände setzten ihre Angriffe gegen die Ausladungen des Feindes im Hafen von Anzio fort und verursachten neue Zerstörungen und starke Brände.

Seit vier Tagen Kampfpause

Freitag, 25. Februar 1944. Aus dem alliierten Hauptquartier:

Auf dem italienischen Kriegsschauplatz kam es gestern nicht zu größeren Kampfhandlungen. Die Kampfpause dauert nun bereits

Februar 1944, Cassino-Abschnitt: eine Pause der beiden Gegner im Schutz der Rot-Kreuz-Fahne

vier Tage, und man vermutet, daß Generalfeldmarschall Kesselring durch die hohen Verluste, die seine Truppen in den letzten Kämpfen erlitten haben, zu weitgehenden Umgruppierungen gezwungen worden ist, die beträchtliche Zeit beanspruchen.

Schlechtes Wetter erschwert die Kampfhandlungen

Sonnabend, 26. Februar 1944. Aus dem Hauptquartier von General Wilson:

In den frühen Morgenstunden des gestrigen Tages setzten in Latium von neuem heftige Winde und Regenfälle ein, die den ganzen Tag über anhielten und das Gelände so aufweichten, daß jede größere Truppenbewegung unmöglich wurde. Es kam zwar wiederholt zu schweren Artillerieduellen und im Gebiet von Carroceto zu lebhaften Stoßtruppunternehmungen, doch war der Einsatz von Panzern oder motorisierten Waffen an der ganzen Front unmöglich. Hoher Seegang machte die Landung weiterer Verstärkungen der 5. Armee bei Anzio unmöglich, selbst die taktische Luftflotte sowie Aufklärer werden durch orkanartigen Wind und tiefhängende Wolken sehr behindert.

Weitere Erfolge der Fernkampfartillerie
Freitag, 3. März 1944. Das Oberkommando der Wehrmacht gibt bekannt:

... Im Landekopf von Nettuno führten unsere Truppen Stoßtruppunternehmungen mit gutem Erfolg durch. Kampffliegerverbände und Fernkampfartillerie trafen bei Anzio und Nettuno zwei Zerstörer und ein Transportschiff von 7000 BRT schwer. Bei einem Stoßtruppunternehmen an der adriatischen Küste wurden drei feindliche Panzer vernichtet und ein Munitions- und Betriebsstofflager mit seiner Besatzung in die Luft gesprengt.

Ferngesteuerte deutsche Panzer
Sonnabend, 4. März 1944. United Press berichtet:

4. März 1944, Adria-Frontabschnitt bei Pescara: Der Beobachtungsposten eines britischen Kommandos läßt eine Brieftaube mit wichtiger Meldung fliegen. Rechts, deutsche Beute-Maschinenpistole MP 40 (auch Schmeisser genannt)

Wie sich jetzt herausstellt, sind die ferngelenkten deutschen Kleinpanzer, von denen früher berichtet wurde, eine nahezu ungefährliche Waffe. Diese kleinen Fahrzeuge, die fast wie Spielzeugpanzer anmuten, sind weniger als einen Meter hoch und werden auf drahtlosem Wege gegen einzelne, besonders wichtige Ziele gelenkt. Sie sind jedoch nicht mit 500, sondern nur mit etwa 55 Kilo Sprengstoff geladen und können auf große Distanz von Panzerabwehrkanonen abgeschossen werden. Zudem beginnen sie sich sofort im Kreise zu drehen, wenn sie auf irgendein Hindernis stoßen.

General de Gaulle in Mittelitalien

Dienstag, 7. März 1944, Neapel. Aus dem alliierten Hauptquartier:

De Gaulle hat der italienischen Front einen Besuch abgestattet und dabei die in Italien kämpfenden französischen Truppen inspiziert. Den Sonntag verbrachte de Gaulle bei den französischen Kolonialeinheiten, die an der Front der 5. Armee kämpfen. Er erklärte bei dieser Gelegenheit, diese Einheiten würden dazu beitragen, Frankreich wieder als große Militärmacht aufzurichten.

Erneuter Wintereinbruch

Mittwoch, 8. März 1944. Aus dem Hauptquartier von General Alexander:

Schnee, Regen und Schlamm brachten alle Operationen auf dem italienischen Kriegsschauplatz zum Stillstand. Abgesehen von einigen Patrouillen herrschte an allen drei Fronten vollkommene Ruhe; sogar die üblichen Artillerieduelle haben beträchtlich nachgelassen.

Wie an der Ostfront

8. März 1944, Berlin. Das DNB meldet:

In den letzten vier Tagen hat es an der Nettuno-Front ununterbrochen geregnet. Die schmalen Straßen zwischen den Bergen und Rebhügeln verwandeln sich in gelben Morast, in dem nur noch

8. März 1944, Lagebesprechung im HQ des C.E.F.: von links Gen. de Gaulle, Maj.Gen. de Goislard de Monsabert, Monsieur Diethelm, Gen. Juin, Gen. de Lattre de Tassigny

Pferde und leichte Schlepper vorwärts kommen. Der seit wenigen Jahren gebändigte Sumpf scheint seine alte Herrschaft wieder antreten zu wollen. Die Granattrichter saugen sich voll Wasser. Je weiter man in das tiefgestaffelte Stellungssystem eindringt, um so mehr erhält man den Eindruck, an der Ostfront zu sein.

Es ist ein Trost, zu wissen, daß der Gegner noch näher am Meer sitzt und zweifellos noch stärker unter dem Regen und dem steigenden Wasserspiegel zu leiden hat. Wie wir selber, benutzte auch er die tiefeingeschnittenen, schluchtenreichen Bachläufe zum Ausbau seiner Stellungen. Man wohnt hier Tür an Tür oder besser gesagt, Fuchsloch an Fuchsloch. In der Nacht läuft die gelbe Brühe in die engen Löcher hinein, die sich die Füsiliere in die steilen Hänge der Rebenschluchten gruben. Keine 150 Meter weiter wird es beim Feind ebenso sein.

Es sind gleichwertige Gegner, die sich auf diesem Schlachtfeld miteinander messen. Meter um Meter muß dem Feind entrissen werden; denn jeder Hügel und jeder Bach sind ein Kernstück sicherer Verteidigung. Nichts fürchten die Anglo-Amerikaner mehr als ein neues Dünkirchen. Der deutsche Soldat spürt das am eigenen Leib; darum darf der kleinste Erfolg, und wenn er nur einen Hügel einbrächte, als ein Sieg gegen die gewaltigsten Kriegsanstrengungen gewertet werden.

In Italien nichts Neues
Donnerstag, 9. März 1944. Das Oberkommando der Wehrmacht gibt bekannt:

Von den italienischen Fronten wird beiderseitige Späh- und Stoßtrupptätigkeit gemeldet . . .

Vor der Entscheidungsschlacht um Monte Cassino
Freitag, 10. März 1944. Aus dem Hauptquartier von General Alexander:

Eine leichte Besserung des Wetters wirkte sich nur auf die Tätigkeit der Luftstreitkräfte aus, während die Operationen zu Lande sich immer noch auf örtliche Patrouillengefechte beschränkten. Die am Dienstagabend gemeldete Wiederaufnahme der Kämpfe in Cassino dürfte den Auftakt zu einer Entscheidungsschlacht um die Ruinen der Stadt bilden. Die Deutschen halten immer noch etwa zwei Drittel von Cassino.

Verstärkte feindliche Stoßtrupptätigkeit
Sonntag, 12. März 1944. Das Oberkommando der Wehrmacht gibt bekannt:

. . . An den italienischen Fronten verstärkte der Feind seine Stoßtrupptätigkeit. Südwestlich und südlich Cisterna sowie im Abschnitt nördlich Cassino brachen örtliche, von starker Artillerie unterstützte feindliche Angriffe in unserem Abwehrfeuer zusammen. Schlachtflugzeuge erzielten Treffer in den Hafenanlagen von Anzio und beschädigten ein feindliches Transportschiff von 2000 BRT schwer.

Feindliche Vorstöße bei Nettuno gescheitert

15. März 1944, Cassino-Abschnitt: Rastplatz der Nachschub-Kompanie des C.E.F.

16. März 1944, im Apennin: Eine britische Gebirgspatrouille bereitet sich auf den Einsatz vor. »... Für ein paar Zigaretten helfen diese italienischen Kinder dem Tommy beim Schleppen seiner Ausrüstungen« (Orig.-Text NA 14541)

März 1944, Adria-Frontabschnitt: italienische Schützen auf dem Weg in die neuen Stellungen

Mittwoch, 15. März 1944. Das Oberkommando der Wehrmacht gibt bekannt:

Im Landekopf von Nettuno führte der Feind nach starker Artillerievorbereitung mehrere von Panzern unterstützte Vorstöße, die unter starken feindlichen Verlusten scheiterten. Zahlreiche Gefangene wurden eingebracht. Fernkampfartillerie bekämpfte den feindlichen Schiffsverkehr von Anzio und Nettuno, traf einen Transporter und zwang mehrere Schiffe zum Abdrehen. Nordamerikanische Bomberverbände führten erneut einen Terrorangriff gegen die Stadt Rom. In mehreren Stadtteilen entstanden schwere Zerstörungen und Verluste unter der Bevölkerung . . .

Unsere Fallschirmjäger wiesen alle Angriffe ab

Donnerstag, 16. März 1944. Das Oberkommando der Wehrmacht gibt bekannt:

. . . An der Südfront griff der Feind nach ungewöhnlich schweren Bombenangriffen, von starker Artillerie und Panzern unterstützt, den Ort Cassino an. Die Angriffe scheiterten am heldenhaften Widerstand des eingesetzten Fallschirmjäger-Regiments 3 unter Führung von Oberst Heilmann und unter wirksamer Unterstüt-

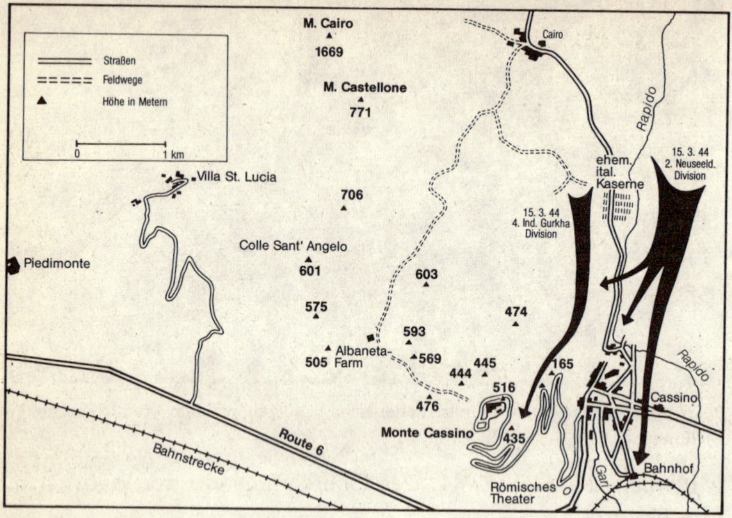

März 1944: Dritte Schlacht von Monte Cassino

zung durch das Werferregiment 71 unter Führung von Oberstleutnant Andrae . . .

Vor dem Fall von Cassino

Freitag, 17. März 1944. Aus dem Hauptquartier von General Alexander:

Der Kampf um die Ruinen von Cassino geht seinem Ende entgegen. Nachdem neuseeländische Truppen unter dem Kommando von General Freyberg, die vor rund einem Monat von der Front der 8. Armee abgezogen wurden und jetzt im Verband der 5. Armee kämpfen, das ganze Stadtgebiet durchstoßen haben und nun gegen die letzten deutschen Stellungen in den südwestlichen Außenbezirken vorgehen, kann das Schicksal des deutschen Stützpunktes als besiegelt gelten . . . An den Hängen des Klosterhügels ist eine Anzahl deutscher Beobachtungsposten überwältigt worden, die das Artilleriefeuer der Bergfestung geleitet haben. Dieses hatte bisher die 5. Armee am Einbruch in die Ebene von Cassino gehindert.

15. März 1944, Abtei Monte Cassino: Die Fallschirmjäger beobachten den Angriff der US-Bomber auf die Stadt Cassino

Neuer vergeblicher Ansturm auf Cassino
17. März 1944. Das Oberkommando der Wehrmacht gibt bekannt:

In Italien griff der Gegner erneut nach heftigen Bombenangriffen, von starker Artillerie und Panzerkräften unterstützt, mit neuseeländischen, indischen und französischen Truppen den Ort Cassino an. Eine feindliche Kräftegruppe, die in die Stadt eindringen konnte, wurde durch unsere tapferen Fallschirmjäger sofort wieder geworfen. Schwere Kämpfe sind noch im Gange. An der übrigen Front kam es zu keinen Kampfhandlungen von Bedeutung . . .

Schweres Ringen um den Stadtkern von Monte Cassino
Sonnabend, 18. März 1944. Das Oberkommando der Wehrmacht gibt bekannt:

Aus dem Landekopf Nettuno wird nur örtliche Kampftätigkeit gemeldet. An der Südfront dauert das schwere Ringen um den Stadtkern von Cassino mit unverminderter Heftigkeit an. Der

Bahnhof von Cassino ging nach hartem Kampf verloren . . .

Häuserkampf in Cassino

Sonntag, 19. März 1944. Aus dem Hauptquartier von General Wilson:

Weitaus der größte Teil von Cassino befindet sich in alliierter Hand. Unsere Panzer- und Infanterieverbände haben den Gegner auf kleinstem Raum im äußersten westlichen Teil der Stadt zusammengedrängt. Dort haben sich die Deutschen in etwa 12 Ruinen verschanzt. Sie bieten ihnen ausreichenden Schutz, denn es handelt sich um Häuser mit gut ausgebauten Kellergewölben, die, wie sich letzte Woche zeigte, selbst einem schweren Luftangriff standhalten . . . In den Hügeln um Cassino dauern heftige Kämpfe an. Die Deutschen sind immer noch im Besitz ihrer Stellungen im Gebiet des Benediktiner-Klosters, doch nähern sich ihnen neuseeländische, indische und amerikanische Verbände.

19. März 1944, Nettuno, kurze Verschnaufpause während des Kampfes: Die Musik läßt selbst das Schlimmste vergessen

Schneidiger deutscher Gegenangriff in Cassino
19. März 1944. Das Oberkommando der Wehrmacht gibt bekannt:

Eigene Stoßtrupps vernichteten im Landekopf von Nettuno zahlreiche feindliche Widerstandsnester. Der Feind erlitt schwere blutige Verluste. Gefangene wurden eingebracht. Gegen Cassino setzte der Feind seine von Panzern unterstützten Angriffe fort. Sie wurden mit wirksamer Unterstützung durch Schlachtflieger in harten Kämpfen abgeschlagen. In schneidigem Gegenangriff wurde die im Nordwesten des Ortes liegende Burgruine zurückerobert. An der übrigen Front verlief der Tag ohne besondere Ereignisse . . .

Der Kampf um Cassino
Montag, 20. März 1944. Aus dem Hauptquartier von General Wilson:

Alliierte Panzerverbände haben gestern auf einer neuen Gebirgsstraße die deutschen Stellungen bei Cassino umgangen und sind gegen Abend bis in die unmittelbare Nähe der *Via Casilina* vorgedrungen. Die Gebirgsstraße war im geheimen von amerikanischen Pioniertruppen in einem Abschnitt angelegt worden, der schon seit einiger Zeit von den Alliierten als Frontvorsprung gehalten wurde. Offenbar war der deutschen Erkundung entgangen, daß hier eine regelrechte Militärstraße entstanden ist. Der Panzerangriff eines britisch-amerikanischen Verbandes kam daher völlig überraschend und führte zunächst zu einer schnellen Besetzung des Monte Albaneta, 1½ km nordwestlich des Monte Cassino.

Erfolglose Feindangriffe bei Aprilia und Cassino
20. März 1944. Das Oberkommando der Wehrmacht gibt bekannt:

Im Landekopf von Nettuno führte der Gegner südwestlich Aprilia mehrere von starker Artillerie unterstützte, aber erfolglose Angriffe. Die Verteidiger von Cassino schlugen gestern erneut alle feindlichen Angriffe, die während des ganzen Tages mit starker Artillerieunterstützung geführt wurden, ab . . .

März 1944, Stadt Cassino: die Ruhe vor dem Sturm; deutscher Gefechtsstand in einem halbzerstörten Haus

In Cassino verbluteten alle Feindangriffe im deutschen Abwehrfeuer

Dienstag, 21. März 1944. Das Oberkommando der Wehrmacht gibt bekannt:

Aus dem Landekopf von Nettuno wird nur lebhafte Späh- und Stoßtrupptätigkeit gemeldet. In der Stadt Cassino verbluteten auch gestern wieder alle feindlichen, von starken Panzerkräften unter-

März 1944, Adria-Frontabschnitt: Soldaten der britischen 8. Armee im Häuserkampf unter dem Schutz des künstlichen Nebels

stützten Angriffe im Abwehrfeuer der tapferen Verteidiger. Nordwestlich des Ortes wurde eine feindliche Kampfgruppe eingeschlossen. Die Verluste des Feindes betragen ein Vielfaches der eigenen.

In den Trichterfeldern von Cassino

Als am Mittwochmorgen bei schönstem Sonnenwetter nach einer verhältnismäßig ruhigen Nacht mit den üblichen Feuerüberfällen in tiefgestaffelten Wellen nahezu drei Stunden einige hundert viermotorige Bomber, Jagdbomber und Begleiter auf den Raum Cassino niederstürzten, wußte man an der Cassino-Front, daß nach knapp zwei Wochen Ruhe nun der vierte Großangriff beginnen würde. Eine indische Division im Norden der Stadt und frontal eine neuseeländische Division rannten mit ihren Spitzen erneut gegen das Bollwerk, das sich mit einzigartiger Kraft bisher ruhmvoll geschlagen hatte. Das Heulen der Bomben, die teilweise aus sehr niedriger Höhe abgeworfen wurden, beherrschte lange Zeit

20. März 1944: »In der Stadt Cassino verbluteten auch gestern wieder alle feindlichen, von starken Panzerkräften unterstützten Angriffe ...« Bergen von verwundeten britischen Soldaten unter dem Schutz der Rot-Kreuz-Fahne

den Raum, der immer dichter von den weißgrauen Schwaden berstender Häuser und neuumgepflügter Ruinen angefüllt wurde. Manches Widerstandsnest wurde von den stürzenden Mauern begraben, und auch manche schweren Waffen fielen vorübergehend aus, weil der brandende Hagelschlag von Trümmern und überdeckenden Mauerteilen zu dicht auf die Verteidiger und ihre Waffen herabfielen ... Aber auch diesmal hatte sich der Feind nach dem bisher stärksten Luft- und Erdbombardement unserer Stellungen getäuscht ... So brachte der erste Tag dem Gegner durch erbitterte Abwehr, vor allem der Fallschirmjäger, die sich auch an dieser Stelle der Südfront wieder mit Todesverachtung schlugen, nur geringe Bodengewinne in der völlig zerstörten Ortschaft, wobei er wie bei allen seinen Angriffen wiederum schwerste blutige Verluste hinnehmen mußte ...

Völkischer Beobachter, 21. März 44

Verlustreiche Angriffe gegen Cassino

Mittwoch, 22. März 1944. Das Oberkommando der Wehrmacht gibt bekannt:

In Italien setzte der Feind auch gestern mit größter Verbissenheit seine verlustreichen Angriffe gegen Cassino erfolglos fort. Bei der Bekämpfung der Häfen Anzio und Nettuno durch unsere Fernkampfbatterien wurden Treffer auf einem feindlichen Frachter erzielt.

»Sie leisten fürchterlichen Widerstand«

Der heldenmütige Kampf der deutschen Truppen in Cassino nötigt selbst der Feindpresse höchste Bewunderung und Achtung ab. Die Militärkritiker englischer Zeitungen ziehen daraus ihre Lehren, die für die anglo-amerikanische Kriegführung nicht gerade besonders schmeichelhaft ausfallen. Der Londoner Nachrichtendienst, der sicherlich bessere Nachrichten aus Cassino bieten möchte, kann nicht umhin, statt dessen einige Worte über die vorbildliche Haltung der deutschen Verteidiger zu sagen. Wörtlich erklärte er in einer Sendung aus Neapel am 20. März nachts: »Es sind keine gewöhnlichen deutschen Truppen, sie sind besonders ausgebildet, Mitglieder der Partei und Soldaten der ersten Luftdivision. Sie sind zäh, aber keine Selbstmordabteilungen. Sie leisten fürchterlichen Widerstand.«

Völkischer Beobachter, 22. März 44

Schwere Kämpfe

Donnerstag, 23. März 1944. Aus dem Hauptquartier von General Wilson:

In Cassino dauern die schweren Kämpfe an. Ein feindlicher Gegenangriff wurde zurückgeschlagen.

Mehrere Angriffe zurückgeschlagen

23. März 1944. Das Oberkommando der Wehrmacht gibt bekannt:

23. März 1944, Apennin: »Frühling in Italien«, Die Carrier Bren des polnischen II. Korps im Schneesturm

Bei Cassino brachen mehrere, von Panzern unterstützte Angriffe gegen den Nordteil des Ortes in unserem zusammengefaßten Abwehrfeuer zusammen.

Stärkere Feindkräfte zwischen der Stadt und dem Kloster eingeschlossen

Nach sechstägigem Ringen um Cassino trat der Gegner am 20. 3. nach starkem, von heftigen Feuerüberfällen begleitetem Artilleriefeuer im Ost- und Südostteil der Stadt zu neuen Vorstößen an. In den Vormittagsstunden schlugen Fallschirmjäger und Grenadiere in hervorragendem Zusammenwirken mit den schweren Waffen und Granatwerfern zwei links der Via Casilina mit Panzern geführte Angriffe des Feindes ab. Auch nordwestlich Cassino, im Raum von Massa Albaneta, hatte der Gegner keinen Erfolg. Artillerie und Werferbatterien faßten dort bereitgestellte feindliche Infanterie- und Panzerkräfte und zerschlugen sie. Die blutigen Verluste des Gegners, der wiederum zahlreiche Gefangene einbüßte, waren hierbei außerordentlich hoch.

Der im bisherigen Kampfverlauf wohl einmalige Auftakt des feindlichen Großangriffs gegen das Ruinenfeld von Cassino am 15. 3. schaltete zwar durch Massenabwurf von Bomben auf engstem Raum durch Hunderte von Flugzeugen die deutsche Verteidigung an einigen Stellen vorübergehend aus, doch arbeiteten sich unsere Fallschirmjäger, deren Deckungen unter Schutt und Trümmern zusammengebrochen waren, mit ihren Waffen aus den Schuttmassen heraus, nahmen vom Rücken her den Kampf gegen den eingebrochenen Gegner auf und schlugen sich zu den Stellungen ihrer Kameraden durch.

Ein bezeichnendes Beispiel für die Härte dieses Kampfes lieferte ein Obergefreiter. Von mehreren Granatsplittern getroffen, sank er blutüberströmt an seinem Maschinengewehr besinnungslos zusammen. Die über ihn hinwegstürmenden Neuseeländer hielten ihn für gefallen. Als er jedoch kurz darauf das Bewußtsein wiedererlangte, war er sich sofort über die neue Lage im klaren. Ganz auf sich gestellt, richtete er das Feuer seines Maschinengewehres überfallartig auf die nachfolgenden Infanteriezüge, die zu Boden mußten oder flüchteten. Er selbst sprang, immer wieder mit seinem Maschinengewehr feuernd, von Trichter zu Trichter, bis er seine Einheit erreicht hatte.

In den wechselvollen Kämpfen der nächsten Tage brachten Fallschirmjäger unter Führung ihres Kommandeurs Eichenlaubträger Generalleutnant Heidrich, der selbst inmitten seiner Soldaten Angriff und Abwehr leitete, den feindlichen Sturm zum Stehen und riegelten die Einbruchsstelle ab.

Im Zuge der eigenen Gegenangriffe gelang es unseren Fallschirmjägern, zwischen der Stadt und dem von den Anglo-Amerikanern zerstörten Kloster stärkere feindliche Kräfte einzuschließen, die seitdem fortgesetzt unter schwerem deutschem Artilleriefeuer liegen. Der Feind versorgt seine eingeschlossenen Kräfte aus der Luft und versucht, Verstärkungen heranzuführen. Trotzdem scheiterten ebenso wie bisher auch am 20. 3. alle Ausbruchs- und Entsetzungsversuche des Gegners.

Völkischer Beobachter, 23. März 44

24. März 1944, Stadt Cassino: Im Schutz des künstlichen Nebels rollt der Angriff

britischer Truppen

24. März 1944, Casino-Abschnitt: Fallschirmjäger in Erwartung ihres Einsatzbefehls

Schwerste Kämpfe

Freitag, 24. März 1944. Aus dem Hauptquartier von General Alexander:

Nach intensiver Vorbereitung durch Mörser- und Artilleriefeuer ist die in den Trümmern von Cassino kämpfende neuseeländische Infanterie erneut zum Angriff gegen die im Westen der Stadt verschanzten deutschen Truppen übergegangen. Starke Panzervorhuten eröffneten den Vorstoß gegen die mit großer Zähigkeit verteidigten feindlichen Stellungen. Die Schlacht geht mit wachsender Erbitterung weiter, ohne daß bisher eine Entscheidung gefallen ist . . .

Anglo-Amerikaner stellen ihre Angriffe ein

24. März 1944. Das Oberkommando der Wehrmacht gibt bekannt:

In Italien setzte der Feind gestern seine Angriffe gegen Cassino infolge seiner hohen Verluste nicht fort. An beiden Fronten herrschte nur örtliche Kampftätigkeit.

Keine schwierigere Aufgabe als die Eroberung von Cassino

In einem Kommentar zur Lage äußert sich der britische Rundfunksprecher W. N. Your zu den schweren Kämpfen in Italien. Es habe, so meinte er kleinlaut, wohl bisher in diesem Krieg keine schwierigere Aufgabe gegeben als diese Eroberung von Cassino. In englischen Kreisen machte sich angesichts der dortigen Kämpfe eine gewisse Enttäuschung bemerkbar, da die Luftsachverständigen ein wenig überoptimistisch bezüglich ihres Massenangriffs gewesen seien. General Eaker sei so begeistert von seiner eigenen Leistung gewesen, daß er sie leider überschätzt habe. Gegen die hervorragenden deutschen Truppen, die hier konzentriert seien, könne man nur mit den besten Truppen antreten.

Völkischer Beobachter, 24. März 44

März 1944, Cassino-Abschnitt: Soldaten der algerischen 3. Infanteriedivision nutzen eine kurze Kampfpause

Und so war es:

Der kalte Februar neigt sich dem Ende zu, in Kampanien ist es noch feucht, aber an der Küste kündigen die blühenden Orangen den Frühling an.

Britisches Flugblatt, das die deutschen Soldaten der 334. Inf.Div. zum Überlaufen ermutigen soll

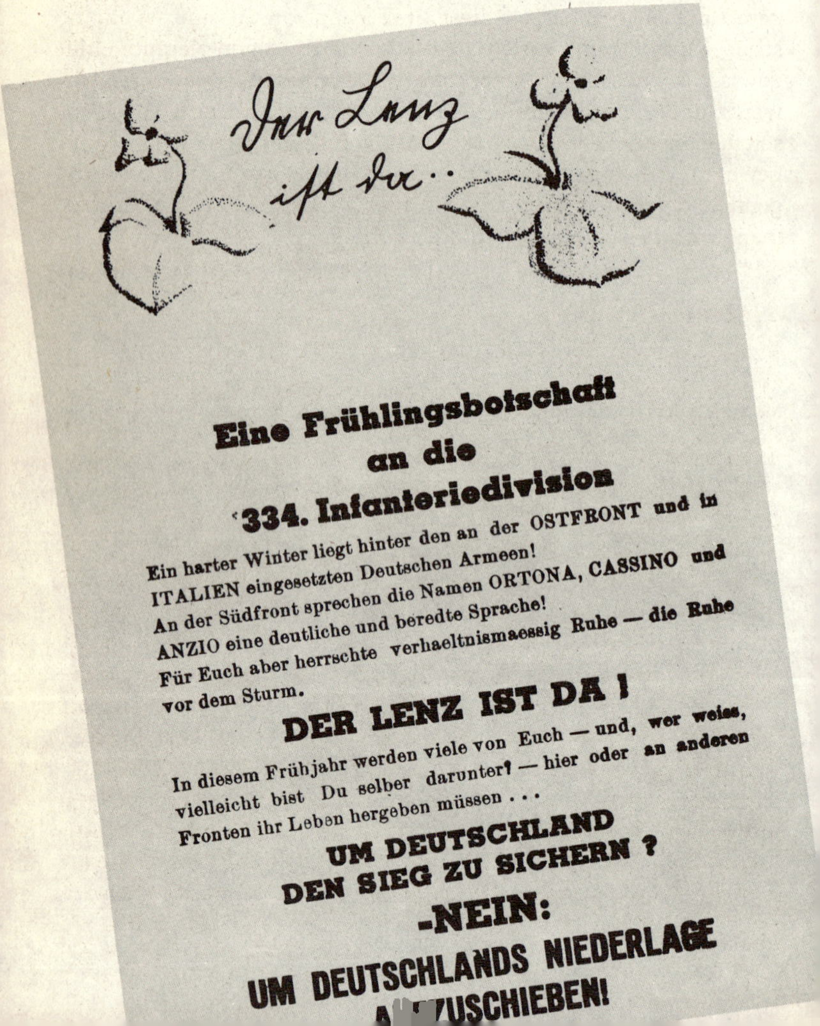
Der Lenz ist da..

Eine Frühlingsbotschaft an die 334. Infanteriedivision

Ein harter Winter liegt hinter den an der OSTFRONT und in ITALIEN eingesetzten Deutschen Armeen!
An der Südfront sprechen die Namen ORTONA, CASSINO und ANZIO eine deutliche und beredte Sprache!
Für Euch aber herrschte verhaeltnismaessig Ruhe — die Ruhe vor dem Sturm.

DER LENZ IST DA !

In diesem Frühjahr werden viele von Euch — und, wer weiss, vielleicht bist Du selber darunter? — hier oder an anderen Fronten ihr Leben hergeben müssen . . .

UM DEUTSCHLAND DEN SIEG ZU SICHERN ?

-NEIN:

UM DEUTSCHLANDS NIEDERLAGE A[illegible]ZUSCHIEBEN!

Generalleutnant Heidrich,
hier noch als Oberst

In der Nacht vom 19./20. Februar 1944 unternimmt das I. Bataillon des Grenadierregiments 211 eine gewaltsame Aufklärung über den Rapido in Richtung Monte Trocchio. Die schwerbewaffnete Gruppe gerät mit ihren 60 Mann, ohne einen Schuß abzugeben, in Gefangenschaft. Sie war mit den neuen Sturmgewehren 44 ausgerüstet, die nicht in Feindeshand hätten fallen dürfen.

Am Sonntag, dem 20. Februar 1944, beginnt die Ablösung der an Abwehrerfolgen entscheidend beteiligten 90. Panzergrenadierdivision (GenLt. Baade) durch die 1. Fallschirmjägerdivision (GenLt. Heidrich). Das I. Bataillon des Fallschirmjägerregiments 3 unter Major Böhmler übernimmt die Stellungen auf dem Monte Cassino, das II. Bataillon (Hptm. Foltin) bezieht die Stellungen in der Stadt. Zu ihrer Rechten befindet sich weiterhin die 15. Panzergrenadierdivision (GenMaj. Rodt), an der linken Flanke die 5. Gebirgsjägerdivision (Oberst Schrank) mit der 44. Infanteriedivision »Hoch- und Deutschmeister« (GenLt. Franek). Die Ablösung erfolgt bei strömendem Regen, der die Wege und Gebirgspfade in Schlammbäche verwandelt. Oft stehen die Deckungslöcher unter Wasser und müssen mit Stahlhelmen erst leergeschöpft werden. Bei Tage ist eine Bewegung selbst in den Deckungslöchern kaum möglich und außerhalb völlig ausgeschlossen.

Die 1. Fallschirmjägerdivision ist seit der alliierten Landung am 9. September 1943 ununterbrochen im Einsatz und stark geschwächt. Und nun muß sie einen 13 km breiten Abschnitt decken, der vom Bahnhof Cassino bis zum fast 1700 m hohen Monte Cairo reicht.

Die Stadt Cassino verteidigt das II. Bataillon (Hptm. Foltin) des Fallschirmjägerregiments (FJR) 3, verstärkt durch die 10. Kompanie und eine Batterie Sturmgeschütze zur Panzerabwehr. Das I. Bataillon des FJR 3 verschanzt sich auf dem Klosterberg, die umliegenden Höhen werden vom FJR 1 und FJR 4 gehalten.

Am Montag, dem 21. Februar 1944, sind die Vorbereitungen der von Lieutenant General Freyberg geplanten *»Operation Dickens«*, einem erneuten Angriff im Cassino-Abschnitt, abgeschlossen. Das Unternehmen soll – vorausgesetzt, daß der Boden für Panzerbewegungen fest genug ist, am 24. Februar 1944 beginnen. Vorgesehen ist der Einsatz von zwei Divisionen und einem Panzerregiment des neuseeländischen II. Korps. Die Stadt Cassino sollen die Neuseeländer, den Monte Cassino die Engländer und Inder einnehmen. Auch diesmal wird beschlossen, in direktem Angriff zu stürmen, anstatt Cassino und den Klosterberg an der Flanke zu umgehen. Eine Massierung von Luftstreitkräften und Artillerie, wie sie in der Kriegsgeschichte höchst selten ist, soll den Sturmtruppen den Weg bahnen. Der Unterschied zwischen der *»Operation Dickens«* und den vorherigen Schlachtplänen: Der Durchbruch erfolgt nur an einer etwa 1,5 km breiten Stelle, unter gewaltigem Materialaufwand.

Am Dienstag, dem 22. Februar 1944, wird US-Major General Lucas, nachdem bereits der deutsche Gegenangriff am Anzio-Nettuno-Landekopf erfolgreich zurückgeschlagen wurde, von seinem Posten abberufen. Das VI. US-Korps übernimmt nun Major General Truscott, bisheriger Kommandeur der 3. US-Division.

Februar 1944, Cassino-Abschnitt: Fallschirmjäger bringen ihre Panzerabwehrkanone 7,5 cm, Pak 97/38, in Stellung

Am Mittwoch, dem 23. Februar 1944, verschlechtert sich das Wetter: Es gießt den ganzen Tag über in Strömen, so daß die »*Operation Dickens*« verschoben werden muß. Man ahnt zur Stunde nicht, daß es noch fast drei Wochen lang ununterbrochen regnen wird.

Inzwischen hat das I. Fallschirmjägerregiment 3 die Trümmer der Abtei zu einer Festung ausgebaut: vier schwere und zwei leichte MG, daneben zwei mittlere Granatwerfer, sichern den Klosterberg. Mehrere Artilleriebeobachter und 80 Fallschirmjäger befinden sich in den schußsicheren unterirdischen Gängen.

Am Donnerstag, dem 24. Februar 1944, kehrt der Winter in voller Strenge in die Abruzzen zurück. Die Berge liegen unter einer dichten Schneedecke. Alle Bewegungen an der Front erstarrten in eisigen Stürmen, nur die Artillerie liefert sich noch Feuerduelle.

Am Freitag, dem 25. Februar 1944, will Generalfeldmarschall Kesselring erneut den Anzio-Nettuno-Landekopf angreifen, doch starke Regenfälle machen dies völlig unmöglich.

Am Sonnabend, dem 26. Februar 1944, erhält General Wilson den Befehl, dem Feldzug in Italien absolute Priorität vor allen anderen Operationen im Mittelmeerraum zu geben.

Erst am Montag, dem 28. Februar 1944, befiehlt Generalfeldmarschall Kesselring drei deutschen Divisionen einen Angriff auf den Landekopf Anzio–Nettuno. Durch den anhaltenden Regen bleiben die deutschen Panzer jedoch im Schlamm stecken, und die Infanteristen sinken bis zu den Knien ein. Das Wetter hindert zwar die alliierten Fliegerkräfte am Einsatz, doch dafür ist das Feuer der US-Artillerie um so stärker.

Am Dienstag, dem 29. Februar 1944, greift bei Anzio–Nettuno auch das LXXVI. Panzerkorps (Gen. d. Pz. Tr. Herr) in die Kämpfe ein. Der inzwischen eingetretene Wetterumschwung ermöglicht auch der alliierten Schiffsartillerie und den Flugzeugen wieder vollen Einsatz. So hält die 3. US-Division dem deutschen Angriff stand.

Am Nachmittag des 1. März 1944 läßt Kesselring den deutschen Angriff einstellen. Nun ist der Versuch, den alliierten Landekopf ohne ausreichende Luftwaffenunterstützung zu beseitigen, endgültig gescheitert. Die 14. Armee (GenOberst v. Mackensen) geht zur Verteidigung über. Ein tiefgegliederter Stellungsbau soll die zu erwartende alliierte Offensive in Richtung Rom aufhalten.

Am Donnerstag, dem 2. März 1944, trifft die neuseeländische 2. Division ein harter Schlag: Ihr Kommandeur, Brigadier Kippenberger, wird schwer verletzt. Als er seine Batterien auf dem Monte Trocchio inspiziert, läuft er über einen angeblich von Minen gesäuberten Weg und tritt auf eine der berüchtigten deutschen Holzminen. Eines seiner Beine wird weggerissen, das andere muß amputiert werden. Das Kommando überträgt man Major General Parkinson.

Zu dieser Zeit stehen die westalliierten Befehlshaber unter

März 1944, Cassino-Abschnitt: Über die in künstlichen Nebel gehüllte Bailey-Pionierbrücke rollen trotz des feindlichen Feuers die Carrier Bren über den Gari in Richtung Front

politischem Druck: An der Ostfront hat die Rote Armee bereits große Teile Ostpolens eingenommen und Rumänien erreicht. Stalin wirft seinen Verbündeten immer wieder vor, daß er das Schwergewicht des Kampfes gegen Hitler ganz allein tragen müsse, während die Westalliierten lediglich einen beschränkten Landkrieg führen. Um dieser Kritik entgegenzutreten, sehen sie sich gezwungen, selbst ohne entsprechende Vorbereitung erneut anzugreifen.

Am Freitag, dem 10. März 1944, bekommen die Truppen des neuseeländischen II. Korps, die im Cassino-Abschnitt angreifen sollen, endlich einen Stadtplan, auf dem die deutschen MG-Stellungen, Minenfelder und Panzerabwehrwaffen eingezeichnet sind.

Man sieht, daß die Stadt lediglich durch eine schmale Straße zu erreichen ist. Die ausgedehnten Minenfelder gestatten nur ein Nacheinander-Hindurchschleusen. Selbst die indische 5. Brigade, die Monte Cassino angreifen soll, muß sich bis kurz vor dem Klosterberg die gleiche Strecke hindurchzwängen. Trotzdem bleibt auch in dieser Schlacht Lieutenant General Freyberg bei seinem äußerst riskanten frontalen Vorstoß der aufgesplitterten Einheiten.

Am Sonnabend, dem 11. März 1944, wird im Cassino-Abschnitt die sogenannte *»Cavendish-Road«* fertiggestellt. Diese etwa 4 m breite Panzerspur – von den neuseeländischen Pionieren in 11 Tagen gebaut – geht von Cairo über Massa Albaneta und gewährt jetzt einen Zugang zum Rücken des Klosterberges. Da die Route von deutschen Beobachtungsposten eingesehen werden kann, müssen zuerst Sichtblenden aufgestellt werden, die sowohl die Arbeitskolonnen als auch die fertigen Wegabschnitte verbergen.

Es regnet jetzt im Liri-Tal beinahe seit drei Wochen, und die Truppen leiden immer mehr unter der Nervenanspannung durch das tägliche Verschieben des Angriffs. Auch die Deutschen sind trotz der verhältnismäßigen Ruhe in keiner besseren Situation, da sie meistens im freien Gelände liegen: Das tagelange Verharren in den engen Deckungslöchern auf blankem Gestein – mit einer Zeltbahn als einzigem Schutz gegen die Witterung – sowie der

März 1944: Hauptverbandsplatz einer Division des C.E.F.

Verzicht auf primitivste hygienische Bedürfnisse zermürbt die Männer. Schnee und Regen dringen durch die Bekleidungsstücke, Krankheiten setzen ein. Die Verpflegung bilden die mit Hartspiritus aufgewärmten Konserven.

Am Sonntag, dem 12. März 1944, tritt eine Wetterbesserung ein, und die alliierten Meteorologen sind der Ansicht, daß bis zum 15. März endlich günstigere Bedingungen für die *»Operation Dikkens«* vorhanden sein werden.

Am Abend des 14. März 1944 zieht Lieutenant General Freyberg seine Sturmtruppen einige Kilometer von Cassino zurück, um sie durch den geplanten Bombenangriff auf die Stadt nicht zu gefährden. Diese Maßnahme bleibt den Deutschen allerdings verborgen.

Am frühen Morgen des 15. März 1944 versammeln sich im Hauptquartier des neuseeländischen II. Korps in Cerbaro, knapp 5 km von Cassino entfernt, neben dem Oberbefehlshaber der alliierten Streitkräfte, General Alexander, alles, was Rang und Namen hat. Der strahlendblaue Himmel läßt einen schönen Tag erwarten, und die Sicht auf Cassino ist ausgezeichnet.

Im 2. Stock eines alten Bauernhauses, am Hang des Monte Velletri, warten die Offiziere gespannt auf den Verlauf eines Experimentes: Zum erstenmal an der Italienfront soll eine Stadt durch einen »Bombenteppich« ausgelöscht werden. Und dies verspricht allen Anwesenden ein einzigartiges Erlebnis. Man ist froh, daß endlich das Problem, das seit Wochen so viele Sorgen bereitet, auf einfache Weise gelöst wird. Die Anwesenden sind überzeugt, daß sich kaum jemand aus diesem sich in einigen Minuten im Tal abspielenden Inferno retten kann. Man hat immerhin für jeden deutschen Soldaten, der sich in Cassino befindet, rund 5 t Sprengstoff vorgesehen. Und die alliierten Befehlshaber hoffen insgeheim, den deutschen Fallschirmjägern würden die Nerven durchgehen, da nach ihrer Meinung keiner, der dieses Bombardement überlebt, bei Sinnen bleiben kann.

Die Generäle ahnen zur Stunde nicht, daß sie mit ihrer Idee des »Bombenteppichs« sich selbst um den Sieg in dieser Schlacht bringen werden: Die Trümmer, die die Bomben hinterlassen,

15. März 1944, Cerbaro, HQ des neuseeländischen II. Korps: Lt.Gen. Leese (Mitte stehend) und seine Offiziere verfolgen als Zaungäste die Zerstörung der Stadt Cassino

versperren den eigenen Panzern den Weg.

Planmäßig um 8.30 Uhr erscheinen Verbände viermotoriger schwerer US-Bomber B-17 und klinken den ersten Bombenteppich über dem kaum 1500 m breiten und 500 m tiefen Frontabschnitt aus.

Die dritte Cassino-Schlacht hat begonnen.

Ein britischer Kriegsberichterstatter notiert: »Ich kann mich an kein Schauspiel des ganzen Krieges erinnern, das auf so gigantische Weise einseitig war. Oben am Himmel die silbergrauen Ungeheuer, die ihren Auftrag mit höchstem Gleichmut erfüllten, unten eine schweigende Stadt, die dies alles in schweigender Passivität erduldete.«

Dem ersten Geschwader folgen in Abständen von 10–15 Minuten weitere Angriffswellen. Das Drama spielt sich volle vier Stunden lang ab.

Die Maschinen sind von den Flugplätzen in Italien, Nordafrika und England gestartet: insgesamt 575 mittlere und schwere Bom-

15. März 1944, am Rande von Cassino: Britische Soldaten warten im Schutz eines Hauses auf das Ende des Luftangriffs

ber, dazu 200 Jabos. US-General Eaker, Befehlshaber der *Mediterranean Allied Air Force* (MAAF) hat für diesen Angriff die stärksten Luftstreitkräfte konzentriert, die bis jetzt auf dem Mittelmeer-Kriegsschauplatz zusammengezogen worden sind. Der Einsatz dieser Luftarmada von 775 Maschinen gilt etwa 350 deutschen Fallschirmjägern und Pionieren, die die Stadt Cassino halten.

»Immer neue Bombenreihen fielen. Wir begriffen nun«, schreibt ein deutscher Mitkämpfer, »daß man uns endgültig auslöschen wollte, aber wir konnten es nicht fassen, daß dieser grauenvolle Zauber überhaupt kein Ende nahm . . . Die Sonne verlor ihre Helligkeit. Eine unheimliche Dämmerung verbreitete sich. Es war, als wenn die Welt untergehen sollte . . . Kameraden wurden verwundet, verschüttet, wieder ausgebuddelt, zum zweitenmal endgültig verschüttet. Ganze Züge und Gruppen wurden durch Reihenvolltreffer restlos ausgelöscht. Die Überlebenden flohen zu zweit oder in kleinen Grüppchen aus den Häusern, die zu Menschenfallen wurden, in die Trichter. Manche hakten sich ein und preßten sich gleichzeitig die Ohren zu, um nicht vom Luftdruck

15. März 1944, Cassino: ». . . Ein bißchen zaghaftes Flakfeuer hatte die ersten Bomberwellen begrüßt. Dann hörten wir nichts mehr . . .«

auseinandergerissen zu werden. Einzelne Überlebende, halb wahnsinnig von den harten Explosionen, taumelten benommen umher, vermieden jede Deckung, bis sie von einer Explosionsfontäne erfaßt und verschwunden waren. Andere drängten, ohne sich um den Stellungsverlauf zu kümmern, rücksichtslos in Richtung des Gegners vor, um dieser Hölle zu entrinnen . . .«

Als die ersten Bomben auf die Stadt niedergehen, verlegt der Kommandeur des II. Bataillons des FJR 3, Hauptmann Foltin, geistesgegenwärtig die 6. Kompanie – seine Reserve –, die zusammen mit dem Bataillonsstab im Keller des Hotels Excelsior liegt, in eine Höhle am Fuß des Klosterberges. Hauptmann Foltin weiß im Moment noch nicht, daß er mit dieser schnellen Reaktion entscheidend den Schlachtverlauf beeinflußt hat: Die Soldaten, die sich retten konnten, werden die ersten sein, die den alliierten Angriff zurückschlagen.

». . . Drüben beim Feind herrschte eine seltsame, schreckliche Stille, und es wirkte sehr gespenstisch. Ein bißchen zaghaftes

Flakfeuer hatte die ersten Bomberwellen begrüßt. Dann hörten wir es nicht mehr . . .«, notiert einer der Kriegskorrespondenten.

Als das Bombardement zu Ende geht, gibt Lieutenant General Eaker über Funk bekannt, daß die soeben abgeworfenen 2500 t Bomben jene Menge übertrifft, die je über Berlin abgeworfen worden sei, was übrigens nicht stimmt: Auf Cassino sind bei diesem Angriff »nur« 1140 t Sprengbomben gefallen.

Dabei bleibt die Erfahrung aus der vorangegangenen Cassino-Schlacht völlig unbeachtet: Man vergißt, daß ein in Trümmer gelegter Gebäudekomplex dem Verteidiger, vor allem den Scharfschützen, Vorteile bietet und die Einnahme erheblich erschwert.

Auch die eigenen Truppen sind von diesem Bombenhagel nicht verschont geblieben: Ein Verband hat seine Bombenlast auf den 24 km entfernten französischen Gefechtsstand bei Venafro fallen lassen, wo unter anderem 140 Zivilisten den Tod finden. Ein anderer Verband hat versehentlich ein marokkanisches Feldlazarett angegriffen. Die englischen, neuseeländischen und US-Artilleriestellungen haben 44 Mann verloren, die indische Division meldet 50 Tote und Verletzte, selbst der Wohnwagen des Kommandeurs der 8. Armee (Lt.Gen. Leese) hat einen Volltreffer bekommen.

Unter den Trümmern der Stadt ist nun der größte Teil des Fallschirmjägerregiments 3 (Oberst Heilmann) begraben, dazu auch fast die gesamte Ausrüstung und Munition. Von fünf Sturmgeschützen, den einzigen Panzerabwehrwaffen, bleibt nur eins übrig, und selbst das ist bewegungsunfähig. Die MG und Granatwerfer liegen unter meterhohem Schutt. Wo einst Straßen und Häuser standen, befinden sich jetzt tiefe Bombentrichter und Trümmerberge.

Den 60 Überlebenden der vorderen Kompanien bleiben nur die Handfeuerwaffen, die sie bei sich trugen, und ein paar leichte MG. Sämtliche Flammenwerfer sind vernichtet worden.

Das Kloster, am 15. Februar 1944 Hauptziel der alliierten Bomberverbände, wird diesmal von den Luftstreitkräften außer acht gelassen, was die Alliierten bei der dritten Cassino-Schlacht um den Erfolg bringt: Die Trümmer der Abtei hätten einen erneuten schweren Bombenangriff nicht mehr überstanden und wären für

15. März 1944, Cassino: »Nur« 1 140 000 kg Sprengbomben und 1 200 000 kg Granaten gehen an diesem Tag auf die Stadt nieder

15. März 1944, Cassino, Monte Trocchio: Auch die kleineren alliierten Dienstgrade lassen sich dieses Spektakel nicht entgehen. Wie in einem Theater verfolgen die britischen Soldaten den Bombenangriff auf die Stadt Cassino

die angreifenden Inder leicht zu erobern gewesen.

Um 12.30 Uhr haben die letzten Maschinen ihre Bombenlast abgeworfen. Kurz darauf eröffnet die alliierte Artillerie ein Trommelfeuer aus 746 Rohren, manche vom Kaliber 24 cm, auf die Stadt und ihre Umgebung.

Nach dieser gewaltigen Feuervorbereitung beginnt um 15.30 Uhr der kombinierte Infanterie- und Panzerangriff auf das, was von Cassino übriggeblieben ist. Rund 400 Panzer, dahinter die neuseeländische und indische Infanterie, drängen von Norden her in das Trümmerfeld und zur Rocca Janula (Höhe 193). Die Panzerkommandanten stehen in den Turmluken, denn sie erwarten kaum noch deutschen Widerstand.

Etwa 100 deutsche Soldaten haben das Bombardement überstanden, und als sich die neuseeländische 6. Infanteriebrigade dem ersten Trümmerfeld nähert, schlägt ihnen überraschend heftiges Abwehrfeuer entgegen. Jetzt beginnt ein erbitterter Kampf zwischen den Häuserruinen. Die Trümmerberge und riesigen Bombentrichter blockieren den Weg der Panzer. Die Pioniere und Panzerbesatzungen bemühen sich nun gemeinsam, Gassen durch das Kraterfeld freizuschaufeln, durch die die Panzer vorstoßen können. So ist es für die Panzer der neuseeländischen 4. Panzerbrigade völlig unmöglich, die Infanterie zu unterstützen. Nur unter schwersten Verlusten gelingt es den Alliierten, schrittweise voranzukommen.

Bis zum Einbruch der Dunkelheit dringt das neuseeländische 25. Bataillon etwa 200 m in die Stadtmitte vor. Erst nach hartem Kampf nimmt es die Höhe 193, von der man die Stadt überblicken kann.

Der deutsche Stützpunkt in den Ruinen des Hotels Continental, von den Männern des Stoßtruppführers Oberfeldwebel Neuhoff (2./FJR 3) verteidigt, versperrt dem neuseeländischen 24. und 26. Bataillon den Weg zur *Via Casilina*. Das einzige noch intakte deutsche Sturmgeschütz, das in der zerstörten Empfangshalle des Hotels steht, wehrt die Panzerangriffe ab.

Nun macht Lieutenant General Freyberg am ersten Tag der Schlacht einen entscheidenden Fehler: Als die Panzer in den Trümmern steckenbleiben, wird – abgesehen von einer einzigen Kompanie – keine zusätzliche Infanterie nach vorn beordert.

Zwar sind am Abend etwa zwei Drittel der Stadt von den Neuseeländern besetzt, doch halten die Deutschen das Zentrum sowie den Bahnhof und machen damit die Durchquerung des Ortes und den Weg zur *Via Casilina* unmöglich.

Nach dem Sonnenuntergang setzt wieder starker Regen ein, der das Geröll in schlammigen Brei verwandelt. Im Schutz der Dunkelheit und des Regens kann Generalleutnant Heidrich noch Verstärkungen nach Cassino einschleusen. Außerdem ist die auf engstem Raum geführte neuseeländische Aktion zu schwach, zu zögernd und zu begrenzt, um die Deutschen an der Zuführung weiterer Verstärkungen zu hindern. Eine Entlastung für die Verteidigung der Stadt ist das Feuer der deutschen Artillerie und Nebelwerfer von den umliegenden Hügeln, das die Bereitstellungen vor Cassino und den neuseeländischen Angriff erheblich stört.

An diesem Tage hat die alliierte Artillerie von 12.30 Uhr bis 20.00 Uhr 195969 Granaten von insgesamt 1200 t, was einer Ladung von rund 275 Güterwagen entspricht, auf die Stadt und den Klosterberg verschossen.

»Ich bezweifle, ob es auf der Welt eine zweite Truppe gibt, die das überstehen und nachher mit der gleichen Verbissenheit weiterkämpfen würde, wie diese Leute . . .«, funkt General Alexander an Churchill.

Nun befiehlt Lieutenant General Freyberg den Angriff auf den Klosterberg. Gegen Mitternacht gelingt es den *Rajputana*-Füsilieren vom *Essex*-Bataillon der indischen 5. Brigade, bis zur Höhe 193 vorzudringen, dort die Neuseeländer abzulösen und die Höhe 165 zu erreichen.

Die Rocca Janula – auch Burgberg genannt, auf dessen Kuppe die Ruine eines alten römischen Kastells steht – ist einer der wichtigsten Abschnitte im Vorfeld der Abtei, da sie durch einen Felssattel mit dem Klosterberg verbunden ist. Und die Deutschen wissen nur zu gut, daß das Schicksal der Abtei von den Kämpfen um die Höhe 193 abhängen wird.

◀ Orig.-Text: »Dieses Foto wurde am 15. März 1944 gemacht, nachdem 2500 t Bomben auf Cassino in Italien niedergegangen sind. Als sich der Rauch legte, entbrannte der Kampf in den Ruinen . . .«

15. März 1944, Cassino: Nach dem Angriff der US-Bomber gehen die neuseeländischen Truppen vor. Eine Panzerabwehrkanone nimmt die deutschen MG-Stellungen auf dem Klosterberg unter Feuer

Von der 2. Kompanie FJR 3, die diesen Abschnitt verteidigt hat, bleibt nur ein Obergefreiter am Leben. Nachdem die *Rajputanas* sich den Weg zum Kloster freigekämpft haben, drängen sie bis zur Höhe 236. Hier stoßen sie auf harten Widerstand der 3. Kompanie und geraten dazu in das Trommelfeuer der eigenen Artillerie, die bereits seit vier Stunden Monte Cassino unter Beschuß hält. Sie verlieren alle Offiziere und müssen bis zur Rocca Janula zurück. Unterdessen bemüht sich eine andere Truppe, den Klosterberg zu erstürmen: das I. Bataillon des *Gurkha*-Regiments 9. Es geht an der Höhe 236 vorbei und erklimmt die zerklüftete Höhe 435, nach dem zerstörten Seilbahnpfeiler auch Galgenberg genannt.

Bei Sonnenaufgang, als das auf den Klosterberg niedergehende achtstündige Trommelfeuer endlich aufhört, sichten die überraschten Beobachter von den Trümmern der Abtei nicht ganz 400 m entfernt, daß das *Gurkha*-Bataillon den Galgenberg ersteigt. Stürmisches MG-Feuer zwingt es auf dem Hinterhang Schutz zu suchen. Die *Gurkhas* liegen nun – von ihren Verbindungen abgeschnitten – auf dem kahlen Felsen unter Beschuß von Granatwerfern und können weder vorwärts noch zurück.

Am Donnerstag, dem 16. März 1944, führt das neuseeländische 26. Bataillon einen Angriff auf den Westteil von Cassino, in den die *Via Casilina* einmündet. Jedesmal wird der Angriff vom Hotel Continental, dem starken deutschen Stützpunkt, zum Stehen gebracht. Einige Male trennen die Neuseeländer sogar nur 30 m von ihrem Ziel. Die vier anderen neuseeländischen Bataillone, die sich seit gestern in Cassino befinden, haben keine Bewegungsfreiheit mehr und müssen zur Verteidigung übergehen.

In der Nacht vom 16./17. März 1944 können weitere deutsche Verstärkungen den Verteidigern von Cassino zugeführt werden. Erst jetzt, 36 Stunden nach dem Bombenangriff, schaffen es neuseeländische Pioniere endlich, mit Bulldozern eine schmale Zufahrt für Panzer über Trümmer und Bombentrichter bis zur Stadtmitte freizulegen.

Nun greift das neuseeländische 26. Bataillon – von zahlreichen Panzern unterstützt – das Hotel Continental an, jedoch ohne Erfolg. Dann besetzt es nach erbittertem Straßenkampf den Botanischen Garten und erobert anschließend mit Panzerunterstützung den 300 m von der *Via Casilina* entfernten Bahnhof. Damit trennen die *Gurkhas* auf dem Galgenberg nur 1200 m von den Neuseeländern auf dem Bahnhofsgelände. Cassino befindet sich in einer Zange: Es bleibt noch, den deutschen Widerstand im westlichen Teil von Cassino zu brechen und das Kloster zu erobern.

Kurz vor Sonnenaufgang, am 17. März 1944, rückt ein Stoßtrupp des I. Bataillons des FJR 3 von den Klosterruinen aus, um den Galgenberg zu besetzen. In einem sofortigen Gegenstoß zwingen die *Gurkhas* jedoch die Deutschen wieder zum Rückzug. In der Stadt selbst wird an diesem Tag von beiden Seiten eine kurze Waffenruhe vereinbart, um die Verwundeten und Toten zu bergen. Die Sanitäter unterstützen sich gegenseitig, und die Neuseeländer überlassen den Deutschen sogar einige Tragbahren.

Am Sonnabend, dem 18. März 1944, morgens um 4.00 Uhr, durchwatet die Kradschützen-Kompanie der 1. Fallschirmjägerdivision

18. März 1944, in den Ruinen der Abtei: letzte Vorbereitungen für einen Spähtrupp-einsatz

den eiskalten Rapido, um den Bahnhof zurückzuerobern. Kurz zuvor geraten die Männer in das Feuer der eigenen Raketenwerfer und erleiden dabei starke Verluste. Um 3.40 Uhr erreichen sie den von den Neuseeländern stark abgesicherten Lokomotivschuppen. Das Feuer aus einigen Panzern und mit Sandsäcken befestigten MG-Nestern stoppt den deutschen Angriff.

Um 15.50 Uhr werfen 48 zweimotorige US-Bomber eine Anzahl Behälter über dem Galgenberg ab, um die dort abgeschnittenen *Gurkhas* zu versorgen, die meisten fallen jedoch ins Niemandsland, geraten den Deutschen in die Hände oder rutschen in die Schluchten. Mit der spärlichen Munition und den Waffen, die sie erreichen, sollen die *Gurkhas* am kommenden Morgen erneut das Kloster angreifen. Zwei Kompanien vom *Essex*-Bataillon werden aus dem Kastell auf der Rocca Janula zu ihnen vorstoßen und sie verstärken. Der Rest der Kastellbesatzung erhält den Befehl, währenddessen die Umgebung von Rocca Janula zu säubern und die Höhe 236 zu besetzen.

Nachdem der größte Teil des Stadtgebietes und der Bahnhof

März 1944, Cassino-Abschnitt: Ein britischer Munitionstransport explodiert nach

einem Volltreffer

erobert worden sind, arbeiten alliierte Pioniere fieberhaft an der Fertigstellung der erforderlichen Brücken sowie an der Straßenräumung. Eine Wand aus Kunstnebel soll sie vor dem Einblick deutscher Artilleriebeobachter schützen. Zugleich müssen die Truppen in der Stadt ihre Posten verstärken, da der Nebel den Deutschen eine willkommene Abschirmung für den Vorstoß bietet.

Feldwebel Selbach: »Plötzlich über uns ein unheimliches scharfes Pfeifen und Schwirren. Starr sahen wir uns an, wieder ein lautes »Peng« und aufschlagendes Gestein. Zischend quoll schweres graublaues Gewölk aus dem topfähnlichen Inhalt dieser Granaten ... Wir rekapitulierten blitzschnell alles Gehörte über Gasangriffe. Inzwischen hatte uns der graue schleichende Dunst eingehüllt. Das Knallen in der Luft hörte nicht mehr auf. Die nächsten Hügel waren nur noch als Schemen durch den grauen Schleier zu erkennen. Wir hielten endgültig das scharf stinkende Zeug für Nebel und machten aus der Not eine Tugend. Erstmalig seit bald zwei Monaten konnte man sich in diesem Terrain bei Tage aufrecht bewegen, mußte dabei natürlich den ekligen Nebeltöpfen aus dem Weg gehen.«

Am Sonntag, dem 19. März 1944 um 4.00 Uhr morgens, zieht sich nach 24stündigem Kampf um den Bahnhof die Kradschützen-Kompanie der 1. Fallschirmjägerdivision wieder über den Rapido zurück. Sie zählt jetzt nur noch 19 Mann. Zahlreiche Tote und über 50 Schwerverletzte müssen auf dem Bahnhofsgelände zurückgelassen werden.

Im Morgengrauen beginnen die *Maoris* ihren Angriff auf das Hotel Continental, um zur *Via Casilina* durchzustoßen. Zugleich stürmt das neuseeländische 25. Bataillon die Stützpunkte der deutschen Fallschirmjäger im Nordwesten von Cassino. Immer wieder kommt es zu erbitterten Nahkämpfen in den Trümmerbergen, die Deutschen können jedoch die beiden Angriffe bis zum Mittag aufhalten.

Um 5.30 Uhr früh haben die beiden *Essex*-Bataillone bereits das Kastell auf der Rocca Janula verlassen und rücken den Galgenberg hinauf, um die *Gurkhas* wie geplant bei ihrem Vorstoß auf das Kloster zu verstärken. Das I. Bataillon des FJR 4 führt gleichzeitig

19. März 1944, Liri-Tal: Für diese britischen Soldaten ist der Krieg nun beendet. Mit weißen Fahnen in der Hand erwarten sie den Abtransport zur nächsten Kriegsgefangenen-Sammelstelle

vom Kloster aus einen Angriff in Richtung Rocca Janula. Es gelangt bis zu den Mauern des Kastells, wo eine völlig verwirrte Truppe von etwa 150 Mann hastig die Verteidigung improvisiert. Die Fallschirmjäger, die die mittelalterlichen Mauern erklimmen, werden mit Gewehrkolben oder Messern zurückgestoßen. Die indische 5. Brigade schlägt den deutschen Angriff dicht vor der Rocca Janula ab. Beide *Essex*-Bataillone, die weiterhin zum Galgenberg klettern, beobachten von oben her diesen Kampf.

Um 8.00 Uhr morgens greift das I. Bataillon des Fallschirmjägerregiments 4 wiederholt erfolglos die Höhe 193 an. Und zu der Zeit, als die beiden *Essex*-Bataillone endlich den Galgenberg erreicht haben, wird der dritte deutsche Angriff auf das Kastell unter großen deutschen Verlusten abgeschlagen. Daraufhin willigt der britische Kommandant der Rocca Janula, Major Beckett, in eine zweistündige Waffenruhe ein, um die Toten und Verwundeten zu bergen. Die Inder beschenken ihre Angreifer mit Zigaretten und Schokolade. Die Besatzung vom Burgberg gibt die verwundeten

»Die Berge und Täler des sonnigen Italien freuen sich, Euch zu sehen« – ein deutsches Flugblatt zur »Ermutigung« der alliierten Soldaten

deutschen Gefangenen heraus und leiht sogar den Fallschirmjägern Tragbahren für den Abtransport.

Am gleichen Morgen rollt über die *Cavendish-Road* eine Kompanie des neuseeländischen Panzerregiments 20 mit 40 Panzern – 16 *Sherman*, dazu fünf *Stuart* und drei *Sherman* von der 7. Aufklärungs-Squadron der 7. indischen Brigade sowie 16 *Stuart* des 760. US-Panzerbataillons – quer durch das Gebirge von Cairo in Richtung Massa Albaneta, um das Kloster anzugreifen. Die Verteidiger der Abtei, die das Entstehen der *Cavendish Road* nicht bemerkt haben, überrascht das Auftauchen der Panzerkolonne mitten in den Bergen, die unbehelligt vorwärts dringt. Als jedoch der von den Pionieren gebaute Weg zu Ende ist, muß sie in Reihe einen schwierigen Bergpfad bewältigen.

In der Nähe des Gutshauses Massa Albaneta, etwa 800 m vom

Kloster entfernt, geraten die führenden Panzer in schweres Feuer und laufen auf Minen. Steckengeblieben versperren sie den schmalen Weg für die nachfolgenden Wagen. Da ihnen Infanterieunterstützung fehlt, müssen sich die letzten acht, nachdem auch noch Fallschirmjäger mit Panzerfäusten einige Kampfwagen vernichtet haben, schleunigst zurückziehen. Am Nachmittag wird der Vorstoß vom Galgenberg zum Kloster auf unbestimmte Zeit verschoben.

Es ist offensichtlich, daß die Initiative jetzt bei den Deutschen liegt. Lieutenant General Freyberg erwägt, die Reserven, die man für die Verfolgung nach dem Durchbruch vorgesehen hat, in Cassino einzusetzen.

Daher entschließt sich General Alexander, die britische 8. Armee (Lt.Gen. Leese) in den Cassino-Abschnitt zu verlegen, um mit ihr dort den entscheidenden Angriff zu führen.

Am Montag, dem 20. März 1944, bittet Churchill General Alexander um eine Erklärung, warum er an der Cassino-Front nur in einer Breite von 3–4 Kilometern angegriffen, in der deutschen Zangenverteidigung schon fünf bis sechs Divisionen verbraucht hätte und warum er keine Flankenbewegung versucht habe.

In den Morgenstunden versucht nochmals ein Stoßtrupp der Fallschirmjäger die Rocca Janula im Handstreich zu nehmen. Dicht vor den Mauern des Kastells geraten sie in schweres MG-Feuer. Von 36 Mann fallen neun, die anderen werden gefangengenommen.

Der am gleichen Tag von General Alexander einberufene Kriegsrat entscheidet den Abbruch der Schlacht. Den ganzen Montag über versuchen die Neuseeländer in Cassino einen Durchbruch zu erzwingen. Das 23. Bataillon greift immer wieder mit frischen Kräften das Hotel Continental an, jedoch ohne Erfolg. Das Ergebnis der vier Tage lang dauernden harten Kämpfe: das Kastell mit der Rocca Janula, den Nordwestteil der Stadt, den Botanischen Garten im Zentrum und das Bahnhofsgelände mit dem benachbarten Hügel festzuhalten.

Am Dienstag, dem 21. März 1944, berät General Alexander mit den alliierten Frontbefehlshabern, ob die Schlacht sofort abgebro-

22. März 1944: Stille über den Trümmern und dem Minenfeld Cassino. Die Angriffe auf

die Stadt und den Klosterberg werden an diesem Tage eingestellt chen werden sollte. Alle sind dafür, doch Lieutenant General Freyberg bittet um die Möglichkeit, einen letzten Versuch unternehmen zu können, um den Durchbruch doch noch zu erreichen. Alexander stimmt zu.

Am Mittwoch, dem 22. März 1944, führt das neuseeländische II. Korps seinen letzten Angriff auf die Stellungen der 1. Fallschirmjägerdivision. Als auch er scheitert, befiehlt General Alexander die Einstellung des Angriffs auf die Stadt und den Klosterberg. Nach diesem bereits vierten Mißerfolg, die »Gustav-Linie« zu durchbrechen, notiert General Juin: »Dieser hartnäckige und, wie es scheint, auch unerwartete Widerstand bringt das alliierte Oberkommando in Verwirrung.«

Am Donnerstag, dem 23. März 1944, beenden die Pioniere ihre Arbeiten an den Brücken, die besetzten Stadtteile werden gründlich gesichert, die angeschlagenen Einheiten umgruppiert. Die 5. US-Armee geht in die Defensive.

Bereits einen Tag nach dem Abbruch der Schlacht um Cassino beginnen am 24. März 1944 die Vorbereitungen für die nächste Offensive. Um einen weiteren Fehlschlag zu vermeiden, beschließt man, die Nachschublinien und die Etappe der Heeresgruppe C (GFM Kesselring) zu zerstören. Von diesem Tag an sind 360 Maschinen der *Mediterranean Allied Air Force* (Lt.Gen. Eaker) im Rahmen der Operation »*Strangle*« rund um die Uhr im Einsatz: Jede Eisenbahnlinie, jede Straße, die Luftstützpunkte, die Häfen, alle Pässe, die Italien mit Deutschland und Österreich verbinden, sogar einzelne Soldaten sind Angriffsobjekte, besonders der Jabos. Sowohl der Verkehr auf den Straßen als auf dem Schienenweg kommt am Tage völlig zum Erliegen. Nur bei schlechtem Wetter wagen sich die Lkw und Transportzüge tagsüber auf die Strecke.

Während im Liri-Tal seit 48 Stunden Kampfstille herrscht, hält das *Gurkha*-Bataillon auf dem Galgenberg weiterhin seine Stellung. Am letzten Wochenende ist es durch einige *Rajputana*-Füsiliere, die Nachschub brachten, verstärkt worden, und am Sonntag morgen stießen *Essex*-Männer dazu, um an dem Angriff auf die Abtei teilzunehmen, der jedoch abgeblasen wird. Acht Tage und Nächte harren alle auf einer etwa 200 qm kahlen Hangfläche aus. Da sie

24. März 1944, im Gari-Tal: die Ruhe vor dem neuen Ansturm. Zwei britische Soldaten in einem ehemaligen deutschen MG-Nest mit erbeutetem Maschinengewehr

Ein gut getarnter Beobachtungsposten

25. März 1944, in den rückwärtigen Linien der 5. US-Armee: Drei Soldaten der britischen 78. Infanteriedivision auf »48-Stunden-Urlaub«, stürmisch begrüßt von den Mitgliedern des Frauen-Hilfskorps E.N.S.A.

nahe der Abtei liegen und die einzige Deckung die Bergspitze selbst ist, muß jeweils die Hälfte von ihnen Tag und Nacht kampfbereit sein. Am Nachmittag des 24. März 1944 gehen die Verwundeten unter dem Schutz der Rotkreuzflagge in kleinen Gruppen bergab zur Rocca Janula. Das I. Bataillon des FJR 4 läßt sie – ohne einen Schuß abzufeuern – passieren.

Um 22.15 Uhr beginnt der eigentliche Rückzug der *Gurkhas* vom Galgenberg. Von 400 Männern, die eine Woche zuvor den Galgenberg erstürmten, schleichen acht Offiziere und 117 Soldaten den Berg im Schutz des Artilleriefeuers hinab. Unbehelligt schlüpfen sie durch die 200 m breite Lücke zwischen dem Kastell und Cassino und erreichen kurz vor Mitternacht die Stadtruinen.

Die dritte Schlacht um Cassino war zwar erneut als Entlastung für den Landekopf Anzio–Nettuno gedacht, doch trug die Unentschlossenheit von Lieutenant General Freyberg zum Mißerfolg bei. Er zögerte jedesmal im entscheidenden Moment, seine Reserven einzusetzen und hat so die Schlacht in zahlreichen Angriffen verzettelt. Damit erreichte Freyberg gerade das, was er zu vermeiden hoffte: die Verlängerung des Sterbens um Cassino. Generalleutnant von Senger: ». . . Diese Schlacht wird wohl als eine der unverständlichsten Kampfhandlungen des Krieges in die Geschichte eingehen.«

So endete auch die dritte Cassino-Schlacht mit dem eindeutigen deutschen Abwehrsieg: Der Zugang zum Liri-Tal blieb verschlossen, die Straße nach Rom war noch immer gesperrt.

Die deutschen Verluste waren schwer – vor allem durch den Luftangriff am 15. März 1944 und das anschließende massierte Artilleriefeuer. Insgesamt 588649 Granaten sind von den Alliierten während der acht Tage dauernden Schlacht abgeschossen worden.

Wie bereits bei der zweiten Cassino-Schlacht war auch jetzt ein direkter Angriff auf den Klosterberg von Anfang an zum Scheitern verurteilt, weil man nicht zugleich die deutschen Flanken ernsthaft bedroht und damit die Reserven gebunden hat.

Die entscheidende Bedeutung der Ereignisse zwischen dem 15. und 23. März 1944 liegt jedoch woanders: Die dritte Cassino-Schlacht ist zugleich ein Wendepunkt in der bisherigen alliierten Panzerkriegführung. Bis zu dieser Schlacht galt eindeutig der Grundsatz, daß der von Luftstreitkräften und Artillerie unterstützte Panzerangriff nur von Panzerabwehrverbänden abgeschlagen werden kann. Der Kampf des deutschen Fallschirmjägerregimentes 3 in und beiderseits der Stadt Cassino beweist jedoch, daß eine modern bewaffnete und gut ausgebildete Infanterie bei einigermaßen günstigen Geländeverhältnissen durchaus in der Lage ist, auch einen mit Panzern geführten Großkampf erfolgreich durchzustehen.

Der hartnäckige Widerstand der Deutschen bei Cassino, den die Alliierten seit drei Monaten vergeblich versucht haben zu brechen, lenkte die Aufmerksamkeit der Welt auf diesen Kriegsschauplatz. Für die NS-Propaganda war Monte Cassino ein willkommener Anlaß, die deutsche Bevölkerung in unangebrachtem Optimismus zu wiegen.

26.3. - 18.5.1944

Vierte

Schlacht

»Operation Diadem«

Rom – »offene Stadt«

Montag, 27. März 1944. Das Deutsche Oberkommando in Italien gibt in einem Kommuniqué alle Einzelheiten über Maßnahmen zur Beseitigung des militärischen Charakters von Rom bekannt:

Sämtliche Truppen und alle für die Kriegführung notwendigen militärischen Einrichtungen werden aus Rom entfernt. Von der Wehrmacht werden künftig die durch Rom führenden Eisenbahnlinien und Straßen nicht mehr benutzt. Alle diese Maßnahmen, von deren Richtigkeit sich jedermann überzeugen kann, sind im Interesse der Zivilbevölkerung und ohne Rücksicht auf militärische Erfordernisse angeordnet worden.

Artillerieduell in Cassino

Dienstag, 28. März 1944. Aus dem Hauptquartier von General Wilson:

Den ganzen gestrigen Tag über hielt das schwere Artillerieduell in

März 1944, Monte Cassino: In seinem Schützenloch hat ihn die tödliche Kugel getroffen

März 1944, Belmonte Castello: GFM A. Kesselring während eines Frontbesuches auf einem NSU-Kettenkrad HK-101

Cassino und im Norden der Stadt an, doch nahm die alliierte Infanterie ihre Angriffe nicht wieder auf.

Der Rückzug vom Klosterberg

Mittwoch, 29. März 1944. Aus dem Hauptquartier von General Alexander:

Im Raum von Cassino wird das Kampfbild auch weiterhin ganz von der Artillerie beherrscht. Wieder wurden die in den Kellergeschossen eingelassenen deutschen Mörser- und Geschützstellungen in der Gegend des Hotels Continental mehrere Stunden unter schweres Feuer genommen, während einige vorgeschobene Posten an den östlichen Abhängen unter dem stärker werdenden Druck der deutschen Artillerie von den Alliierten geräumt werden mußten . . .

Feindliche Kampfgruppe bei Cassino vernichtet

Freitag, 31. März 1944. Das Oberkommando der Wehrmacht gibt bekannt:

1. April 1944: Straßenkämpfe in Cassino. Gurkha-Scharfschützen in einem durch Artillerietreffer zerstörten Haus

April 1944, Stadt Cassino: Zur Vorbereitung eines Gegenangriffs legen die Fallschirmjäger eine künstliche Nebelwand

... In Italien herrschte auch gestern nur örtliche Kampftätigkeit. Eine seit längerer Zeit südwestlich von Cassino eingeschlossene feindliche Kampfgruppe, die verbissenen Widerstand leistete, wurde vernichtet. Der Feind verlor zahlreiche Tote und eine große Zahl von Gefangenen, Waffen und Kriegsgerät aller Art. Eigene Stoßtrupps nahmen im Nordteil des Ortes einige Stützpunkte des Gegners im Handstreich. Bei anderen erfolgreichen Stoßtruppunternehmungen wurden vier feindliche Panzer durch Nahkampfmittel vernichtet ...

Scheitern der feindlichen Vorstöße
Sonnabend, 1. April 1944. Das Oberkommando der Wehrmacht gibt bekannt:

... In Italien scheiterten feindliche Vorstöße gegen den Ostteil von Cassino. Stoßtrupps sprengten feindliche Widerstandsnester und Gefechtsstände, Munitionslager wurden durch unsere Artillerie in Brand geschossen ...

Inspektionsreise von General Giraud
Sonntag, 2. April 1944. Radio Algier berichtet:

General Giraud hat sich nach Italien begeben, um dort die französischen Truppen zu inspizieren.

Lebhafte Stoßtrupptätigkeit
Donnerstag, 6. April 1944. Das Oberkommando der Wehrmacht gibt bekannt:

... In Italien wurden bei lebhafter Stoßtrupptätigkeit Gefangene eingebracht ...

Geheimer Bericht des Sicherheitsdienstes der SS zur innenpolitischen Lage
6. April 1944 (grüne Serie). Meldungen über die Entwicklung in der öffentlichen Meinungsbildung: ... 4. Der Verlauf der Kämpfe in Italien sei z. Z. das einzige, das einem die Hoffnung lasse, daß »wir

es doch noch schaffen« werden. Sie zeigten, daß wir auch weit überlegenen Gegnern gewachsen sind. Man glaube, daß auch eine Invasion im Westen keinen gefährlichen Umfang annehmen könne. Es werde aber vielfach die Frage gestellt, ob der Feind nicht auf Grund seiner Erfahrungen in Italien die von uns erwartete und gewünschte Invasion weiter hinausschiebe oder ganz unterlasse ...

Ostern an der Front

Sonntag, 9. April 1944. Associated Press berichtet:

Südlich von Cassino, an einem Frontabschnitt von 1½ km, schwiegen heute morgen 55 Minuten lang die Geschütze beider Seiten. Lautsprecher, die man nur 400 m vor den deutschen Linien aufgestellt hatte, übertrugen für die alliierten Truppen einen Ostergottesdienst sowie anschließend eine Osterbotschaft in deutscher Sprache.

Schweres Artillerieduell

Montag, 10. April 1944. Aus dem Hauptquartier von General Wilson:

Nach einer kurzen Kampfpause am Ostersonntag wurde am Abschnitt von Cassino ein neues schweres Artillerieduell eingeleitet. Neuseeländische Truppen gingen darauf zum Angriff gegen zwei deutsche Stellungen südlich von Cassino vor, die durch Geschützfeuer teilweise zerstört wurden.

In Italien nichts Neues

10. April 1944. Das Oberkommando der Wehrmacht gibt bekannt:

... In Italien verlief der Tag ohne besondere Ereignisse ...

Erfolgreicher Einsatz der Fernkampfbatterien

Mittwoch, 12. April 1944. Das Oberkommando der Wehrmacht gibt bekannt:

April 1944, Monte Cassino: Ein britischer Sanitäter kriecht nach vorn, um im Schutz der Rot-Kreuz-Fahne Verwundete zu bergen

... An der italienischen Südfront wurden gestern wiederum durch Stoßtrupps mehrere Stützpunkte und Bunker des Gegners mit ihren Besatzungen in die Luft gesprengt. Im Raum von Nettuno erzielten unsere Fernkampfbatterien in Materiallagern des Gegners starke Explosionen und anhaltende Brände ...

Erfolgreicher Gegenstoß im Landekopf
Sonntag, 16. April 1944. Das Oberkommando der Wehrmacht gibt bekannt:

... Im Landekopf von Nettuno führt der Feind stärkere Vorstöße gegen einige unserer vorgeschobenen Stützpunkte südwestlich von Littoria, die nach vorübergehendem Verlust im Gegenstoß zurückerobert wurden ...

Stoßtrupps sprengen feindliche Unterstände
Dienstag, 18. April 1944. Das Oberkommando der Wehrmacht gibt bekannt:

12. April 1944, Anzio-Brückenkopf: eine Stellung britischer Mörser 4.2 im Abschnitt der 5. US-Armee

April 1944, bei Sant'Angelo: eine kurze Ruhepause nach den Strapazen eines Nachteinsatzes

... In Italien brachen Stoßtrupps einer ostmärkischen Grenadierdivision in die feindlichen Stellungen ein und sprengten zahlreiche Unterstände ...

Feindlichen Vorstoß zurückgeschlagen

Donnerstag, 20. April 1944. Das Oberkommando der Wehrmacht gibt bekannt:

... Im Landekopf von Nettuno brach ein feindlicher Vorstoß nordwestlich von Littoria im zusammengefaßten Abwehrfeuer zusammen. An der Südfront verlief der Tag ohne besondere Ereignisse ...

Erfolglose gegnerische Angriffe bei Nettuno

Sonnabend, 22. April 1944. Das Oberkommando der Wehrmacht gibt bekannt:

... Im Landekopf von Nettuno wurden mehrere örtliche Angriffe südlich Aprilia verlustreich für den Gegner abgewiesen. An der Südfront sprengten Stoßtrupps an der Adriatischen Küste drei feindliche Panzer mit ihren Besatzungen ...

Kaum Kampftätigkeit

Sonntag, 23. April 1944. Das Oberkommando der Wehrmacht gibt bekannt:

... In Italien fanden keine Kampfhandlungen von Bedeutung statt ...

Angriff unserer Kriegsmarine gegen den Hafen von Anzio

Montag, 24. April 1944. Das Oberkommando der Wehrmacht gibt bekannt:

... Im Landekopf von Nettuno wurde ein von Panzern unterstützter Vorstoß des Gegners südöstlich Aprilia durch zusammengefaßtes Artilleriefeuer zerschlagen. Durch einen überraschenden Angriff von Einheiten der deutschen Kriegsmarine auf den Hafen

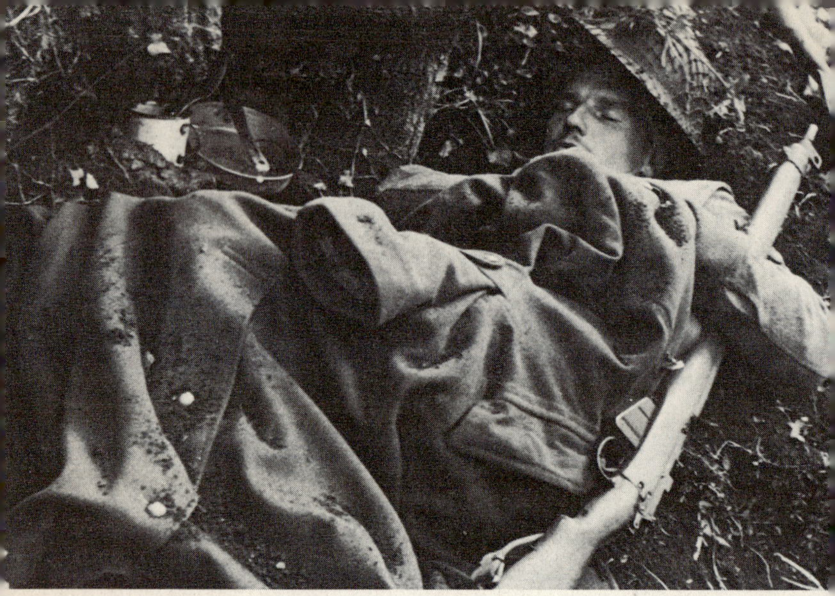

April 1944, Cassino-Abschnitt: ein kurzer Schlaf in unmittelbarer Frontlinie, mit dem Gewehr unter dem Arm nach einem nächtlichen Einsatz

von Anzio wurden eine Korvette versenkt, ein Dampfer torpediert und in den Hafenanlagen umfangreiche Schäden angerichtet . . .

Kampfpause in Italien

Freitag, 28. April 1944. Aus dem Hauptquartier von General Wilson:

Die Schlechtwetterperiode in Italien hält an. Die Kämpfe zu Lande beschränkten sich auch gestern wieder auf Spähtruppunternehmungen.

Wirkungsvoller Einsatz der Luftwaffe gegen den Landekopf

Mittwoch, 3. Mai 1944. Das Oberkommando der Wehrmacht gibt bekannt:

. . . Im Landekopf von Nettuno wurden mehrere Angriffe verlustreich für den Gegner abgewiesen. Von der italienischen Südfront wurden keine Kampfhandlungen von Bedeutung gemeldet.

Deutsche Kampfflieger bombardierten in der letzten Nacht mit guter Wirkung Munitions- und Versorgungslager des Feindes im Landekopf von Nettuno ...

Stellungskrieg in Italien

Sonntag, 7. Mai 1944. Aus dem Hauptquartier von General Wilson:

An den italienischen Fronten deutet alles darauf hin, daß die Phase des Stellungskrieges bald durch größere Operationen abgelöst wird.

1. Mai 1944, im Frontabschnitt der britischen 8. Armee: Freizeitgestaltung bei der indischen Division. Die beiden Männer stammen aus dem Punjab

Starke feindliche Vorstöße abgewiesen

7. Mai 1944. Das Oberkommando der Wehrmacht gibt bekannt:

Mai 1944, Stadt Cassino: zwei britische Soldaten auf der Jagd nach deutschen Scharfschützen

Mai 1944, Stadt Cassino: Straßenkampf im Schutz des künstlichen Nebels

... Im Landekopf von Nettuno brachen mehrere stärkere Vorstöße des Feindes im zusammengefaßten Abwehrfeuer oder im Nahkampf zusammen ...

Unsere Fernkampfbatterie weiterhin erfolgreich

Montag, 8. Mai 1944. Das Oberkommando der Wehrmacht gibt bekannt:

... Im Landekopf von Nettuno führte der Gegner örtliche Vorstöße, die abgewiesen wurden. Fernkampfartillerie bekämpfte mit guter Wirkung Treibstoff- und Munitionslager des Feindes ...

Wiederholter Erfolg unserer Flieger bei Nettuno

Mittwoch, 10. Mai 1944. Das Oberkommando der Wehrmacht gibt bekannt:

... An der italienischen Südfront wurden mehrere feindliche Vorstöße abgewehrt. Stoßtrupps sprengten zahlreiche feindliche Kampfstände. Kampfflugzeuge griffen Schiffsziele am Landekopf von Nettuno mit gutem Erfolg an. Zwei Frachter mit insgesamt 5000 BRT, zwei größere Landungsfahrzeuge und ein Zerstörer wurden schwer getroffen. Die Vernichtung eines Teiles dieser Schiffe ist wahrscheinlich ...

Schwere feindliche Verluste im Landekopf

Donnerstag, 11. Mai 1944. Das Oberkommando der Wehrmacht gibt bekannt:

... Im Landekopf von Nettuno brachen mehrere feindliche Angriffe im zusammengefaßten Abwehrfeuer zusammen. In den Kämpfen der letzten Tage hat sich hier die 10. Kompanie des Brandenburgischen Grenadierregiments (mot.) 8 unter Führung von Oberleutnant Thielmann besonders ausgezeichnet ...

Neue Schlacht um Cassino

Freitag, 12. Mai 1944. Aus dem Hauptquartier von General Alexander:

▲ 10. Mai 1944, nördlich von Castelforte: »Nachdem sich der Gegner von seiner Überraschung erholt hatte, ging er an fast allen Frontabschnitten zu starken Gegenangriffen über.« Zwei britische Soldaten suchen Deckung vor deutschem Artilleriefeuer

▼ Mai 1944, Stadt Cassino: Säuberung eines eroberten Häuserblocks. In jedem unzerstörten Gebäude vermuten britische Soldaten ein Versteck deutscher Scharfschützen

10. März 1944, Sant'Angelo, Schulgebäude: britische Panzerabwehrkanone 6pdr. in Feuerstellung

11. Mai 1944, im Frontabschnitt des C.E.F.: Am Vorabend der neuen Offensive wird die Munition in den vorgeschobenen Stellungen ergänzt

10. Mai 1944: Eine Trägerkolonne des polnischen II. Korps bringt Nachschub nach vorn

Mit einem schweren Trommelfeuer wurde gestern abend um 23.00 Uhr der Angriff gegen die deutschen Linien eingeleitet. Zehntausende von Granaten wurden binnen zwei Stunden gegen die deutschen Stellungen verfeuert. Dann ging die Infanterie der 8. Armee bei Cassino zum Sturmangriff über, überquerte den Rapido und warf die deutschen Vorhuten zurück. Offensichtlich wurden die Deutschen völlig überrascht.

Alle feindlichen Angriffe zurückgeschlagen
12. Mai 1944. Das Oberkommando der Wehrmacht gibt bekannt:

... In Italien führte der Feind südlich Aprilia und östlich des Golfes von Gaeta zahlreiche schwächere Angriffe, die unter hohen blutigen Verlusten für ihn abgewiesen wurden ...

Heftige deutsche Gegenangriffe
Sonnabend, 13. Mai 1944. Aus dem Hauptquartier von General Alexander:

Der deutsche Widerstand versteift sich allmählich an der ganzen

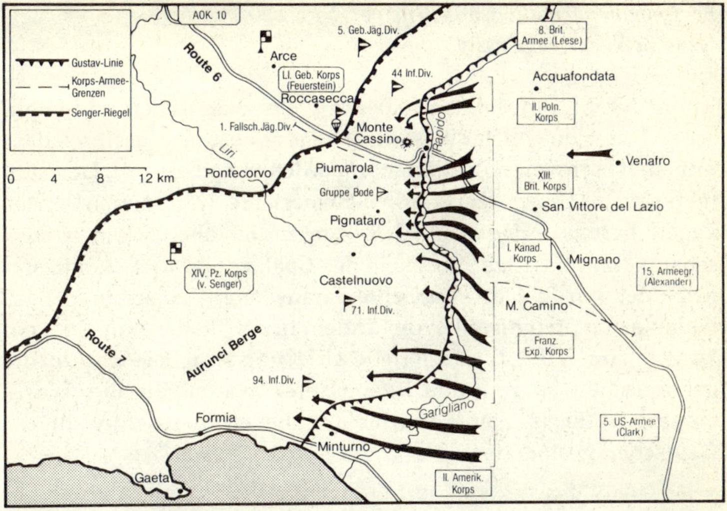

Gliederung der deutschen und alliierten Verbände bei Beginn der 4. Schlacht um Monte Cassino

Front. Nachdem sich der Gegner von seiner Überraschung erholt hat, ging er fast an allen Frontabschnitten zu starken Gegenangriffen über.

Steigende Heftigkeit der Kämpfe in Süditalien

Sonntag, 14. Mai 1944. Das Oberkommando der Wehrmacht gibt bekannt:

... Im Landekopf von Nettuno nur geringe örtliche Kampftätigkeit. Die Kämpfe an der italienischen Südfront nahmen besonders im Raum nördlich Castelforte und südlich Cassino mit steigender Heftigkeit ihren Fortgang. Unsere Truppen verteidigten sich mit beispielhafter Tapferkeit, fügten dem Gegner schwere blutige Verluste zu und brachten zahlreiche Gefangene ein. Nach harten Kämpfen gelang es dem von massierter Artillerie und Panzerverbänden unterstützten Feind, in einem Abschnitt Gelände zu gewinnen. Die Schlacht geht weiter ...

Beginn einer feindlichen Offensive
Neue Schlacht bei Cassino

In der Nacht zum Freitag haben die amerikanischen und englischen Batterien von der Westküste Italiens bis über Cassino hinaus mit einem schweren Artilleriebombardement eingesetzt. Dem aufmerksamen Leser der Wehrmachtsberichte war in den letzten Tagen bereits aufgefallen, daß vom mittelitalienischen Kriegsschauplatz verstärkte Tätigkeit der Spähtrupps und Stoßtrupps gemeldet wurde. Man vermochte daraus bereits zu schließen, daß bedeutsame Ereignisse bevorstünden. In der Tat hat dann nach der kurzen, aber heftigen Artilleriebeschießung auch der Ansturm der gegnerischen Panzer- und Infanterieregimenter mit aller Wucht eingesetzt. Er ist sofort wieder auf die erbitterte Abwehr der Deutschen gestoßen . . .

Völkischer Beobachter, 14. Mai 44

11. Mai 1944, HQ des polnischen II. Korps: Gen. Anders studiert die Karte des Cassino-Abschnitts und gibt letzte Anweisungen

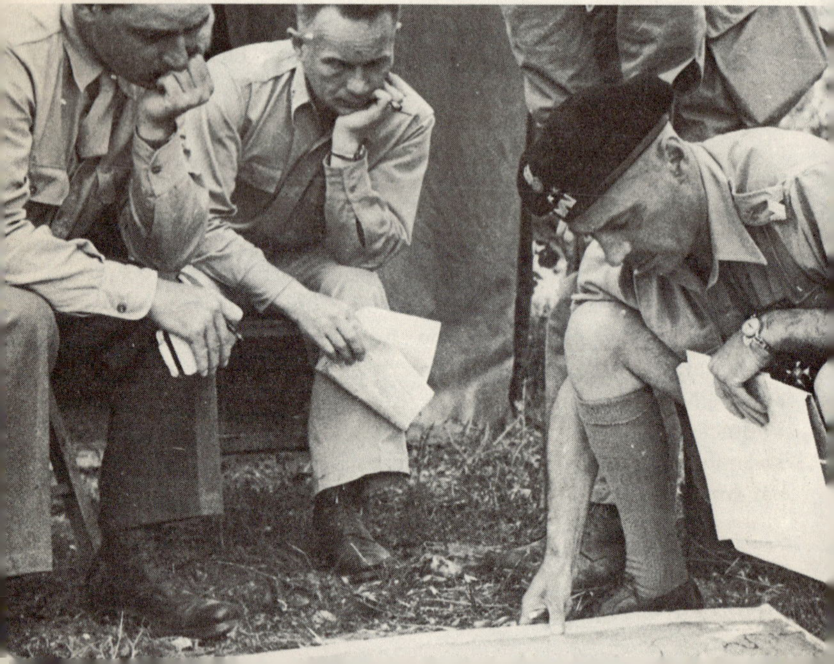

Größter Einsatz des Feindes an der Süditalien-Front

Montag, 15. Mai 1944. Das Oberkommando der Wehrmacht gibt bekannt:

... An der süditalienischen Front setzte der Feind auch gestern seine mit größtem Menschen- und Materialeinsatz geführten Angriffe fort. Nach erbitterten Kämpfen, bei denen der Gegner allein südlich Cassino 50 Panzer verlor, setzten sich unsere Truppen im südlichsten Frontabschnitt wenige Kilometer nach Westen auf eine vorbereitete Riegelstellung ab.

Der Obergefreite Albert Bruckner in einer Fallschirmpanzerjägerkompanie schoß innerhalb von 24 Stunden sechs feindliche Panzer ab ...

Durchbruch durch die Gustav-Linie ins Liri-Tal

Dienstag, 16. Mai 1944. Aus dem Hauptquartier von General Alexander:

Französische Truppen haben am Montag im Hauptabschnitt der alliierten Front die wichtigsten Stellungen der Gustav-Linie durchbrochen. Gegen Mittag stießen Vorhuten General Juins von den Berghängen im Süden des Liri-Tals in die Ebene vor und drangen in den Ort San Giorgio, wo sich eine blutige Straßenschlacht entwickelte. Damit wurde der starke deutsche Verteidigungsgürtel, der den Taleingang sicherte, von den Franzosen umgangen.

Fortsetzung der feindlichen Angriffe an der italienischen Südfront

16. Mai 1944. Das Oberkommando der Wehrmacht gibt bekannt:

... Ein starker Kampffliegerverband bombardierte in den späten Abendstunden des 15. Mai feindliche Stützpunkte im Kampfgebiet von Cassino mit guter Wirkung. Es entstanden Brände und Explosionen ...

Panzerdurchbruch

Mittwoch, 17. Mai 1944. Aus dem Hauptquartier von General Alexander:

Mit starker Artillerieunterstützung stoßen die alliierten Truppen langsam immer tiefer in das deutsche Verteidigungssystem vor ... Ein Panzerverband durchbrach die feindliche Bunkerlinie 3 km südlich von Cassino und rückte bis auf 1 km an die *Via Casilina*, die von Cassino nach Rom führende Hauptstraße, heran. Sofort ging die deutsche 1. Fallschirmjägerdivision mit Unterstützung von Panzern und Sturmgeschützen zu heftigen Gegenangriffen über, und es entwickelte sich eine Schlacht, die bis zum Abend andauerte.

16. Mai 1944, am Nordrand von Cassino, nahe der Via Casilina: Vorn die hart umkämpfte Höhe 193 (Rocca Janula) mit der Ruine des alten Kastells, im Hintergrund der Klosterberg mit den Resten der Abtei

17. Mai 1944, Cassino-Abschnitt: Soldaten des polnischen II. Korps in der vordersten Frontlinie

Italienische Truppen an der Front
17. Mai 1944, Neapel. Die Agentur Stefani berichtet:

Marschall Meese, *Chef des italienischen Generalstabs,* hat eine Botschaft an die italienischen Soldaten gerichtet, die unter dem Namen »Italienisches Befreiungskorps« in Italien Schulter an Schulter mit den Alliierten kämpfen. Damit wird zum erstenmal von offizieller italienischer Seite mitgeteilt, daß italienische Truppen an der Offensive gegen die Gustav-Linie teilnehmen.

Erbittertes Ringen auf 35 km Breite
In Süditalien Materialschlacht größten Ausmaßes
17. Mai 1944. Das Oberkommando der Wehrmacht gibt bekannt:

... In dem gebirgigen Gelände der italienischen Südfront tobt auf einer Breite von 35 km eine Materialschlacht größten Ausmaßes. Ununterbrochenes Trommelfeuer mit gewaltigem Munitionseinsatz, stärkste Luftangriffe, Einsatz der Panzer als bewegliche Artil-

17. Mai 1944, Cassino-Abschnitt: »... erbittertes Ringen um jeden Stützpunkt und jede Höhe ...« Soldaten der 5. Kresowa-Infanteriedivision verteidigen den eroberten Hügel

lerie, erbittertes Ringen um jeden Stützpunkt und jede Höhe, die oft innerhalb kurzer Zeit mehrmals ihre Besitzer wechseln, geben diesen Kämpfen das Gepräge der großen Abwehrschlachten des letzten Weltkrieges. Gegenüber einer großen feindlichen Übermacht leisten unsere Truppen nunmehr seit sechs Tagen heldenhaften Widerstand. Die im Zuge der Kampfführung vollzogenen Absetzbewegungen verlaufen planmäßig. Die äußerst schweren blutigen Verluste des Feindes stehen in keinem Verhältnis zu dem rein taktischen Geländegewinn, den er erzielen konnte.

Im Landekopf von Nettuno fanden gestern keine Kämpfe von Bedeutung statt. Seit Tagen sich steigerndes feindliches Artilleriefeuer läßt jedoch auch dort den baldigen Großangriff erwarten ...

Starke, aber erfolglose Durchbruchsversuche in Süditalien

Die Briten und Nordamerikaner setzten am Montag an der süditalienischen Front ihre Angriffe mit sehr starken Infanterie-, Panzer-,

Artillerie- und Luftwaffenverbänden fort, aber der zähe Widerstand unserer Truppen verhinderte wiederum den vom Feind – vor allem im Liri-Tal – erstrebten Durchbruch.

Die Hauptstöße erfolgen westlich von Minturno, im Raum Spigno–Castelnuovo sowie zwischen dem Liri-Fluß und Cassino.

In der Mitte des feindlichen, von der Küste bis in den Raum von Cassino reichenden Angriffsstreifens drängte der Gegner unseren sich hier absetzenden Truppen stark nach. Seine nur langsam und auch nur unter erheblichen Verlusten vorwärtskommenden Spitzen erreichten die Gegend westlich von Castelnuovo, wo unsere Grenadiere von vordringenden Verbänden des Gegners in Gegenstößen ein energisches Halt geboten. Nördlich davon wurde ein Stoß starker Panzerkräfte und motorisierter Infanterie in verbissenen Kämpfen aufgefangen.

Seinen Hauptstoß setzte der Feind nach Zuführung weiterer erheblicher Kräfte in den Montagnachmittagsstunden zwischen Liri und Cassino an, wobei sehr schweres Artilleriefeuer den Durchbruch der aus dem Raum von Sant'Angelo vorgehenden Infanterie- und Panzerverbände vorbereiten sollte. Dem in mehreren Wellen mit wechselndem Schwerpunkt durchgeführten Angriff blieb jedoch der Erfolg versagt. Südlich von Pigastaro scheiterte der feindliche Ansturm bereits im Feuer unserer Geschütze und Werfer. Der vorübergehend in die Ortschaft selbst eingedrungene und nach Norden weiter vorstoßende Feind wurde im schneidigen Gegenangriff aus Pigastaro wieder hinausgeworfen. Nordwestlich von Sant'Angelo sah sich der an einigen Stellen eingebrochene Gegner von unseren Grenadieren, Pionieren und Fallschirmjägern sowie vom Sperrfeuer der schweren Waffen abgeriegelt. Auch dieser neue schwere Angriff, der die Briten hohe Verluste an Menschen und Panzern kostete, blieb somit ohne Erfolg. Noch in der Nacht dauerten die erbitterten Kämpfe mit unverminderter Heftigkeit an. Als die Briten dann bei Dunkelheit versuchten, zur Auffüllung der in den Stoßdivisionen entstandenen Lücken Verstärkungen heranzuführen, griffen unsere Kampffliegerverbände bei Cassino die feindlichen Nachschubwege an.

Völkischer Beobachter, 17. Mai 44

18. Mai 1944: Einer der Gefangenen der deutschen 15. Panzergrenadierdivision wird untersucht

18. April 1944, Via Casilina zwischen Cassino und Piedimonte: Nach dem Angriff alliierter Jagdbomber auf eine deutsche motorisierte Kolonne

Gustav-Linie durchbrochen

Donnerstag, 18. Mai 1944. Aus dem Hauptquartier von General Alexander:

Nach sechstägigen schweren Kämpfen haben die alliierten Armeen die Gustav-Linie in ihrer gesamten Länge durchbrochen. Am Mittwochnachmittag entbrannte erneut die Schlacht um Cassino, nachdem es einer britischen Panzerdivision gelungen war, die *Via Casilina* noch vor Einbruch der Dunkelheit zu überqueren und damit die Verteidiger von Cassino abzuschneiden. Der Hauptangriff begann mit dem Vorstoß polnischer Truppen in den Bergen nördlich von Cassino.

»Eight Army News«

18. Mai 1944

Poles Took Monastery Hill After Attack And Counter-Attack (Polen nahmen den Klosterberg nach Attacke und Gegenattacke).

Cassino kampflos geräumt

18. Mai 1944. Das Oberkommando der Wehrmacht gibt bekannt:

... An der italienischen Südfront gelang es dem Feind gestern nach erbitterten Kämpfen, bei denen er schwerste blutige Verluste erlitt, nördlich Formia in unsere Stellungen einzubrechen. Gegenmaßnahmen sind im Gange. Im Raum von Esperia wurden alle mit stärkstem Artillerie- und Panzereinsatz geführten feindlichen Angriffe abgeschlagen.

Cassino, das die Anglo-Amerikaner seit Monaten unter Einsatz starker Kräfte vergeblich berannt hatten, wurde in der vergangenen Nacht zugunsten einer weiter rückwärts gelegenen, kräftesparenden Riegelstellung kampflos geräumt.

Im Landekopf von Nettuno wurden bei auflebender Kampftätigkeit starke Vorstöße des Gegners südlich Cisterna und südlich Littoria abgewiesen ...

Im Tal des Liri

Die Schlacht in Mittelitalien hat womöglich an Heftigkeit noch zugenommen. Es zeichnet sich aber immer deutlicher ab, daß – zumindest vorläufig – der schwere Kampf nicht auf der ganzen Breite der italienischen Front, sondern daß es nur der südwestliche Teil von der Küste bis über Cassino hinaus ist, wo die gegnerischen Divisionen seit dem Ende der vergangenen Wochen anrennen . . .

Die deutsche Führung hat ihrerseits, um die Verluste möglichst gering zu halten, ihre Truppen um einige Kilometer weit nach Westen oder nach Norden zurückgenommen. Es ist dabei festzustellen, daß die Geländestücke, die dem Angreifer überlassen worden sind, nur den äußersten südlichen Teil des weitverzweigten, tiefgegliederten und in den letzten Monaten sehr verstärkten Verteidigungssystems darstellen.

Völkischer Beobachter, 18. Mai 44

Sender Beromünster (Schweiz)
Freitag, 19. Mai 1944:

18. Mai 1944, Esperia: eine MG-Stellung der Goumiers von der marokkanischen 2. Division

Das Wochengeschehen wurde beherrscht von dem Großangriff, den die alliierte Heeresgruppe unter General Alexander in der Nacht vom 11. zum 12. Mai in Mittelitalien ausgelöst hat. Auf einer kaum mehr als 35 Kilometer breiten Front sind dort die britische Achte und die amerikanische Fünfte Armee zu einer mit starkem Einsatz und wuchtigem Kampfgeist vorgetragenen Offensive gegen die deutschen Sperrstellen in dem durchwegs gebirgigen Gelände angetreten. Trotz schlechtem Wetter und schwierigem Gelände wurde vorgängig dieser Operation eine umfangreiche Umgruppierung der alliierten Streitkräfte vorgenommen. Die britische Achte Armee wurde in den schwierigsten Sektor – denjenigen um Cassino – verlegt, während die Amerikaner im Küstensektor gruppiert wurden und zum Angriff gegen die Monti Aurunci antraten. In der Fünften Armee kämpfen ferner die Franzosen unter General Juin an exponierter Stelle an den Südabhängen der Monti Aurunci, die gegen das Tal des Liri abfallen. Im Sektor nördlich von Cassino bei dem oftgenannten Rapidofluß kämpfen polnische Einheiten Schulter an Schulter mit den Briten. Ein außerordentliches Völkergemisch von Engländern, Indern, Franzosen, Marokkanern und anderen Afrikanern, Polen und Amerikanern ist hier unter einem einheitlichen Kommando zusammengeschweißt und einer gemeinsamen Aufgabe dienstbar gemacht worden. Ein gewisser Wetteifer zwischen diesen verschiedenen Völkerschaften ist zu bemerken, wobei sich die Franzosen samt ihren Kolonialtruppen mit großem Elan schlugen und viel zum Erfolg des Unternehmens beitrugen.

Die Alliierten in Rom
Montag, 5. Juni 1944. Aus dem alliierten Hauptquartier:

Die alliierten Truppen haben Rom besetzt. Am gestrigen Abend um 21.15 Uhr waren die Säuberungsaktionen beendet.

Und so war es:

Am Freitag, dem 24. März 1944, wird Lieutenant General Anders mit seinem Stabschef, Oberst Wisniowski, zum Hauptquartier der

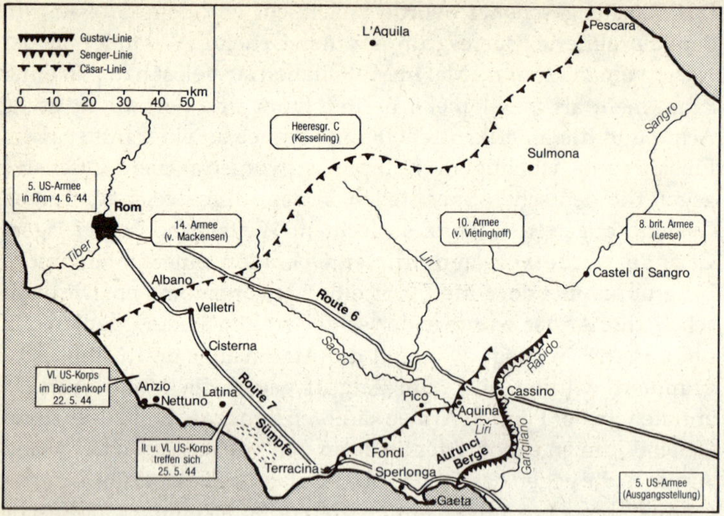

Gliederung der deutschen und alliierten Verbände vor dem Zusammenbruch der deutschen Verteidigungslinie, 22.–25. Mai 1944

8. Armee in Vinchiaturo beordert. Hier teilt ihnen Lieutenant General Leese mit, daß entschieden worden ist, im Frühjahr eine Großoffensive vom Tyrrhenischen Meer bis zum Monte Cassino zu starten. Die 8. Armee hat dabei die Aufgabe, mit der Eroberung des Klosterberges und Überquerung des Rapido südlich von Cassino – zusammen mit der verstärkten 5. US-Armee – schnellstens die Verbindung zum Brückenkopf Anzio herzustellen und so den Weg nach Rom zu öffnen. Dem polnischen II. Korps wird die Einnahme von Cassino und der nahe gelegenen Hügel übertragen.

Lieutenant General Leese: »Es ist mir völlig klar, wie wichtig und schwierig diese Aufgabe ist. Falls Sie, Herr General, sie nicht übernehmen werden, sehe ich mich gezwungen, diese Aufgabe einem anderen Korps zu übertragen, und das polnische Korps muß einen anderen Abschnitt übernehmen. Begeben Sie sich bitte ins Nebenzimmer, um sich mit Ihrem Stabschef zu beraten, und lassen Sie mich in 10 Minuten Ihre Antwort wissen.«

Oberst Wisniowski: »Wir gingen in das Zimmer und besprachen das Für und Wider, ob wir uns entschließen sollten, diese Aufgabe

25. März 1944, Cassino-Abschnitt: Die Ausgangsstellung des polnischen II. Korps ist durch Tarnnetze vor Feindeinsicht geschützt

zu übernehmen. General Anders war der Meinung, daß Monte Cassino heute für die ganze Welt ein Begriff sei, wie z. B. Stalingrad und Tobruk . . . Die Eroberung des Klosterberges würde der sowjetischen Propaganda entgegenwirken, die behaupte, polnische Soldaten wollten nicht gegen Hitler kämpfen. Es könnte zugleich das beste politische Argument für die polnische Regierung in London sein . . . Wir waren auch der Meinung, daß die Verluste des Korps, falls es für die Überquerung des Rapido eingesetzt würde, keineswegs kleiner wären. Die Eroberung des Monte Cassino durch polnische Soldaten müßte jedoch einen enormen Einfluß auf den Geist der Nation und die in Polen kämpfende Heimatarmee haben . . .

Nach 10 Minuten meldete General Anders dem General Leese, daß das polnische II. Korps die ihm gestellte Aufgabe übernehmen würde. General Leese bedankte sich und teilte uns mit, daß das II. Korps den Frontabschnitt zwei Wochen vor Angriffsbeginn zu beziehen habe.«

Dem polnischen II. Korps fällt die Aufgabe zu, den Klosterberg

25. März 1944, Stadt Cassino: ein MG-Nest der Fallschirmjäger auf dem Bahnhofsgelände

Cassino-Abschnitt: ein Funktrupp der neuseeländischen Division in Aktion. Vorn Obergefreiter J. Totman, am Funkgerät Corp. A. Ould

März 1944, Cassino-Abschnitt: Ein britischer Mörser 4.2 nimmt deutsche Stellungen unter Feuer

nach Norden und Nordwesten hin zu isolieren, die Höhen oberhalb der *Via Casilina* zu erobern, Verbindung mit dem britischen XIII. Korps (Lt.Gen. Kirkman) aufzunehmen und schließlich den Monte Cassino zu erstürmen.

Übrigens erweisen sich die Vermutungen über die Verluste bei der Überquerung des Rapido später als richtig: Sie kostet das britische XIII. Korps 4056 Mann. Für die Einnahme des Monte Cassino und der umliegenden Hügel muß das polnische II. Korps 4199 Mann opfern.

Am Sonntag, dem 26. März 1944, kommt General Sosnkowski, Oberbefehlshaber der polnischen Armee, nach Italien.

General Anders: »Ich stellte General Sosnkowski die Aufgabe des Korps in der bevorstehenden alliierten Offensive dar. Der General äußerte sich negativ zu diesem Plan. Er behauptete, daß wir mit sehr großen Verlusten rechnen müßten und den Monte Cassino nicht erobern würden. ›Sie träumen von einem weißen Federbusch‹, sagte er mir unvermittelt. Ich meinte, daß die Aufgabe zwar schwer, aber durchführbar sei. General Sosnkowski war der Ansicht, der alliierte Vorstoß sollte durch die Berge erfolgen, Monte Cassino links liegen lassend. Ich stimmte dem nicht zu. Die Öffnung des Weges nach Rom sah ich wie General Alexander: einzig und allein durch die Eroberung des Monte Cassino . . .«

Am Sonntag, dem 26. März 1944, wird das neuseeländische II. Korps (Lt.Gen. Freyberg) aufgelöst.

An diesem Tag wird auch eine neue Armeegrenze zwischen der 5. US- und der britischen 8. Armee festgelegt: Der Abschnitt der 8.

Ein seltenes Exemplar vom »Panorama des Monte-Cassino-Abschnitts«, das u. a. zur

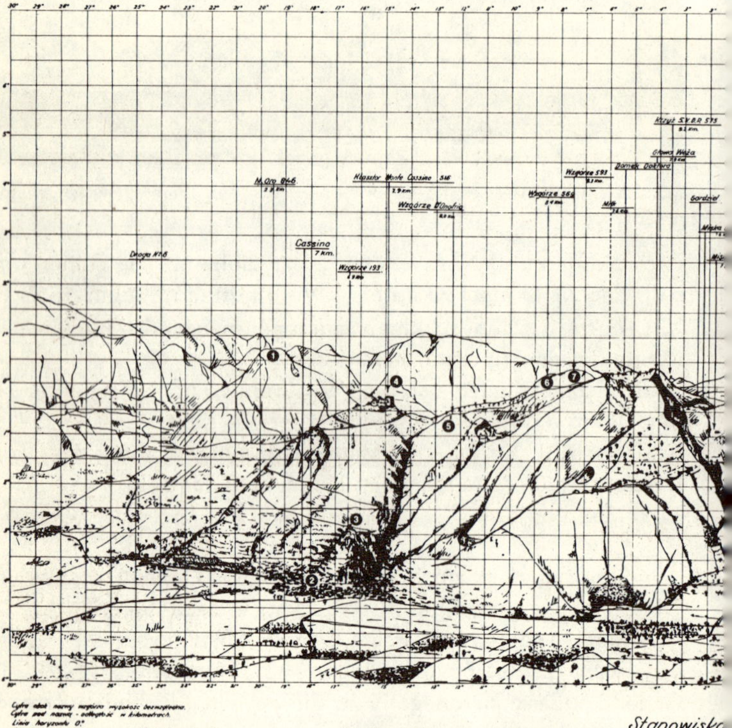

❶ Monte Oro
❷ Cassino (Stadt)
❸ Rocca Janula (193)
❹ Kloster Monte Cassino
❺ Monte D'Onofrio
❻ Höhe 569
❼ Höhe 593
❽ Phantom Rücken
❾ Höhe 706
❿ Monte Castellone
⓫ Höhe 893
⓬ Höhe 912
⓭ Pizzo Corvo 945
⓮ Monte Cairo

Armee wird verbreitert und reicht jetzt vom Bergmassiv Maiella im Norden bis zum Liri im Süden.

Der dadurch entstehende schmale Angriffsstreifen der 5. US-Armee soll Schwerpunkt der neuen Offensive sein.

An dem etwa 30 km langen Frontabschnitt zwischen Cassino und dem Golf von Gaeta stehen jetzt 17 Divisionen: die britische 8. Armee (Lt.Gen. Leese) mit neun Divisionen und die 5. US-Armee (Lt.Gen. Clark) mit acht Divisionen.

Die britische 8. Armee hat außer dem polnischen II. Korps (Lt.

Führung des Artilleriefeuers beim polnischen II. Korps verwendet wurde

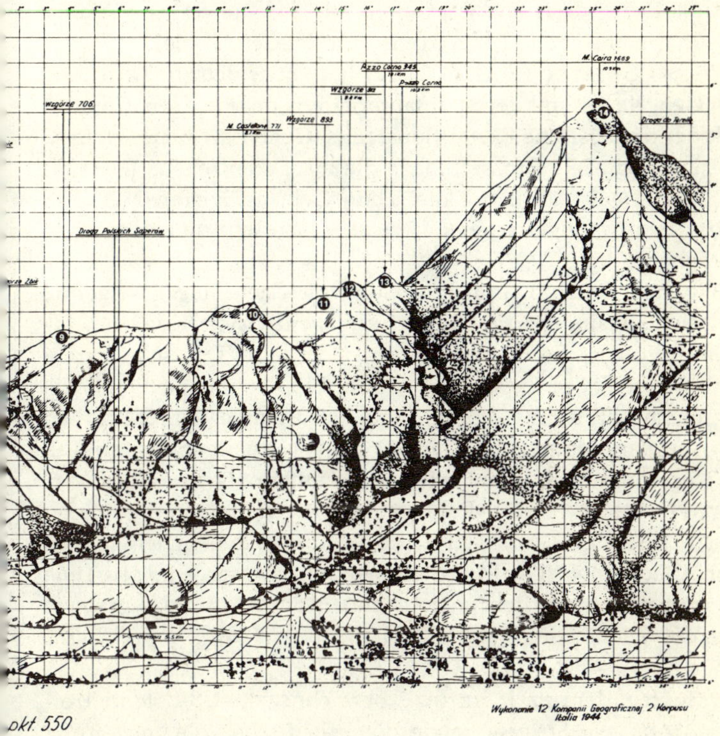

Gen. Anders) mit der 3. Karpaten-Schützendivision (Maj.Gen. Duch), der 5. *Kresowa*-Infanteriedivision (Maj.Gen. Sulik) und der 2. Panzerbrigade (Maj.Gen. Rakowski), die die Bergrücken um Cassino und den Klosterberg erobern sollen, auch das britische XIII. Korps (Lt.Gen. Kirkman) mit der britischen 4. Division (Brig. Ward), der britischen 78. Division (Maj.Gen. Keightley), der indischen 8. Division (Maj.Gen. Russell) und der britischen 6. Panzerdivision (Maj.Gen. V. Evelegh). Sie sollen das Liri-Tal einnehmen und in Richtung Rom vorstoßen. Als Reserve verfügt Lieutenant General Leese über das kanadische I. Korps (Lt.Gen. Burns) mit der kanadischen 1. Infanteriedivision (Brig. Vokes) und der kanadischen 5. Panzerdivision (Maj.Gen. B. M. Hoffmeister) sowie über die südafrikanische 6. Panzerdivision (Maj.Gen. Poole).

Die 5. US-Armee (Lt.Gen. Clark) hat außer dem II. US-Korps (Maj.Gen. Keyes) mit der 85. Infanteriedivision (Maj.Gen. Coulter) auch das französische Expeditionskorps (Gen. Juin) mit der 1. mot. Division (Maj.Gen. Brosset), dazu die marokkanische 2. Division (Brig.Gen. Dody), die marokkanische 4. Gebirgsdivision (Maj.Gen. Sevez) und die algerische 3. Division (Maj.Gen. de Goislard de Monsabert).

Zwischen Cassino und dem Golf von Gaeta liegen folgende deutsche Divisionen: die 1. Fallschirmjägerdivision (GenLt. Heidrich) und die 44. Infanteriedivision »Hoch- und Deutschmeister« (GenLt. Franek) im Cassino-Abschnitt. Ein Regiment der 15. Panzergrenadierdivision (GenMaj. Rodt) und einige Kampfgruppen der 305. Infanteriedivision (GenLt. Hauck) verteidigen das Liri-Tal. Im Küstenabschnitt steht die 71. Infanteriedivision (GenMaj. Raapke), verstärkt durch drei Bataillone der 44. Infanteriedivision »Hoch- und Deutschmeister«. Die Aurunci-Berge sichert die 94. Infanteriedivision (GenMaj. Steinmetz). Die Reserve bilden Teile der 15. Panzergrenadierdivision, die an der Küste liegen, sowie Teile der 90. Panzergrenadierdivision.

Am Montag, dem 27. März 1944, bezeichnet die US-Soldatenzeitung *»Stars and Stripes«* sowie die kanadische Soldatenzeitung *»Maple Leaf«* in aller Offenheit die letzte alliierte Offensive bei Monte Cassino als Mißerfolg. Zwei Tage später, am 29. März 1944, erklärt der militärische Sachverständige der *»New York Herald Tribune«*, Major Eliot: »Wir haben bei Cassino einen kostspieligen und empfindlichen Rückschlag erlitten . . .«

Am Mittwoch, dem 29. März 1944, versucht Generalfeldmarschall Kesselring, da am Cassino-Abschnitt das Wetter jede größere Operation unmöglich macht, zum dritten Mal die Initiative an der Anzio-Nettuno-Front an sich zu reißen.

Am Dienstag, dem 11. April 1944, fliegt General Alexander nach London, um mit General Brooke, dem Chef des britischen Generalstabes, Pläne für eine neue Offensive zu besprechen. Am gleichen Tage verläßt Lieutenant General Clark mit dem Flugzeug von Lieutenant General Eaker Italien, um in den USA Gespräche mit Roosevelt und General Marshall zu führen. Inzwischen hat man nämlich im Hauptquartier der Alliierten beschlossen, die neue Offensive im Mai 1944 zu beginnen: Zu dieser Zeit sind die Wetter- und Bodenverhältnisse fast ideal, es regnet kaum, und die Temperaturschwankungen zwischen Tag und Nacht sind minimal.

Am Montag, dem 17. April 1944, beginnt die Verlegung der 51962 Soldaten des polnischen Korps in den Cassino-Abschnitt. Die Grundlage des Plans für die vierte Cassino-Schlacht bildet eine großangelegte Täuschungsoperation: Man will Generalfeldmarschall Kesselring glauben lassen, die Alliierten hätten endlich die Unmöglichkeit eines Durchbruchs der »Gustav-Linie« begriffen und die nächste Offensive werde ein neues Landungsunternehmen, diesmal nördlich von Rom, nahe Civita Vecchia, sein. General Alexander hofft damit, Kesselring zu verleiten, seine Reserven nördlich von Rom zu versammeln.

Mehrere Maßnahmen sollen ihn in seiner Annahme bestärken: Die Verlegung der Armeegrenze der 8. Armee an die Cassino-Front wird strikt geheimgehalten, und alle Truppenbewegungen in den vorgeschobenen Gebieten dürfen nur während der Nacht stattfinden. Nachdem das polnische II. Korps die britische 78. Division im Rücken des Monte Cassino abgelöst hat, wird strengste Funkstille angeordnet, damit den Deutschen verborgen bleibt, daß auch die

18. April 1944, Stadt Cassino: Ein britischer Trupp arbeitet sich in dem schwierigen Gelände der Rocca Janula unter schwerstem Mörserfeuer voran

Polen jetzt an der Front stehen. Für dringenden Funkverkehr hat man ihnen englische Funker zugeteilt. Die Zufahrtswege zu den beiden polnischen Divisionsgefechtsständen sind durch kilometerlange Tarnwände abgeschirmt.

Einheiten, die bereits in Frontstellungen liegen, werden nicht verlegt, Panzereinheiten, die neu gegliedert werden, lassen Panzer und Fahrzeugattrappen stehen. Während die beiden britischen Divisionen des XIII. Korps, die den Rapido und Gari überqueren sollen, in ihren Bereitstellungsräumen eintreffen, übt die 78. Division 80 km hinter der Front – von den Deutschen als Vorhut für eine bevorstehende Offensive angesehen – in auffallender Weise Flußübergang. Dagegen werden die Arbeiten an zahlreichen für die Überquerung des Rapido erforderlichen Fahrbahnen nur nachts ausgeführt und am Tage sorgfältig getarnt. Die neuen Geschütze fährt man in der Regel in vorzeitig getarnten Stellungen auf, und das gesamte Artilleriefeuer wird laufend überprüft, so daß der tägliche Geschoßverbrauch konstant bleibt und die Deutschen nicht merken, daß neue Batterien zur Verstärkung herangeführt sind. Der Funkverkehr soll den deutschen Abhördienst in der Annahme bestärken, die 26. US-Division und beide Divisionen des kanadischen I. Korps seien für eine Landung bei Civita Vecchia vorgesehen. Im »Einschiffungsbereich« von Salerno herrscht rege Aktivität, und im Hafen von Neapel werden am hellichten Tage Landungsübungen geprobt. Die 36. US-»*Texas*-Division (Maj.Gen. Walker), die erst in der zweiten Phase der Offensive zum Einsatz kommen soll, ist zwischen Salerno und Neapel versammelt worden. Sie führt hier intensive Übungen für amphibische Unternehmen durch. Die zu den Einschiffungspunkten und Bereitstellungsräumen führenden Straßen hat man sorgfältig mit Schildern, die das taktische Zeichen des kanadischen Korps tragen, gekennzeichnet. Alliierte Luftstreitkräfte fliegen regelmäßig Aufklärung über den Stränden von Civita Vecchia, deutsche Agenten in Neapel werden mit dem entsprechenden Spielmaterial versorgt und die Partisanenaktionen nördlich von Rom stark aktiviert.

Das französische Expeditionskorps, das die deutsche Aufklärung

April 1944, Monte Camino: Ein Sanitätstrupp des C.E.F. bringt den Verwundeten mit einem Maultier nach unten

in Neapel vermutet, wird unbemerkt in den kleinen Garigliano-Brückenkopf verschoben. Es ist um zwei Divisionen verstärkt worden: die marokkanische 4. Gebirgsdivision (Maj.Gen. Sevez), dazu drei marokkanische Bataillone, die einer Division entsprechen, dann die 1. mot. Division (Maj.Gen. Brosset) sowie eine Panzerbrigade. Das um 99000 Mann zählende Korps hat die Aufgabe, den Monte Majo, den Südpfeiler der deutschen Stellungen bei Cassino, zu erobern und einen tiefen Durchbruch über die Bergmassive der Aurunci und Petrella, welche die deutsche »Gustav-Linie« überragen, zu erzwingen. Damit soll endlich der Plan, den General Juin bereits im Januar vorgelegt hat, realisiert werden.

Nun liegt das gesamte Expeditionskorps, östlich vom Garigliano zusammengedrängt, auf der schmalen Ebene von Sujo. Seine Tarnung ist dank der unzähligen Nebeltöpfe so perfekt, daß der Nebel nicht nur die Zusammenziehung einer ganzen Armee in deckungslosem Gelände verschleiert, sondern auch die Errichtung von sechs Behelfsbrücken ermöglicht, ohne daß die Deutschen etwas davon bemerken. Auch die Tarnung der beiden am Rapido und Gari vor Cassino stehenden kanadischen Divisionen gelingt vollständig.

Generalfeldmarschall Kesselring läßt sich durch die Vorbereitungen für eine Landungsoperation nördlich von Rom tatsächlich täuschen: Zwei deutsche Divisionen, davon eine gepanzerte, liegen nun bei Civita Vecchia, Teile von zwei weiteren Panzerdivisionen stehen in Reserve im Raum Anzio–Nettuno, bereit für eine Verlegung nach Civita Vecchia.

Am Mittwoch, dem 19. April 1944, erteilen die Vereinigten Stabschefs General Wilson den Auftrag, die *»Operation Overlord«*, die alliierte Landung in der Normandie, durch »Zerstörung und Bindung möglichst vieler Feindkräfte im Mittelmeer« zu unterstützen.

Bis Ende April bleibt die Front ruhig, auch im Cassino-Abschnitt beschränkt sich die Kampftätigkeit auf Vorpostengefechte.

Am Freitag, dem 5. Mai 1944, bringen polnische Soldaten einen deutschen Deserteur in den Gefechtsstand der 5. *Kresowa*-Infanteriedivision, der nach seinen Aussagen zur 7. Kompanie des Panzergrenadierregiments 200 gehört.

Er erzählt von Stellungen, die sich vom Bergmassiv über den Piedimonte und das Liri-Tal erstrecken, um einen Zusammenbruch der »Gustav-Linie« zu verhindern. Die alte Festungsstadt Piedimonte soll zu einem neuen Monte Cassino werden. In einer Tiefe von 800 m angelegt, bestehen die Stellungen neben Minenfeldern, Panzergräben und Stacheldrahtverhauen auch aus zahlreichen in den Boden eingelassenen Panzertürmen mit 8,8-cm-Geschützen.

Drei Linien bilden die deutsche Sommerverteidigung 1944, die den Weg nach Rom sperren sollen. Die »Gustav-Linie«, die am Rapido entlangführt, dazu die 9 km dahinter liegende, seit Weihnachten 1943 gebaute »Adolf-Hitler-Linie« – auch »Senger-Riegel« genannt – und danach, südlich von Rom, die »Cäsar-Linie«. Es entstehen auch neue Verteidigungsanlagen, die sogenannte »Goten-Linie«, die Italien in der Höhe von Florenz abriegelt.

Die vier Hauptangriffe sollen, von Westen nach Osten gesehen, das II. US-Korps (Maj.Gen. Keyes), das französische Expeditionskorps (Gen. Juin), das britische XIII. Korps (Lt.Gen. Kirkman) und das polnische II. Korps (Lt.Gen. Anders) führen. Ihnen gegenüber liegen das I. Fallschirmkorps (Gen. d. Fl. Schlemm) und das LXXVI. Panzerkorps (Gen. d. Pz. Tr. Herr) bei Anzio, das XIV. Panzerkorps (GenLt. v. Senger und Etterlin) am Garigliano und das LI. Gebirgskorps (Gen. d. Geb. Tr. Feuerstein) am Rapido.

Insgesamt stehen 21 alliierte Divisionen und 11 Verbände in Brigadestärke gegen 14 deutsche Divisionen und 3 Verbände in Brigadestärke. Während die alliierten Divisionen jedoch über je 9 Bataillone verfügen, haben die deutschen Divisionen nur je 6 Bataillone und die Panzerdivisionen nur je 4 Panzergrenadier-Bataillone. Die alliierten Verbände sind ausgeruht und aufgefrischt, mehrere davon sogar in ihrer Sollstärke, die deutschen Verbände mit ihren geringeren Gefechtsstärken bereits abgekämpft und stark reduziert. Daß Mißverhältnis liegt 1:3 bis 1:5 bei der Infanterie, bei Material- und Feuerkraft bis 1:10.

Dem polnischen II. Korps gegenüber steht das Fallschirmjägerregiment 3 (Oberst Heilmann). Das Regiment hat bereits während

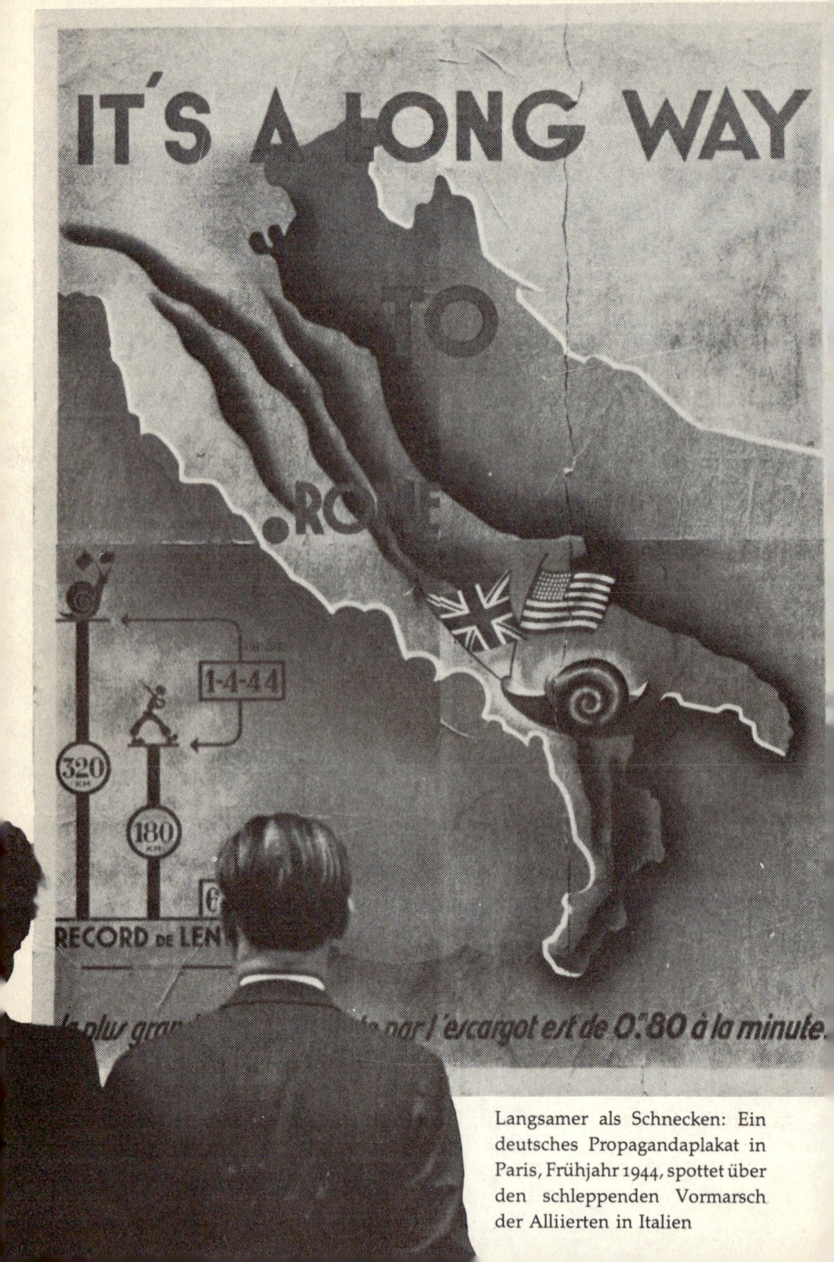

Langsamer als Schnecken: Ein deutsches Propagandaplakat in Paris, Frühjahr 1944, spottet über den schleppenden Vormarsch der Alliierten in Italien

Mai 1944, Monte Cassino: In den Gesichtern der beiden »Grünen Teufel« spiegelt sich die Härte der Kämpfe wider

der letzten Cassino-Schlacht die Hauptlast des Kampfes getragen. Nachdem sein III. Bataillon Ende April 1944 zur Neuaufstellung nach Frankreich verlegt worden ist, besteht das Fallschirmjägerregiment 3 nur noch aus zwei schwachen Bataillonen. Das Hochgebirgsbataillon 4 (Maj. v. Ruffin), das dem Fallschirmjägerregiment 3 untersteht, verteidigt den Monte Cairo (Höhe 1669).

Übrigens erfahren die Soldaten des polnischen II. Korps das Neueste von den Abmachungen zwischen den Westalliierten und Stalin zum Nachteil Polens über den deutschen Propagandasender »*Wanda*«, der aus Rom viermal täglich – insgesamt 2 Stunden und 50 Minuten – ein Programm in polnischer Sprache sendet. Sein häufigster Slogan: »Polnische Soldaten! Ist euch klar, in welches Spiel man euch hineingezogen hat? In dieser Situation bleibt eure einzige Rettung: Kommt zu uns, und ihr werdet eure Heimat wiedersehen!« Der Propagandaeinsatz hat sich jedoch kaum gelohnt. Nur fünf Soldaten von 50000 haben sich für diesen »kürzesten Weg« in Richtung Heimat entschieden.

Der wichtigste Abschnitt, den das polnische II. Korps hält, ist 2 km breit, reicht im Norden vom Ort Cairo bis nach Portella und im Süden von der *Via Casilina* über den Nordrand von Cassino bis nach Le Pestinelle. Die bedeutendsten deutschen Stützpunkte

Mai 1944, Cassino-Abschnitt: eine Abteilung britischer Infanterie beim Stellungswechsel

in diesem Abschnitt sind die Abtei Monte Cassino, der Colle Sant'Angelo (Höhe 601) und der Monte Calvario (Höhe 593). Der Colle Sant'Angelo bildet dabei die Schlüsselposition: Seine Einnahme isoliert den Monte Cassino mit der Abtei, erleichtert seine Eroberung und schafft zugleich eine Verbindung zum benachbarten britischen XIII. Korps, das im Liri-Tal kämpft. So muß also dieser Stützpunkt das Hauptangriffsziel des II. Korps sein. Die einzige Möglichkeit wiederum, die Höhe 601 zu erreichen, ist ein Vorstoß in einen Abschnitt – zur Linken begrenzt durch das Bergmassiv mit den Höhen 593 und 569, sowie zur Rechten durch den Bergrücken (Höhe 706) –, der sich vom Monte Castellone (Höhe 771) bis zum Colle Sant'Angelo zieht.

In diesem Abschnitt werden die Stützpunkte in ganzer Länge durch vorgeschobene deutsche Verteidigungslinien gesichert, die auf der Höhe 517, »Phantom-Rücken« genannt (polnisch: »*Widmo*«), liegen.

Bereits seit 6 Wochen führen die alliierten Luftstreitkräfte im Rahmen der »*Operation Strangle*« Bombenangriffe gegen deutsche

Versorgungslinien durch. Zwar kommt der Eisenbahnverkehr nördlich von Rom fast völlig zum Erliegen, doch Kesselring gelingt es, mit Hilfe der Küstenschiffahrt und unter Ausnutzung der Dunkelheit, seine Truppen weiterhin mit Nachschub zu versorgen.

Wie weit sich die letztlich durchgeführten alliierten Täuschungsoperationen ausgewirkt haben, beweist, daß so bewährte Generäle wie v. Senger und Etterlin, Kommandierender General des XIV. Panzerkorps, und Generaloberst v. Vietinghoff, Oberbefehlshaber der 10. Armee, sowie Generalleutnant Baade, Kommandeur der 90. Panzergrenadierdivision, noch kurz vor der alliierten Offensive in Urlaub gehen.

Am Donnerstag, dem 11. Mai 1944 ist es trüb und regnerisch, nachmittags legt sich Nebel über das Rapido-Tal.

Um 23.00 Uhr, nach dem Zeitzeichen von *BBC* London, eröffnen an dem 30 km langen Frontabschnitt von der Küste bis zum oberen Rapido-Tal rund 1600 Geschütze ihr Trommelfeuer auf die Stellungen der Deutschen, die in dieser Nacht Ablösungen durchführen und völlig überrascht werden.

Schütze B. vom Hochgebirgsjäger-Bataillon 4: »Ich hatte Alarmposten vor dem Zuggefechtsstand. Es war ein ruhiger, warmer Abend, nur ab und zu schoß der Feind Störfeuer ... Aus der Schlucht hörte man das Klirren von Sattelzeug und Klappern von Hufen. Die Tragtierstaffel der 3. Kompanie war auch schon da. In einem Haus bei unserem Zuggefechtsstand hackte jemand Holz ... Schritte näherten sich dem Postenloch, der Grabendienst auf seinem Rundgang ... die Essenholer kamen zurück ... Plötzlich, als hätte man auf einen Lichtschalter gedrückt, flammte es auf einmal drunten im Tal auf ... und dann ein ohrenbetäubendes Heulen, Zischen, Bersten, Tosen und Krachen ... Eng preßte ich mich in das kleine Deckungsloch hinein. Splitter surrten über mich hinweg, Steine und Erdbrocken wirbelten durch die Luft. Der Boden erzitterte unter der Wucht der Einschläge ...«

45 Minuten nach Eröffnung des Feuers stoßen die bewährten Gebirgskämpfer der marokkanischen 2. Division (Brig.Gen. Dody) und der marokkanische 4. Gebirgsdivision (Maj.Gen. Sevez) am rechten Flügel des II. US-Korps (Maj.Gen. Keyes) auf den inmitten

11. Mai 1944, 23.00 Uhr: ». . . Plötzlich, als hätte man auf einen Lichtschalter gedrückt, deutschen Stellungen

flammte es auf einmal drunten im Tal auf.« 1600 Geschütze eröffnen das Feuer auf die

12. Mai 1944, Monte Cassino: Soldaten der 5. Kresowa-Infanteriedivision im Kampf um den »Phantom-Rücken«

12. Mai 1944, Monte Cassino: Die polnischen Soldaten sind guten Mutes und vertrauen dem enormen Materialaufwand

der Aurunci-Berge liegenden Monte Faito. Obwohl die deutsche 71. Infanteriedivision (GenMaj. Raapke) Hitlers Weisung, »bis zum letzten Mann Widerstand zu leisten«, folgt, ist der Monte Faito bereits am 12. Mai 1944 um 3.00 Uhr morgens in den Händen des marokkanischen Schützenregiments 8. Die insgesamt vier französischen Divisionen stoßen unter geschickter Ausnutzung des unwegsamen Hochgebirges tief in die deutschen Stellungen hinein. Am Mittag nimmt das marokkanische Schützenregiment 8 den Monte Feuci, kurz danach den Monte Majo. Damit reißen die Truppen von General Juin das II. US-Korps (Maj.Gen. Keyes) nach vorn, obwohl sich in diesem Abschnitt die deutsche 94. Infanteriedivision (GenMaj. Steinmetz) überaus tapfer verteidigt. Mit der Eroberung des 900 m hohen Monte Majo beherrscht General Juin die Hänge, die entlang der Aurunci-Berge bis zur Südseite des Liri-Tals führen.

Fünf Minuten nachdem das französische Expeditionskorps den Angriff begonnen hat, setzen um 23.50 Uhr die indische 8. und britische 4. Division am rechten Flügel der Franzosen ihre Sturm-

12. Mai 1944, Cassino-Abschnitt: zwei Polen aus Schlesien, von den Deutschen zwangsrekrutiert, im Gespräch mit Soldaten des polnischen II. Korps

boote in die Strömung des Rapido südlich von Cassino. Trotz des deutschen Feuers erweitern sie ihre Brückenköpfe an der anderen Seite des Flußufers.

An einer Frontbreite von 35 km werden insgesamt eingesetzt: 1600 Geschütze, 2000 Panzer und 3000 Flugzeuge, das heißt, 43 Geschütze, 57 Panzer und 85 Flugzeuge auf einem Abschnitt von 1000 m, die Infanterie mit ihren Waffen nicht gerechnet.

Um 1.30 Uhr, nach eineinhalb Stunden dauernder Artillerievorbereitung, treten die Bataillone des polnischen II. Korps zum Angriff an. Die polnischen Soldaten sind guten Mutes und vertrauen dem enormen Materialaufwand.

Das 13. und 15. Bataillon der 5. *Kresowa*-Infanteriedivision gehen mit bemerkenswerter Todesverachtung zum Angriff auf die Höhe 517 *(»Widmo«)* vor. Sie geraten sofort in starkes Artillerie- und Mörserfeuer und haben etwa 20 Prozent Verluste. Das Tempo des Vorstoßes in stockdunkler Nacht wird immer langsamer, und die Bataillone erreichen den *»Widmo«* fast eine Stunde später als geplant. Das deutsche Feuer desorganisiert die Sturmgruppen und unterbricht die Verbindung zum Brigadekommandeur. Zwei Kompanien des 13. Bataillons (Oberst Kaminski), die von Norden her vorstoßen, erreichen als erste den »Phantom-Rücken«, bekommen jedoch sofort Artillerie- und Granatwerferbeschuß, dazu MG-Feuer frontal und von beiden Flanken. Beide Kompanien erleiden erhebliche Verluste durch Minen und Fallen, sie werden fast völlig aufgerieben.

Zwei andere Kompanien des polnischen 13. Bataillons, die den »Phantom-Rücken« von Süden her erreichen, liegen nun fest unter deutschem Feuer. Das auf dem linken Flügel vorgehende 15. Bataillon (Oberst Stoczkowski) erklimmt den Phantom-Rücken und beginnt jetzt in der Dunkelheit zwischen Büschen und Felsbrocken den Kampf mit den Bunkerbesatzungen. Zwei Kompanien gelingt es, an den Bunkern vorbei bis zur Höhe 517 zu kommen. Hier geraten sie in das gegnerische Feuer und müssen sich zurückziehen. Die Lage der beiden Bataillone auf dem »Phantom-Rücken« erscheint immer bedenklicher. Die Truppen werden zum Teil von deutschen Gegenangriffen überrollt, ihre Telefonverbindungen unterbrochen, Funkgeräte zerstört, ihre Bedienungen getötet.

Erste Hilfe im Granatwerfer- und MG-Feuer

Das Ringen um den Monte Calvario (Höhe 593) soll der Schwerpunkt im Kampf der 3. Karpaten-Schützendivision werden. Die Kompanien vom II. Bataillon der Karpatenjäger klettern um 1.30 Uhr – in Abständen von kaum 100 Schritt – einen engen Pfad hinauf, bemüht, schnell unter dem Schutz des eigenen Artilleriefeuers möglichst nahe an den Gipfel des Monte Calvario heranzukommen. Es ist ein Wettlauf mit dem Tod: Während des Feuers der alliierten Artillerie müssen die Deutschen notgedrungen von ihren Widerstandsnestern und Stellungen in schußsichere Unterstände ausweichen. In dem Augenblick, wenn das Artilleriefeuer aufhört, rennen die Besatzungen wieder zu ihren verlassenen Kampfstel-

Freund und Feind einträchtig nebeneinander. Links ein abgeschossener Sherman-

Panzer, im Hintergrund die Höhe 193 (Rocca Janula)

lungen zurück oder nehmen schußbereit hinter den nächsten Felsvorsprüngen Deckung. Die Polen ahnen, daß nur Sekunden sie von Erfolg oder Niederlage trennen. Schaffen sie es nicht, die noch leerstehenden Stellungen zu erreichen, empfangen sie aus nächster Nähe das Feuer der deutschen Maschinenwaffen. Auf der Höhe 593 haben die Polen Glück: Es gelingt zwei Zügen der 1. Kompanie, von Osten und Süden her die deutschen Stellungen zu besetzen, bevor sie die Fallschirmjäger, die sich in Unterständen verborgen hielten, wieder erreichen können. Dank des blitzschnellen Erfassens der Situation dringen die Polen beinahe gleichzeitig mit den letzten Artilleriegeschossen in die noch leeren deutschen Stellungen ein. So können sie die Verteidiger noch vor ihrer völligen Abwehrbereitschaft überwältigen. Im Nahkampf werden zehn deutsche Artilleriebeobachter gefangengenommen. Inzwischen besetzt die 3. Kompanie die Höhe 593 von Westen her und beordert einen ihrer Züge in Richtung Massa Albaneta. In den Grottenunterständen werden 17 Gefangene gemacht.

Den Monte Calvario verteidigt das I. Bataillon (Maj. Böhmler) des

12. Mai 1944, Cassino-Abschnitt: Ein Trupp des polnischen II. Korps kommt in dem schwierigen Gelände unter dem deutschen Abwehrfeuer nur schwer voran

Cassino: Ein Sherman-Panzer bekämpft die Scharfschützennester in den Häuserruinen

FJR 3; seine 1. Kompanie hält den Gipfel. Sie wird von den Karpatenjägern mehrfach überrannt, wirft sie aber immer wieder zurück. Nach einem 30 Minuten dauernden hartnäckigen Nahkampf wird der Monte Calvario von den Polen erobert.

Viermal versuchen die Deutschen mit geringen Reserven des I. und II. Bataillons des FJR 3, darunter die 7. Kompanie, den Monte Calvario zurückzugewinnen, doch werden sie jedesmal zurückgeschlagen.

Die Taktik der Karpatenjäger – auf der Höhe 593 so erfolgreich praktiziert – versagt jedoch beim Angriff auf die benachbarte Höhe 569. Hier hört der Artilleriebeschuß viel zu früh auf, so können die deutschen Besatzungen unbehelligt ihre Abwehrstellungen wieder besetzen und die Polen mit zusammengefaßtem MG-Feuer empfangen. Der Angriff bleibt auf dem Sattel zwischen beiden Höhen stecken.

Um 6.30 Uhr erreicht den »Phantom-Rücken« das polnische 18. Bataillon (Oberst Domón). Er ist überzeugt, daß der Bergrücken bereits zum größten Teil von Deutschen gesäubert ist. Sein Erscheinen führt aber zu noch größerer Ansammlung polnischer Truppen und vermehrt die Verluste durch immer intensiveren deutschen Beschuß.

Der Angriff der 3. Karpaten-Schützendivision auf Massa Albaneta wird von der polnischen 2. Panzerbrigade unterstützt. Die Panzer werden noch im Vorfeld von starkem Feuer schwerer Artillerie empfangen, und viele von ihnen geraten in Brand, andere werden durch Minen zerstört. Von 20 Pionieren des Minenräum-Kommandos kommen 18 um oder werden verletzt. So bricht der Vorstoß der 15. Karpatenjägerbrigade gegen Massa Albaneta unter schweren Verlusten zusammen.

Bereits um 7.15 Uhr morgens erkennt Major General Duch, Kommandeur der 3. Karpaten-Schützendivision, daß trotz beachtlicher Anfangserfolge und Einnahme der Höhe 593 der Angriff des II. Korps gescheitert ist. Er hofft allerdings, ihn in der kommenden Nacht wieder einleiten zu können.

Mit dem Sonnenaufgang erscheinen die alliierten Jabos über der Frontlinie. Das Zusammenwirken zwischen ihnen und den Bodentruppen ist ausgezeichnet. Die Maschinen stehen in Funkverbindung mit den vorgeschobenen Gefechtsposten. Sie kreisen ständig über den deutschen Stellungen und sind »wie ein Taxi« abrufbereit, um die ihnen angegebenen Ziele sofort anzugreifen. Gleich zu Anfang werden das Hauptquartier der 10. Armee (GenOberst v. Vietinghoff) in Avezzano und der Gefechtsstand des XIV. Panzerkorps (GenLt. v. Senger und Etterlin) nach rollenden Bombenangriffen ausgeschaltet.

Gegen Mittag zählt die polnische Besatzung auf dem Monte Calvario noch einen Offizier und 29 Mann. Eine Reservekompanie kann vorübergehend die Lage verbessern. Zugleich zeichnen sich aber unter den Truppen, die sich bisher durch den massiven Materialeinsatz überlegen fühlten, die ersten Krisenerscheinungen ab.

Um 19.00 Uhr läuft ein neuer Gegenstoß der Fallschirmjäger auf den Monte Calvario an. Die 14. Kompanie mit 22 Mann, die Regimentsreserve des FJR 3, nimmt den Berg nun endgültig in Besitz, und die letzten polnischen Verteidiger der Höhe 593, ein Offizier und 7 Mann, ziehen sich wieder zurück.

Bis zur Dämmerung bleibt noch ein Teil der Truppen – hauptsächlich vom polnischen 15. Bataillon – auf dem »Phantom-Rükken«. Am Abend sieht sich Lieutenant General Anders gezwungen, die Bataillone wegen der enormen Verluste in ihre Ausgangsstellung zurückzunehmen. Die Soldaten sind restlos erschöpft, viele von ihnen stehen unter Schockwirkung oder sind verwundet. Doch ihre Opfer sind nicht umsonst: Ihr Einsatz hat das deutsche Artilleriefeuer abgelenkt und den im Liri-Tal kämpfenden britischen Kameraden vom XIII. Korps eine Erleichterung verschafft.

Der erste Angriff des polnischen II. Korps bringt taktisch kaum Vorteil und ist eigentlich nicht mehr als eine Aufklärung mit hohen Opfern. Die Verluste zeigen, daß ohne eine gleichzeitige Einnahme der Höhen 593, des »*Widmo*« (Höhe 517) und des Colle Sant'Angelo (Höhe 601) es nicht möglich ist, eines dieser drei Angriffsobjekte einzeln zu halten. Es stellt sich auch heraus, daß bei den Kämpfen bereits ein Zug eine zu große Einheit darstellt und seine Ausrüstung für einen Nahangriff auf befestigte Bergstellungen zu groß und zu schwer ist.

Im deutschen Abwehrfeuer brechen die Funk- sowie Feldtelefonverbindungen zusammen, und die zur Nachrichtenübermittlung eingesetzten Melder, von denen es in den Kompanien zu wenig gibt, treffen meistens zu spät oder überhaupt nicht ein. Dadurch verlieren die Befehlshaber in kurzer Zeit den Überblick über die Entwicklung auf dem Schlachtfeld. Viel trägt dazu bei, daß die in den Stäben eintreffenden Meldungen nicht präzise genug und oft sogar falsch sind.

Auch die Aufstellung der Artillerie des polnischen II. Korps ist recht unglücklich: Die leichte Artillerie steht etwa 7 km, die schwere fast 9 km hinter der Frontlinie. So muß die leichte Artillerie das Feuer bei maximaler Reichweite führen, was die Zielgenauigkeit erheblich einschränkt und Streuung verursacht. Beide haben keine Möglichkeit einer unmittelbaren Beobachtung und schießen aufgrund von Karten mit den ungenauen Ergebnissen der Luftaufklärung. Sie sind daher gezwungen, überwiegend »ins Feld« zu schießen. Die Divisions-Artillerie wird zur Unterstützung der stürmenden Kompanien eingesetzt, was wiederum im bergigen, steilen Gelände die nahe Unterstützung, Führung oder Abschir-

Cavendish-Road bei Massa Albaneta: Das Wrack eines Shermann-Panzers zeugt von

schweren Kämpfen

mung der Infanterie völlig unmöglich macht.

Die 3. Karpaten-Schützendivision bekommt zwar 36 für das Gebirge vorzüglich geeignete schwere Mörser, Kaliber 4,3", sie treffen jedoch so spät ein, daß die Bedienungen nicht mehr rechtzeitig ausgebildet werden können. Dasselbe trifft auch auf die Flammenwerfer zu, die außerdem zu schwer sind und so ein gut sichtbares Ziel für Scharfschützen bilden. Ihre Behälter explodieren bereits nach Einschlag eines kleinen Splitters oder einer Kugel. Dabei gibt es keine Rettung für die dreiköpfige Bedienung.

Ein anderes Problem bilden bei Albaneta die Wracks der alliierten Panzer, die hier seit dem unbedachten Vorstoß über die *Cavendish Road* am 19. März 1944 liegen. Die Fallschirmjäger haben sie nämlich in gefährliche Stützpunkte verwandelt und mit Scharfschützen besetzt, die über Gewehre oder leichte MG mit Zielfernrohr verfügen und bis auf weite Entfernung treffen.

Die deutsche Abwehrtaktik ist einfach und wirksam: Die Fallschirmjäger – verstärkt und in gut getarnten, kaum auszumachenden Stellungen – feuern fast nie auf größere Entfernungen. Dies ist Aufgabe der Artillerie, Mörser und schweren MG, die hauptsächlich flankierend schießen. In der Regel lassen die Fallschirmjäger den Angreifer nahe herankommen und gehen erst dann mit allen verfügbaren Mitteln in nur wenigen Mann zählenden Gruppen zum Gegenangriff über – ausgerüstet mit leichten MG, MP und Handgranaten. Die einzelnen kleinen, gut getarnten Stützpunkte kämpfen selbständig bis zum letzten und halten nervlich auch dann durch, wenn sie überrollt werden. Das deutsche Artilleriefeuer zeichnet sich durch seine Vielfalt, Wendigkeit und gegenseitige Unterstützung aus. Das Steil-, Flach-, Riegel- und Flankenfeuer ermöglicht schnelles und elastisches Legen von Schwerpunktfeuer sowie Bildung massiver Feuersperren und Zerschlagung der gegnerischen Zusammenballungen. Das Netz der Artilleriebeobachtungsstellen ist beinahe perfekt, obwohl es nicht über Artilleriebeobachtung aus der Luft verfügt. Jede Batterie hat eine Hauptbeobachtung und einen vorgeschobenen Beobachter, außerdem tauschen Artillerie und Infanterie stets ihre Beobachtungsergebnisse aus.

Der Kardinalfehler war, daß General Leese dem polnischen II.

Eine gut getarnte polnische Stellung nahe Albaneta

Korps untersagt hat, das Gelände zu erkunden. Das schwere Feuer der Granatwerfer sowie die Scharfschützen machen selbst Beobachtung des Vorgeländes von den ersten Linien aus unmöglich. Man versucht zwar durch Unterbindung der Aufklärung, die Anwesenheit des polnischen Korps vor dem Gegner geheimzuhalten, doch wirkt sich das Fehlen der Erkundung besonders nachteilig aus, als der Befehl zum Sturm bei Nacht auf die völlig unbekannten Berghänge erfolgt.

Merkwürdigerweise fehlen ebenfalls Beobachtungsstellen auf Divisions- und Brigade-Ebene. Das Korps bekommt 4000 Tarnnetze, 7000 Tarnanzüge und eine Million Sandsäcke. Jede Division hat ein Pionierbataillon, es gibt auch ein Korps-Pionierbataillon, man unterläßt jedoch selbst den Bau von Beobachtungsstellen für die Artillerieregimenter.

Das Korps befindet sich zwar fast drei Wochen lang in dem ihm zugeteilten Abschnitt, doch der Schlachtplan wird im tiefen rückwärtigen Gebiet nur an Hand von Luftaufnahmen, Generalstabskarten mit Eintragungen der Luftaufnahmeinterpreten, plastischen

Geländemodellen und zuletzt aufgrund von Erfahrungen der ersten drei Schlachten entworfen. Man läßt dabei außer acht, daß das bergige Gelände und die vorzügliche Tarnung eine Erfassung der wichtigsten deutschen Stellungen durch Luftbildkameras unmöglich macht, und daß wiederum die aufgespürten in Wirklichkeit oft nur Scheinanlagen sind.

Am Abend des 12. Mai 1944 beurteilt General Alexander das Ergebnis des ersten Tages der neuen Schlacht als nicht zufriedenstellend: Im Abschnitt der britischen 8. Armee muß das polnische Korps seine angreifenden Truppen in die Ausgangsstellung zurückziehen, das britische XIII. Korps hat noch nicht die Hälfte der Angriffsziele, die in den ersten zwei Stunden erreicht werden sollten, in der Hand, und das II. US-Korps konnte nicht die befestigten deutschen Stellungen durchbrechen.

Am ersten Tag der vierten Cassino-Schlacht kann nur General Juin einen bedeutenden Erfolg melden: Sein Expeditionskorps hat dank dem raschen Vorgehen bereits den rechten Flügel des deutschen LI. Gebirgskorps (Gen. d. Geb.Tr. Feuerstein) ins Wanken

Ein berittener Spähtrupp der Goumiers vom C.E.F.

Eine Granatwerferstellung britischer Truppen während des Einsatzes

gebracht. General Alexander, der hier eine sich anbahnende Chance wittert, gibt daraufhin dem kanadischen I. Korps (Lt.Gen. Burns) den Befehl, in Richtung Pontecorvo vorzustoßen.

Die ganze Nacht vom 12. zum 13. Mai dauern südlich von Cassino in der Liri-Ebene die heftigen Kämpfe an. Weitere Brücken werden über den Rapido gebaut, und die Brückenköpfe können ein wenig erweitert werden.

Fast die Hälfte der eingesetzten Bataillone des polnischen II.

Korps ist für die nächsten Tage kampfunfähig. Die Truppe bedarf einer umfangreichen Reorganisation, und Lieutenant General Leese teilt Lieutenant General Anders mit, daß das II. Korps erst dann zum Angriff antreten soll, wenn die ergänzende Einschließung der Stadt Cassino durch die indische 8. und britische 4. Division vom Liri-Tal her entscheidende Fortschritte erzielt.

Am Sonnabend, dem 13. Mai 1944, wirft Generalfeldmarschall Kesselring die greifbaren Reserveeinheiten gegen die 8. Armee (Lt.Gen. Leese), um den Fall von Cassino hinauszuzögern. Er will Zeit für das Absetzen der bedrohten Verbände gewinnen, um sie in seiner zweiten Verteidigungsstellung, der »Adolf-Hitler-Linie« (Senger-Riegel), wieder einsetzen zu können.

An diesem Tag stellt General Juin aus den selbständigen marokkanischen Troßbataillonen, den *Goumiers*, die sich aus den kampfgewohnten Bergstämmen Nordafrikas rekrutieren, sowie aus einem Regiment der marokkanischen 4. Gebirgsdivision, eine insgesamt 12000 Mann und 4000 Maultiere zählende Gebirgskampfgruppe zusammen. Während die marokkanische Schützendivision und die Gebirgsjäger in den Bergen Gefechte mit deutschen Nachhuten führen, prescht die französische 1. mot. Division (Maj.Gen. Brosset) vor und nimmt am Abend Santa Andrea ein, und die marokkanische 1. Infanteriedivision erreicht den Liri.

Das II. US-Korps (Maj.Gen. Keyes) bahnt sich inzwischen nur mühsam seinen Weg, da die vor kurzem aus den USA eingetroffenen Divisionen noch keine ausreichende Kampferfahrung haben. Es soll mit Unterstützung der starken Schiffsartillerie den Durchbruch beiderseits der *Via Appia* erkämpfen, den Gegner im Südabschnitt des »Senger-Riegels« bezwingen und sich mit den Truppen im Landekopf Anzio–Nettuno vereinigen.

Am Sonntag, dem 14. Mai 1944, drängt die marokkanische 1. Infanteriedivision auf der rechten Uferseite des Liri bis San Georgio vor. Am linken Flügel des französischen Expeditionskorps erobert die algerische 3. Infanteriedivision (Maj.Gen. de Goislard de Monsabert) Castelforte. Nun ist der Weg für die am Vortage aufgestellte Gebirgs-Kampfgruppe freigeschlagen. Auf Saumpfaden ersteigen die *Goumiers* mit ihren Tragtieren die zerklüftete Kette der Aurunci, kaum auf deutschen Widerstand stoßend: Das

14. Mai 1944, die Schlacht um die »Gustav-Linie«: Die britischen Kanoniere finden keine Atempause

deutsche Oberkommando hat es – wie auch die Alliierten – nicht für möglich gehalten, daß die Aurunci-Berge von einer Truppe durchquert werden können. Die Kampfgruppe besetzt nun den Monte Rotondo, überrollt die 15. Panzergrenadierdivision (Gen.-Maj. Rodt) und gelangt in das Tal des Ausente.

So ist bereits 40 Stunden nach Eröffnung der vierten Schlacht die südliche Angel der Cassino-Pforte gesprengt und dies weder durch die mächtigen motorisierten Verbände der Alliierten noch durch die über 3000 Maschinen zählenden Luftstreitkräfte, sondern durch den Infanteristen, den Einzelkämpfer aus dem Atlasgebirge. Ohne ihn wäre womöglich auch diese neue alliierte Offensive gescheitert. Aber nun bahnt sich der große Erfolg an.

Während die Polen am Monte Cassino blutigste Verluste erleiden und das britische XIII. Korps (Lt.Gen. Kirkman) nur Schritt für Schritt die Brückenköpfe am Rapido erweitern kann, droht den Verteidigern des Cassino-Abschnitts jetzt von Süden her die immer größer werdende Gefahr.

In dieser Phase der Schlacht entscheidet am Garigliano General

Während einer kurzen Feuerpause rücken die Sanitäter ins Kampfgelände und suchen nach Verwundeten

Juin das Schicksal von Monte Cassino: Wie er es bereits im Januar 1944 vor der ersten Cassino-Schlacht wollte – anstatt die Verteidigungen am Engpaß von Cassino und die umliegenden Berge zu erstürmen –, greifen seine Truppen jetzt die *Via Casilina* von Süden her durch die Aurunci-Berge an. So werden der entscheidende Einbruch und anschließende Durchbruch der bisher uneinnehmbaren »Gustav-Linie« erzielt. Die deutsche Widerstandskraft ist gebrochen. Die marokkanische 4. Gebirgsdivision breitet nun ihren Überraschungsangriff weit in die Tiefe der »Gustav-Linie«, quer durch das 1533 m hohe Monte-Petrella-Massiv, vor.

Im Süden dagegen kann das II. US-Korps im Küstenabschnitt erst nach schweren wechselvollen Kämpfen um Santa Maria Infante den Ort endgültig einnehmen.

Ebenso schwer ist die Lage beim britischen XIII. Korps (Lt.Gen. Kirkman) am Rapido. Erst um 8.00 Uhr morgens, am 14. Mai 1944, gelingt es den britischen Pionieren, im Abschnitt der 4. Division eine Ponton-Brücke über den Rapido zu schlagen. Wenig später nehmen die Engländer Sant'Angelo. Um jetzt die Abschnürung von Cassino und dem Klosterberg durchzuführen, wird auch die berühmte britische 78. Division (Maj.Gen. Keightley) eingesetzt.

Generalfeldmarschall Kesselring wirft nun alle verfügbaren Reserven, die er im Hinblick auf die Gefahr einer Landung nördlich von Rom bereitgehalten hatte, in den Cassino-Raum.

In der Nacht zum 15. Mai 1944 erklettern die *Goumiers* aus der Gebirgs-Kampfgruppe den Monte Fammera, nördlich von Spigno.

Frühmorgens erhält die britische 78. Division vom XIII. Korps den Befehl, den Rapido zu überqueren, aus dem Brückenkopf auszubrechen und nach einer Schwenkbewegung Cassino vom Tal her zu umfassen. Nach dem Feuerschlag der 21 Artillerieregimenter geht das britische XIII. Korps zum Angriff über. Nur mühsam kann die 4. Division an Gelände gewinnen. Das fast völlig aufgeriebene Fallschirmjäger-MG-Bataillon 1 leistet dennoch harten Widerstand, so daß der Durchbruch in Richtung Cassino nicht erzwungen werden kann. Während der Nacht zum 16. Mai 1944 nimmt die indische 8. Division im Cassino-Abschnitt nach kurzem Kampf den Ort Pignataro.

Zu gleicher Zeit erobern die Franzosen die auf einem Hang

Soldaten des polnischen II. Korps mit Gefangenen

gelegenen deutschen Schlüsselstellungen oberhalb von Ausonia, die im rechten Winkel ins Liri-Tal hineinführen. Tagsüber besetzt die Gebirgs-Kampfgruppe nacheinander den Monte Petrella (1533 m) und den Monte Revole (1307 m).

Am Dienstag, dem 16. Mai 1944, stürmt vom polnischen II. Korps nach 10 Minuten Artillerievorbereitung eine Kompanie des 16. Bataillons (Maj. Stańczyk) von der 5. *Kresowa*-Infanteriedivision den »Phantom-Rücken«, um das Gelände zu erkunden. Es gelingt ihr, einige deutsche Stellungen zu nehmen und sie zu halten. Um diesen Erfolg auszunutzen, läßt Major Stańczyk zwei weitere Kompanien angreifen, und in der Nacht zum 17. Mai 1944 ist der ganze nördliche Teil des »Phantom-Rückens« in polnischer Hand.

Bis zum Sonnenaufgang des 17. Mai 1944 besetzt das polnische 15. Bataillon (Oberst Stoczkowski) den südlichen Hang des »Phantom-Rückens«.

Am Morgen des 17. Mai 1944 tritt das polnische II. Korps erneut zum Angriff an. Auch diesmal bilden Colle Sant'Angelo und der Monte Calvario (Höhe 593) den Schwerpunkt.

Bereits am Anfang erzielt die 5. *Kresowa*-Infanteriedivision tiefe Einbrüche am Colle Sant'Angelo und auf dem Phantom-Rücken. Im heftigen sofortigen Gegenstoß der 1. Fallschirmjägerdivision werden die Polen jedoch wieder aus den deutschen Stellungen unter überaus schweren Verlusten geworfen.

Das Angriffsziel der Karpatenjäger sind wie am 12. Mai 1944 wieder Massa Albaneta und der Monte Calvario. Trotz der Unterstützung durch die 2. Panzerbrigade, die fast die gesamte 3. Kompanie des FJR 3 zusammenschießt, gelingt es, weder den Monte Calvario zu isolieren, noch ihn zu besetzen. Nach 10 Stunden erbitterter Kämpfe setzt Lieutenant General Anders seine letzten Reserven ein, mit denen er den Schlachterfolg erringen will: Das improvisierte Bataillon, das aus Kraftfahrern, Schreibern und Mechanikern besteht, soll den Durchbruch erzwingen. Es muß sich aber unter schweren Verlusten zurückziehen.

Währenddessen scheitert unten im Liri-Tal der Versuch der

17. Mai 1944, Stadt Cassino: Soldaten der Scots Guards säubern das Gelände von deutschen Scharfschützen. Vorn ein MG-Schütze mit dem leichten Maschinengewehr Bren, im Hintergrund die Rocca Janula (Höhe 193)

britischen 4. Division, die Stadt Cassino einzunehmen.

Am Nachmittag haben die *Goumiers* von der Gebirgs-Kampfgruppe die Aurunci-Berge hinter sich und stehen an der Straße Itri–Pico, rund 40 km im Rücken der deutschen Cassino-Front und kurz danach an der *Via Casilina*. Dieser Vorstoß von General Juin bringt den Angreifern den Fall von Monte Cassino. Auch die britische 78. Division schlägt sich bei Piumarola zur *Via Casilina* durch und rückt in Richtung Rom vor.

Der letzte Pfeiler in der deutschen Abwehrfront, das seit Monaten so hart verteidigte Cassino und der Klosterberg, verlieren damit jegliche Bedeutung. Denn nun droht der deutschen 10. Armee (GenOberst v. Vietinghoff) die Umfassung von Süden her.

Generalfeldmarschall Kesselring bereitet seinen Befehl zum Absetzen für die 1. Fallschirmjägerdivision vor, deren gefechtsfähige Teile inzwischen fast völlig aufgerieben sind. So besteht z. B. die 1. Kompanie vom I. Bataillon des FJR 3 nur noch aus einem Offizier, einem Unteroffizier und einem Soldaten.

Das II. US-Korps kommt unterdessen an der Küste leichter voran und erobert an diesem Tage Formia.

Um 18.05 Uhr, notiert der Kriegstagebuchführer des polnischen

Monte Cassino: Ein deutscher Melder durchquert den in Trümmern liegenden berühmten Prioratshof der Abtei

II. Korps: »Kdr.General des II. Korps benachrichtigt den Kommandeur der 3. Karpaten-Schützendivision über die Möglichkeit, daß der Gegner sich in der Nacht aus Cassino zurückziehen werde. Der Bahnhof Cassino wird in der Nacht von deutschen Flugzeugen bombardiert.«

Um 23.30 Uhr verzeichnet das Kriegstagebuch des II. Korps: ». . . Über dem Korps-Abschnitt kreisten einige feindliche Flugzeuge und warfen Leuchtsignale. Man hörte Bombenexplosionen aus Richtung Cassino.« Der Angriff auf den Bahnhof Cassino ist für den Stab der 1. Fallschirmjägerdivision das verabredete Signal zum Absetzen aus dem Cassino-Abschnitt.

Die Tatsache, daß der Befehlshaber des polnischen II. Korps von dem bevorstehenden deutschen Rückzug und dem Luftangriff auf den Bahnhof bereits Stunden zuvor gewußt hat, ist der Operation »*Ultra-Secret*« zu verdanken. Die wichtigste alliierte Nachrichtenquelle sind nämlich die deutschen Funksprüche selbst, die der britische Geheimdienst dank dem Nachbau der deutschen Chiffriermaschine »*Enigma*« seit 1940 im Rahmen der Operation »*Ultra-Secret*« mitlesen kann. Dieses Unternehmen hat eine lange Vorgeschichte: Im Jahre 1932 gelingt es in Warschau einem Team von drei jungen polnischen Mathematikern, J. Rozycki, M. Rejewski und H. Zygalski, beim intensiven Studium der Zyklentheorie, den Code der deutschen Chiffriermaschine »*Enigma*« zu entziffern. Und einige Monate vor dem deutschen Überfall auf Polen, im Sommer 1939, landen die drei Gelehrten den großen Coup: Sie bauen die »*Enigma*« nach. Auf diese geheime Nachricht hin reist Major G. Bertrand, Chef der Abteilung *DY* des französischen Geheimdienstes, am 24. Juli 1939 in die polnische Hauptstadt. Auch die britischen Spezialisten, Commander Denniston und der Mathematiker D. Knox, sind zur Stelle. Und zwei Tage später bekommen sie das wohl kostbarste Geschenk, das Polen seinen Alliierten vor dem Kriege gemacht hat: zwei nachgebaute deutsche Chiffriermaschinen. Eine davon bleibt in Paris, die andere geht nach London und wird dort anfangs nur skeptisch aufgenommen.

Im Herbst 1939 schlagen Kryptologen des *Secret Intelligence Service (SIS)* im Bletchley Park, einem Landsitz nördlich von London, ihr Hauptquartier auf. Hier steht auch ein Urahn des Computers, der helfen soll, abgefangene chiffrierte »*Enigma*«-Funksprüche zu entschlüsseln. Der Chef dieses geheimsten aller britischen Unternehmen (Codename »*Ultra*«) Wing Commander F. W. Winterbotham, ist zugleich für die Weitergabe der entschlüsselten »*Enigma*«-Meldungen an Churchill verantwortlich.

So gelangen jetzt Befehle vom Oberkommando der Wehrmacht, Operationsabsichten, Stärke der Verbände und ihre Standorte, Kommandogliederungen und andere wichtige geheime Nachrichten in die Hände des Stabes von General Alexander, oft nicht später als an die Adressaten.

Wing Commander Winterbotham: »Rückblickend glaube ich, daß uns Ultra während des italienischen Feldzuges ein beinahe ebenso vollständiges Bild der deutschen Verteidigungsorganisation geliefert hat, wie wir es in Kesselrings Akten in seinem

17. Mai 1944: Gegen Mitternacht räumen die letzten Fallschirmjäger kampflos ihre Stellungen am Monte Cassino ▶

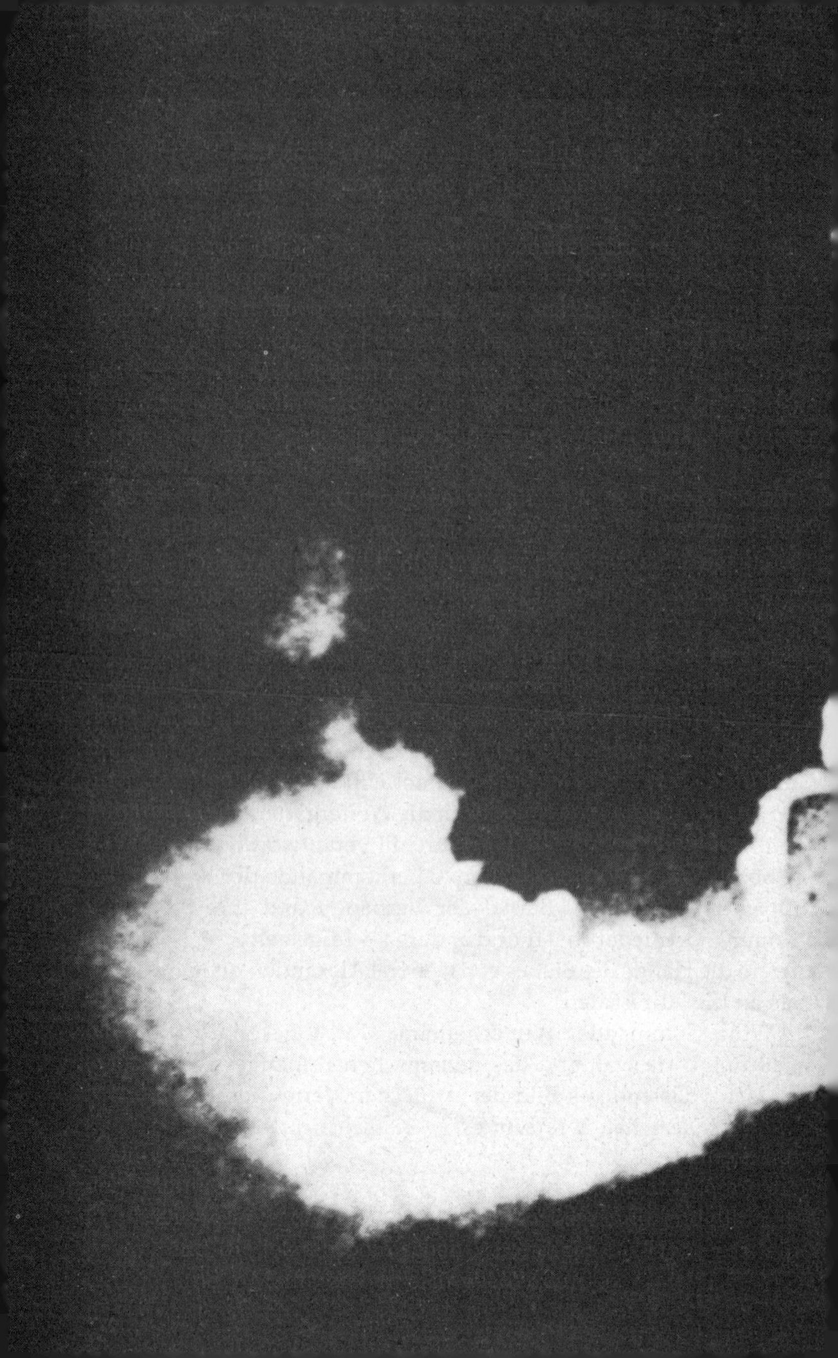

Hauptquartier in Rom hätten finden können . . .«

General Alexander: »Die Tatsache, daß wir nicht nur genau wußten, über welche Kräfte der Gegner verfügt, sondern auch wie, wann und wo er seine Operationen beabsichtigte, bedeutete ein neues Element in der Kriegführung.«

Gegen Mitternacht räumen tatsächlich die letzten Fallschirmjäger kampflos ihre Stellungen am Monte Cassino und schlagen sich im Schutz der Dunkelheit durch die Berge zur nächsten Verteidigungslinie, dem »Senger-Riegel«, nahe Piedimonte durch.

In der Nacht vom 17./18. Mai 1944 stellen auch die Spähtrupps im Abschnitt der 3. Karpaten-Schützendivision Anzeichen einer Räumung des Klosterberges durch die Deutschen fest.

In der Morgendämmerung greift das 4. Bataillon erneut die Höhe 493 an und besetzt sie endgültig gegen 7.00 Uhr. Da vom Klosterberg aus kein deutsches Feuer mehr erfolgt, gibt Major General Duch, Kommandeur der 3. Karpaten-Schützendivision, dem *Podolski*-Ulanenregiment 12 den Befehl, den Klosterberg zu erkun-

18. Mai 1944, 10.00 Uhr, Monte Cassino: Eine Patrouille des Podolski Ulanen-Regiments 12, die als erste alliierte Soldaten die Abtei besetzt; links Wachtmeister Wroblewski, der dritte v. links (stehend) Unterleutnant Gurbiel

». . . Schweigend klettern sie über Berge von Trümmern«: die Patrouille des Unterleutnants Gurbiel in der Abtei

den. Gegen 8.00 Uhr geht eine Patrouille des 4. *Palaton* (Zug) der 1. Schwadron aus dem Divisionsaufklärungsregiment unter Unterleutnant Gurbiel mit 13 Mann in Richtung Abtei. Der Spähtrupp bahnt sich schnell, aber vorsichtig einen Weg durch die Steinmassen der zerwühlten Minenfelder. Ein etwa 300 m breites und 100 m tiefes Minenfeld zwischen den Höhen 450 und 445 sperrt 300 m unterhalb der Abtei den Zugang zum Kloster.

Am Fuß des Klosterberges läßt Gurbiel als Sicherung sechs Ulanen mit einem MG zurück und geht selbst mit sechs Männern zu den Klostertrümmern. Die bis jetzt unbezwingbare Festung vor Augen, scheinen sie die Gefahr zu vergessen, die bei jedem Schritt auf sie lauert. Gurbiel berichtet: »Dichter Dunst, vermischt mit dem Morgennebel, zog das Tal hinauf. Die Sonne, die über den Bergen erschien, war wie ein trüber Ball. Der Gestank der Verwesung hing über dem Hang, und die leichte Brise machte alles noch unerträglicher. Nur die schimmernden, blutroten Mohnfelder, die Granaten und Bomben trotzten, wogten sanft im Wind . . .«

Nachdem sie die gewaltigen, zum Himmel aufragenden Mauerreste erreichen, steigt Feldwebel Wadas dem Wachtmeister Wroblewski auf die Schultern. Er zieht sich auf die Mauer hoch und gelangt als erster in die Abtei. Nach einigen Minuten kommt er zurück und meldet, daß niemand zu sehen sei. Auf das Zeichen von Unterleutnant Gurbiel setzen alle um 9.45 Uhr über die Mauer.

Schweigend klettern sie über Berge von Trümmern und finden dort 16 verwundete Soldaten mit zwei Sanitätern und einem Fähnrich. Unterleutnant Gurbiel: »Man sah, daß der gegnerische Soldat erstklassig und diszipliniert war. Wir sprachen mit den Gefangenen deutsch. Der Fähnrich erbat 15 Minuten Zeit, um sich fertig machen zu können. Natürlich stimmte ich ihm zu. Ich sammelte die Gefangenen, die laufen konnten, mit Ausnahme von drei oder vier Verwundeten, und schickte sie zur Schwadron.«

Gurbiels Männer stöbern auch in den nahe gelegenen Verliesen Konservendosen in solchen Mengen auf, daß sie für ein ganzes Regiment ausreichen würden. Um 9.50 Uhr steckt Unterleutnant Gurbiel auf die Mauerreste einen Ast mit dem Wimpel des *Podolski*-Ulanenregiments 12, den man in der Eile aus Teilen einer Rotkreuzfahne und einem blauen Taschentuch zusammengenäht hat. Kurz danach spielt Zugführer Czech auf der Trompete das Krakauer *Hejnal*.

Zugführer Choma: »Etwas griff an die Kehle, als durch das Echo des Kanonendonners die Melodie des Hejnal aus der Abtei drang . . . Diese durch zahlreiche Kämpfe abgehärteten Soldaten, vertraut mit dem Übermaß des Todes an den Hängen des Monte Cassino, weinten wie Kinder, als sie nach so vielen Jahren des Herumirrens nicht aus dem Radio, sondern aus der bis jetzt uneinnehmbaren deutschen Festung die Stimme Polens, die Melodie des Hejnal, hörten . . .«

Die Schlacht um Monte Cassino ist zu Ende.

18. Mai 1944, Monte Cassino: Zugführer Czech

18. Mai 1944, Monte Cassino: der völlig zerstörte berühmte Prioratshof des Klosters, links die Statue des Heiligen Benedikt. Auf den Trümmern der Union Jack und die polnische Nationalfahne

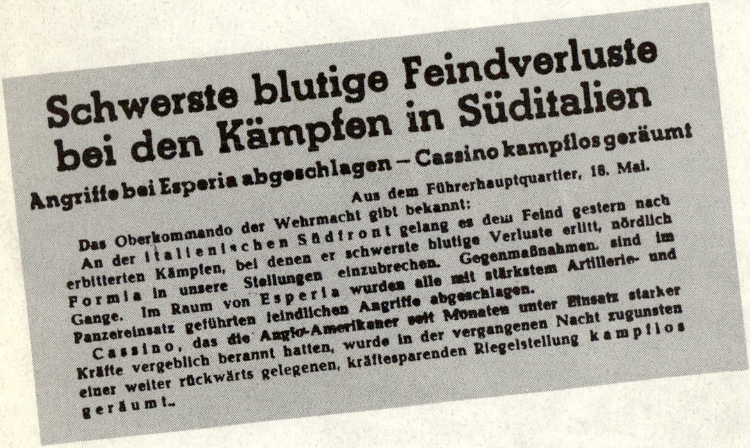

Schwerste blutige Feindverluste bei den Kämpfen in Süditalien

Angriffe bei Esperia abgeschlagen – Cassino kampflos geräumt

Aus dem Führerhauptquartier, 18. Mai.

Das Oberkommando der Wehrmacht gibt bekannt:

An der italienischen Südfront gelang es dem Feind gestern nach erbitterten Kämpfen, bei denen er schwerste blutige Verluste erlitt, nördlich Formia in unsere Stellungen einzubrechen. Gegenmaßnahmen sind im Gange. Im Raum von Esperia wurden alle mit stärkstem Artillerie- und Panzereinsatz geführten feindlichen Angriffe abgeschlagen.

Cassino, das die Anglo-Amerikaner seit Monaten unter Einsatz starker Kräfte vergeblich berannt hatten, wurde in der vergangenen Nacht zugunsten einer weiter rückwärts gelegenen, kräftesparenden Riegelstellung kampflos geräumt.

18. Mai 1944, der letzte OKW-Bericht, in dem Cassino erwähnt wird

18. Mai 1944, Monte Cassino: nach dem Kampf, tote deutsche und alliierte Soldaten

Epilog

Es ist eine Tragik und Fügung zugleich, daß gerade die Polen das heißumkämpfte Monte Cassino einnahmen, ohne daß letztlich ein Schuß fiel. Der polnische Soldat hatte – mehr als alle anderen unter den alliierten Truppen, die monatelang um den Klosterberg kämpften – große Verluste erlitten und daher eine besonders tiefe Beziehung zu dieser heiligen Stätte, von der nach der Geburt des polnischen Staates vor 1 000 Jahren katholischer Glaube und christliche Kultur in seine Heimat getragen worden sind.

Unterdessen tobte der Kampf weiter, und als am Dienstag, dem 23. Mai 1944, die Alliierten aus dem Brückenkopf Anzio–Nettuno vorstießen, mußte auch die schwer angeschlagene 14. Armee (GenOberst v. Mackensen) zurückweichen.

Während am Donnerstag, dem 25. Mai 1944, die Polen Piedimonte besetzten und so den »Senger-Riegel« (Hitler-Linie) zum Einsturz brachten, eroberten die Truppen von Major General Truscott den Ort Cisterna. Nun sind die Landekopf-Verbände der 5. US-Armee endlich aus ihrer Umzingelung ausgebrochen.

Trotzdem lieferten die Deutschen den Amerikanern taktisch geschickte Rückzugsgefechte: Die zäh kämpfenden Nachhuten hielten häufig die alliierten Vorstöße auf, und der Rückzug artete keineswegs in Flucht aus.

Kesselring, durch den ursprünglichen alliierten Plan getäuscht, versuchte verzweifelt die Situation zu retten, doch verfügte er kaum über Reserven. Die Angriffsspitzen der 5. US-Armee befanden sich bereits nahe Valmontone und bereiteten sich darauf vor, der deutschen 10. Armee (GenOberst v. Vietinghoff) den Weg nach Norden abzuschneiden, um ihr so die entscheidende Niederlage zuzufügen.

Am Nachmittag des 25. Mai 1944 erreichte Major General Truscott überraschend der Befehl von Lieutenant General Clark, die Richtung seines Hauptstoßes von Valmontone nach Nordwesten zu ändern und direkt nach Rom vorzudringen. Truscott: ». . . Ich war wie vor den Kopf geschlagen.«

Der publicity-süchtige Lieutenant General Clark hegte nämlich den Verdacht, die Engländer hätten Pläne vorbereitet, um als erste in der Ewigen Stadt zu sein, und Clark beschloß, als Eroberer von Rom in die Geschichte einzugehen. Später schreibt er in seinen Memoiren: ». . . Wahrscheinlich reagierte ich überempfindlich auf Anzeichen, daß praktisch alle anderen versuchen wollten, sich in die Sache einzumischen«, was jedoch nicht stimmte, da bereits vor Beginn der letzten Cassino-Schlacht General Alexander unmißverständlich klargestellt hatte, daß keine andere als die 5. US-Armee Rom einnehmen sollte.

Diese Richtungsänderung des Lieutenant General Clark kam schließlich einzig und allein dem arg bedrängten Generalfeldmar-

US-Rangers greifen an: Nun sind die Landekopf-Verbände der 5. US-Armee aus ihrer Umzingelung ausgebrochen

schall Kesselring zugute: Es gelang einem wesentlichen Teil der 10. Armee, aus der Falle, die Major General Truscott bei Valmontone stellen wollte, zu entkommen.

Am Sonntag, dem 4. Juni 1944, begannen, während die letzten Nachhuten der deutschen 4. Fallschirmjägerdivision die nördlichen Stadtteile von Rom kampflos räumten, Einheiten der 88. US-Division die Stadt zu besetzen, und sie waren nicht wenig erstaunt, daß keine der zahlreichen Tiber-Brücken gesprengt war. Dies geschah auf ausdrücklichen Befehl von Kesselring, der bewußt militärische Nachteile in Kauf nahm, um die Ewige Stadt vor Zerstörung zu bewahren.

Am folgenden Morgen, dem 5. Juni 1944, feierte Lieutenant General Clark die Einnahme Roms mit einer imposanten Pressekonferenz auf dem Kapitolinischen Hügel.

Nun entbrannte eine Verfolgungsjagd, und Generalfeldmarschall Kesselring sah sich schon mit seinen angeschlagenen Armeen bis zu den Alpen zurückgetrieben. Die Invasion, die am 6. Juni 1944 in der Normandie stattgefunden hatte, entwickelte sich erfolgreich, und so stand den Alliierten nichts entgegen, um zu einer entscheidenden Vernichtungsschlacht in Italien auszuholen, die sie nach dem vorausschauenden, dringenden Wunsch Churchills bis an die Grenzen Mitteleuropas führen sollte. Jedoch geschah nichts dergleichen.

Als der Chef des US-Generalstabs, General Marshall, nach Rom kam und ihn Wilson, Alexander und andere beschworen, im geeigneten Augenblick über die Adria, durch das kroatische Küstenland, das Laibacher Becken und Ungarn bis Wien vorzudringen, lehnte er dies kategorisch ab und gab in Übereinstimmung mit General Eisenhower den Befehl zur »*Operation Dragoon*«, der Invasion Südfrankreichs. So mußte die 5. US-Armee nun auf dem Höhepunkt ihrer siegreichen Verfolgungsoperation sieben ihrer besten Divisionen für dieses Unternehmen bereitstellen.

Zuerst hielt Kesselring das Ganze für einen raffinierten Schachzug, als sich jedoch das für ihn Unvorstellbare bestätigte, wandte er desto entschlossener wieder seine bewährte Verzögerungstaktik an. Und damit standen Ende des Sommers 1944 die geschwächten alliierten Truppen vor einer neuen Bergbarriere, diesmal vor der »Goten-Linie« südlich des Po, und zwar von August 1944 bis Ende April 1945, als Kesselring bereitwillig kapitulierte.

Am 15. August 1944 landeten die Alliierten, wie ein Jahr zuvor auf Stalins Drängen hin in Teheran zugesagt, an der *Côte d'Azur*. Diese Offensive hatte jedoch wenig Sinn: Hitler zog außer den Besatzungen von Toulon und Marseille sofort alle Truppen aus Süd- und Südwestfrankreich heraus. So bestand kaum die Aussicht, größere deutsche Verbände einzuschließen oder irgendeinen Einfluß auf die sich gut entwickelnden Operationen in Nordfrankreich zu nehmen.

Lieutenant General Clark: »Es war nicht allein meine Ansicht, sondern auch die verschiedener Sachverständiger, die mit dem Problem eng vertraut waren, daß es einer der größten Fehler des Krieges war, den Feldzug in Italien abzuschwächen, statt zum Balkan vorzudringen ... Stalin hatte während des Treffens der ›Großen Drei‹ und im Laufe der Verhandlungen in Teheran am stärksten auf die Invasion in Südfrankreich gedrängt. Er wußte genau, was er sowohl auf militärischem als auch auf politischem Gebiet anstrebte: ... uns vom Balkan fernzuhalten, den er der Roten Armee reservieren wollte.«

So wurden der Mittelmeerraum und Italien zu einem Nebenkriegsschauplatz degradiert, und die Schlacht um Monte Cassino blieb trotz aller Bemühungen und Hoffnungen von Churchill und Alexander nur eine Episode: Ein Gebirgskrieg in seiner härtesten Form – mit etwa 350000 Verwundeten, Vermißten und Toten auf beiden Seiten. General J. F. C. Fuller: »Taktisch der absurdeste und strategisch der sinnloseste Feldzug des ganzen Krieges« *(Tactically the most absurd and strategically the most senseless campaign of the whole war).*

GLIEDERUNG DER DEUTSCHEN VERBÄNDE

Heeresgruppe C (GFM Kesselring), 11. Mai 1944 – Italien

10. ARMEE
GenOberst v.
Vietinghoff

Kampf-(Korps) Gruppe Hauck
GenLt. Hauck

305. Infanteriedivision
GenLt. Hauck

334. Infanteriedivision
GenMj. Scheller

114. Jägerdivision
GenMaj. Bourquin

LI. Gebirgskorps
Gen.d.Geb.Tr.
Feuerstein

5. Gebirgsjägerdivision
GenLt. Schrank

44. Infanteriedivision »Hoch- und Deutschmeister
GenLt. Ortner

1. Fallschirmjägerdivision
GenLt. Heidrich

XIV. Panzerkorps
GenLt. v.
Senger und
Etterlin

15. Panzergrenadierdivision
GenMaj. Rodt

71. Infanteriedivision
GenMaj. Raapke

94. Infanteriedivision
GenMaj. Steinmetz

Kampf-(Korps) Gruppe Bode

Armee-Reserve

90. Panzergrenadierdivision
GenLt. Baade

14. ARMEE
GenOberst
v. Mackensen

LXXVI. Panzerkorps
Gen.d.Pz.Tr.
Herr

362. Infanteriedivision
GenLt. Greiner

715. Infanteriedivision
GenLt. Hildebrandt

26. Panzerdivision
GenLt. Frhr. v. Lüttwitz

►
I. Fallschirmjägerkorps
Gen.d.Fl.
Schlemm

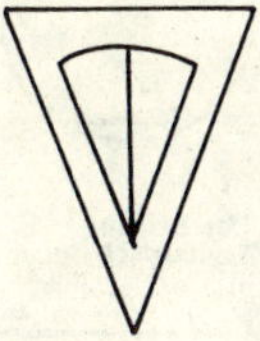

3. Panzergrenadierdivision
GenLt. Gräser

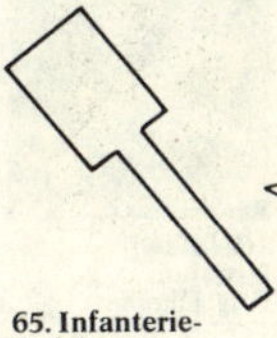

65. Infanteriedivision
GenMaj. Pfeifer

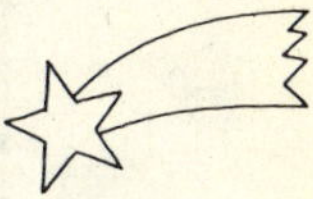

4. Fallschirmjägerdivision
Oberst Trettner

Armee-Reserve

29. Panzergrenadierdivision
GenMaj. Fries

GLIEDERUNG DER ALLIIERTEN VERBÄNDE

Operation »Diadem«, 11. Mai 1944 (laut: Alexander, H. R.: The Allied Armies in Italy from 3rd September to 12th December 1944. In: London Gazette, 12. Juni 1950)

ALLIED FORCE HEAD QUARTERS (A. F. H. Q.)

ALLIED CENTRAL MEDITER-RANEAN FORCES
Gen. Wilson

15TH ARMY GROUP
Gen. Alexander

V. Corps (British)
Lt.Gen. Allfrey

4th Indian Division
Brig. Dimoline

10th Indian Division
Maj.Gen. Reid

23rd British Armoured Brigade
Brig. Arkwright

7th British Armoured Brigade
Brig.Gen. Prior-Palmer

»D« Force

FIFTH (5.) US ARMY
Lt.Gen. Clark

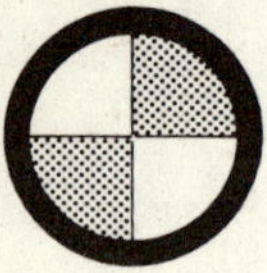

IV. US Army Corps
Lt.Gen. Crittenberger

36th »Texas« Infantry Division
Maj.Gen. Walker

II. US Army Corps
Maj.Gen. Keyes

85th US Infantry Division
Maj.Gen. Coulter

88th US Infantry Division
Maj.Gen. Sloan

1st US Armoured Group
Brig.Gen. Ramey

VI. US Army Corps
Maj.Gen. Truscott

3th US Infantry Division
Brig.Gen. O'Daniel

34th US Infantry Division
Maj.Gen. Ryder

45th US Infantry Division
Maj.Gen. Eagles

1st US Armoured Division
Maj.Gen. Harmon

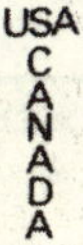

1st Special Service Force
Col. Frederick

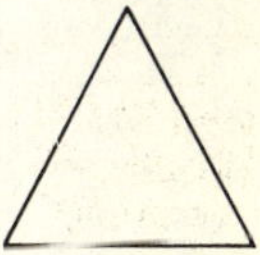

1st British Infantry Division
Maj.Gen. Clutterbuck

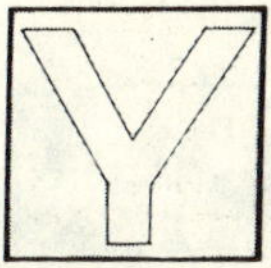

5th British Infantry Division
Maj.Gen. Gregson-Ellis

Corps Expeditionnaire Français (C. E. F.)
Gen. Juin

1re Division de Marche d'Infanterie
Maj. Gen. Brosset

2e Division d'Infanterie Marocaine
Brig.Gen. Dody

3e Division d'Infanterie Algerienne
Maj.Gen. de Goislard de Monsabert

4e Division Marocaine de Montagne
Maj.Gen. Sevez

1er Groupement de Tabors Marocains
Col. Leblanc

3e Groupement de Tabors Marocains
Col. Massiet du Biest

4e Groupement de Tabors Marocains
Col. Gauthier

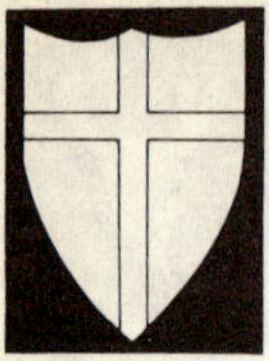

EIGHT (8.) BRITISH ARMY
Lt.Gen. Leese

6th South African Armoured Division
Maj.Gen. Poole

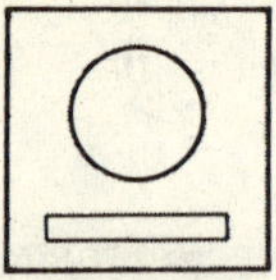

X. British Army Corps
Lt.Gen. McCreery

2nd New Zealand Division
Maj.Gen. Parkinson

12th South African Armoured Brigade
Brig.Gen. Palmer

24th Independent Guards Brigade
Brig. Murray

2nd British Independent Parachute Brigade Group
Brig. Gen. Pritchard

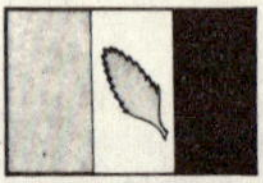

1st Italian Motorized Group (Frimili Group)
Brig.Gen. di Pino

XIII. British Army Corps
Lt.Gen. Kirkman

6th British Guards Tank Brigade
Maj.Gen. Evelegh

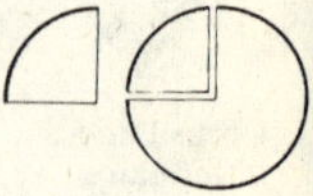

4th British Infantry Division
Brig. Ward

78th British Infantry Division
Maj.Gen. Keightley

1st British Infantry Brigade (Guards)
Brig.Gen. Haydon

8th Indian Division
Maj.Gen. Russell

1st Canadian Armoured Brigade
Brig. Murphy

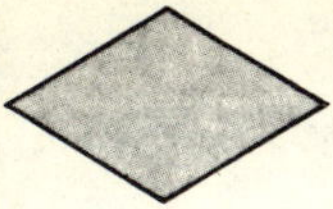

I. Canadian Corps
Lt.Gen. Burns

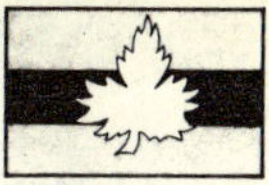

5th Canadian Armoured Division
Maj.Gen. Hoffmeister

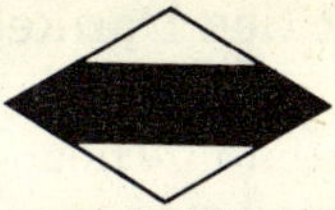

1st Canadian Infantry Division
Brig. Vokes

25th Army Tank Brigade
Brig. Gen. Tetley

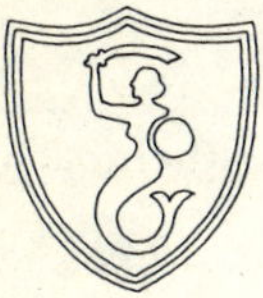

II. Korpus Polski
Lt.Gen. Anders

3. Karpacka diwizja piechoty
Maj.Gen. Duch

5. Kresowa dywizja piechoty
Maj.Gen. Sulik

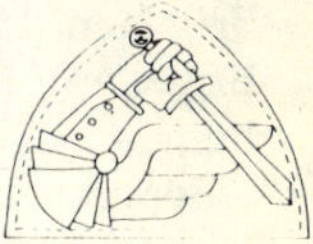

2. Brygada pancerna
Maj.Gen. Rakowski

Ein Wort des Dankes

Ich möchte für ihre freundliche Unterstützung meinen herzlichen Dank sagen:

Herrn Dr. M. Haupt,
Herrn M. Nilges,
Herrn W. Held, B. A. Koblenz –
Frau Dr. M. Lindemann,
Frau H. Rajkovik,
I. f. Z. Dortmund –
Herrn W. Haupt,
B. f. Z. Stuttgart –
Frau D. Lorenz
Herrn J. Ortstein,
Frau B. Wohlan,
ZB. d. Bw. Düsseldorf –
Brig.Gen. I. Bardon, Bonn –
Brig.Gen. R. B. C. Plowden, Bonn –
Oberst.Lt. J. Gavenport, Bonn –
Oberst A. Viviani, Bonn –
Frau I. Köpf, US-Library Bonn –
Herrn Dr. F. G. Maier, Bern –
Mr. J. S. Lucas,
Mr. P. H. Reed,
I. W. M. London –
allen Herren der Photographic Library, I. W. M. London –
Capt. R. Dembinski, Präses des Sikorski-Instituts, London –
Capt. W. Milewski, London –
Mrs. R. Oppman, London –
Capt. St. Zurakowski, London –
Ing. K. Barbarski, London –
Col. Dr. M. Mlotek, London –
Col. W. Kasprowicz, London –
Mr. P. Rolland, E.C.E.P.D.A. Paris
Capt. C. L. Blische, Washington,
Mrs. M. B. Livesay, Arlington –
Mr. W. H. Leary,
N. A. Washington, D. C. –
Herrn Dr. D. Bradley, Münster –
Herrn K. Kirchner, Erlangen
Oberst a. D. H.-A. Koch, Bonn –
Frau H. Müller, Rösrath –
Herrn A. Tänzer, Düsseldorf –
Herrn Dr. J. Köhler,
Herrn A. Häring,
Gustav Lübbe Verlag, Bergisch Gladbach,
Herrn F. Förder, Bergisch Gladbach.

Mein besonderer Dank gilt den Herren:

Oberst (Bw) a.D.
Dr. C. H. Hermann, Rheinbach –
Maj. R. L. Walton, London –
Capt. B. D. Samuelson, Washington, D. C.

Quellen

Alexander, H. R.:
The Allied Armies in Italy from 3rd September to 12th December 1944
In: London Gazette, 12. Juni 1950

Anders, A. W.:
An Army in Exile
London 1949

Biegański, S.:
Działania 2. Korpusu we Wloszech
London 1963

Bielatowicz, J.:
3. Batalion Strzelców Karpackich
London 1949

Bielatowicz, J.:
Bitwa o Monte Cassino
London 1952

Blumenson, M.:
Bloody River
London 1970

Blumenson, M.:
Anzio, the Gamble that failed
London 1963

Böhmler, R.:
Monte Cassino
Darmstadt 1955

Bryant, A.:
Triumph in the West – The War Diaries of Field Marshal Viscount Alanbrooke
London 1959

Buckley, Ch.:
Road to Rome
London 1945

Burdon, R. M.:
24 Battalion. War History Branch
Wellington, 1953

Butler, J. R.:
History of the Second World War, Vol. II
HMSO, London 1957

Carpentier, M.:
Forces Alliées en Italie
Paris 1949

Chambe, R.:
Le Bataillon du Belvedere
Paris 1956

Churchill, S. W.:
The Second World War, Vol. V, Closing the Ring
London 1952

Clark, W. M.:
Calculated Risk
New York 1950

Cody, J. F.:
21 Battalion. War History Branch
Wellington 1953

Cody, J. F.:
28 (Maori) Battalion.
War History Branch
Wellington 1956

Connell, C.:
Monte Cassino – The Historical Battle
London 1963

Davis, M.:
Who Defends Rome?
London 1972

De Gaulle, Ch.:
Mémoires de Guerre
Paris 1956

Delaney, J. P.:
The Blue Devils in Italy – A History of the 88th Infantry Division in World War II.
88th Infantry Association

Ehrman, J.:
History of the Second World War, Vol. V
HMSO, London 1957

Eisenhower, D. D.:
Crusade in Europe
New York 1948

Fuller, J. F. C. E.:
The Second World War 1939–1945
London 1948

Harris, C. R. S.:
Allied Military Administration of Italy 1943–45
HMSO, London 1957

Higgins, T.:
The Soft Underbelly
London 1957

Historical Section, US Army, Allied Forces Headquarters
Fifth Army History:
Cassino and Anzio
Florenz 1945–1947

Hoppe, H.:
Die 278. Inf.Div. in Italien
Bad Nauheim 1953

Juin, A.:
La campagne d'Italie
Paris 1962

Kay, R.:
New Zealand in the Second World War
Official History:
Italy, From Cassino to Trieste
War History Branch
Wellington 1957

Kesselring, A.:
Soldat bis zum letzten Tag
Bonn 1953

Kippenberger, H.:
Infantry Brigadier
London 1961

La Distruzione di Monte Cassino:
Documenti e Testimonianze
Monte Cassino 1950

Leccisotti, T.:
Montecassino
Badia di Montecassino 1971

Le Goyet, P.:
La participation Française et la Campagne d'Italie
Paris 1969

Liddell-Hart, B.:
Geschichte des Zweiten Weltkriegs, 2 Bde.
Bergisch Gladbach 1980

Linklater, E.:
The Campaign in Italy
London 1951

Majdalany, F.:
Monte Cassino
München 1958

Martin, T. A.:
The Essex Regiment 1929–1950
Brentwood 1952

Martineau, G. D.:
A History of the Royal Sussex Regiment
Chichester, n.d.

Młotek, M.:
Samodzielna Brygada Strzelców Karpackich
Paris 1967

Młotek, M.:
Trzecia Dywizja Strzelców Karpackich 1942–1947
London 1978

Mordal, J.:
Cassino
Paris 1952

Murphy, W. E.:
2nd New Zealand Divisional Artillery
War History Branch
Wellington 1966

Nicholson, G. W. L.:
The Canadians in Italy 1943–45
Official History
Ottawa 1957

North, J.:
The Alexander Memoirs 1940–45
London 1962

Office of the Chief of Military History, Department of the Army:
Command Decisions
New York 1959

Orgill, D.:
The Gothic Line
London 1967

Pal, D.:
The Campaign in Italy, Official History of the Indian Armed Forces in the Second World War 1939–1945
India & Pakistan 1960

Phillips, N. C.:
New Zealand in the Second World War,
Official History: Italy,
The Sangro to Cassino,
War History Branch
Wellington 1957

Piątkowski, H.:
Bitwa o Monte Cassino
Rzym 1945

Pringle, J. C. / Clue, W. A.:
20 Battalion and Armoured Regiment
War History Branch
Wellington 1957

Puttick, E.:
25 Battalion
War History Branch
Wellington 1960

Ray, C.:
Algiers to Austria
A History of 78th Division in the Second World War
London 1952

Schimak, A. / Lamprecht, K./ Dettmer, F.:
Die 44. Infanterie-Division
Wien 1969

Shepperd, G. A.:
The Italian Campaign 1943–1945
London 1968

Sinclair, D. W.:
19 Battalion and Armoured Regiment
War History Branch
Wellington 1954

Smith, E. D.:
The Battles for Cassino
London 1975

Starr, G. Ch.:
From Salerno to the Alps
A History of the Fifth Army 1943–1945
Washington 1948

Stevens, G. R.:
Fourth Indian Division
Toronto 1956

The Papers of D. D. Eisenhower
Vol. I–V
Baltimore/London 1970

Truscott, L. K.:
Command Missions
New York 1954

Tuker, F.:
Approach to Battle
London 1963

Wagner, L. R.:
The Texas Army
Austin 1972

Walker, L. F.:
From Texas to Rome
Dallas 1969

Wańkowicz, M.:
Bitwa of Monte Cassino
Milano 1945

Warlimont, W.:
Inside Hitler's Headquarters
New York 1964

Westphal, S.:
The German Army in the West
London 1951

Williamson, H.:
The fourth Division 1939–45
London 1951

Wilmot, Ch.:
The Struggle for Europe
London 1957

Wilson, H. M.:
Report by the Supreme Allied Commander, Mediterranean to the Combined Chiefs of Staffs on the Italian Campaign, Part I
HMSO, London 1946

Wilson, H. M.:
Eight Years Overseas 1939–1947
London 1948

Zeitschriften und Dokumente

Bacque, P.: Carnet de Route, 8 Janvier–4 Février 1944

Berge – Flüsse – Inseln, Geschichte und Geschichten der Insel-Divison und Italiens (90. Pz.Gren.Div.) o. J.

Das Kleeblatt, Nachrichtenblatt der 71. Infanterie-Division, 1944

Der Reichsgrenadier, 1944

Die Südfront, 1944

Eight Army News, Fourth Indian Division by F. Redman. August 29, 1944

Gebirgsjäger-Rgt. 100 (5. Geb.Div.) in den Cassino-Schlachten, von *A. Glasl*, National Archives, Washington D.C. 1946

Le Mistral, Bulletin des Officers de Réserve de Marseille. XXXIV. Année, No. 259, 1961

The American Rifleman, Cassino Close-up, by *B. Shadel*, May 1944

The Saturday Evening Post, They'll Never Forget Mark Clark, by *S. Feder*, May 18, 1946

Time, Murder at the Rapido? January 28, 1946

Under Hail of Fire, Iowans enter Cassino, by *H. Boyle*, 1947

United States Government Printing Office, The Rapido River Crossing. Hearings before the US Congress House, Committee on Military Affairs, Hous of Representatives, 79th Congress, Second Session. Washington D.C. 1946

Von Senger und Etterlin, F. R.T.: War Diary of the Italian Campaign, Cassino. Historical Division
Headquarters US Army, Europe,
National Archives, Washington D.C. 1947

Warlimont, W.: The Drive on Rome, Historical Division European Command, National Archives, Washington D.C. 1947

Von Vietinghoff, H.: The Operations of 71 German Inf. Div. during the month of May 1944,
National Archives, Washington D.C. 1946

1. Fallschirmjäger-Division, Beurteilung der Lage, April 22, 1944

XIII Corps Intelligence Summary
No. 450, Appendix B, National Archives, Washington D.C. 1944

XIV Panzerkorps, Taktische Meldungen, National Archives, Washington D.C. 1946

44. Infanterie-Division, Mitteilungsblatt der Kameradschaft, Wien 1965

Bildquellen

Bundesarchiv Koblenz,
Établissement Cinématographique
et Photographique des Armées, Fort D'Ivry,
Imperial War Museum, London,
National Archives, Washington, D.C.,
Official US Air Force, Arlington, Virginia,
US Army, Washington, D.C.,
Sikorski Institut, London,
Archiv M. R. de Launay, Paris,
Archiv A. Stilles, New York,
Klaus Kirchner, Verlag für zeitgenössische Dokumente und Curiosa, Erlangen,
Archiv J. Piekalkiewicz.

Register

Band 65107

Mainhardt Graf von Nayhauß

Zwischen Gehorsam und Gewissen

Das Potsdamer Infanterie-Regiment 9 war lange Zeit ein Hort preußisch-militärischer Traditionspflege. Doch während des Zweiten Weltkriegs wurde es zu einem wichtigen Zentrum des Widerstands gegen Hitler. Nach dem gescheiterten Attentatsversuch vom 20. Juli 1944 hatte dieses Eliteregiment die meisten als »Verräter« exekutierten Offiziere zu beklagen.
Dreizehn ehemalige Angehörige des I.R. 9 – darunter auch Alt-Bundespräsident Richard von Weizsäcker – erinnern sich an die Jahre 1939-1945. Der bekannte Bonner Publizist Mainhardt Graf Nayhauß hat ihre Erlebnisse aufgezeichnet und zu einem spannenden Dokument der Hoffnungen und Enttäuschungen, der Leiden und Entbehrungen während des Zweiten Weltkriegs zusammengestellt.

BASTEI LÜBBE